立法手続と権力分立

奥村公輔

立法手続と権力分立

学術選書
147
憲　法

信山社

はしがき

本書は，立法手続，とりわけ，執行府の法律案提出手続に着眼し，裁判所による審査との関係や，法律案提出手続における個々の提出手続に関する解釈論を検討するものである。わが国において，従来，議事手続は，議会法の一分野として認識されてきたが，立法手続は，法律案の発案から法律の公布・施行に至るまで種々の手続を含んでおり，「議会における審議・議決手続」にのみ収斂するものではない。従来の日本の憲法学は，「議会における審議・議決手続」を検討対象としてきたが，わが国において成立する多くの法律は内閣提出のものであることに鑑みると，「内閣提出法律案提出手続」をも検討対象としなければならない。「内閣提出法律案提出手続」は，権力分立の観点から多くの問題を含んでおり，司法審査の可否や個々の提出手続の解釈論を検討することによって，従来の権力分立論に新たな視点をもたらしうるであろう。

しかし，わが国において「内閣提出法律案提出手続」に対する司法審査の可否や，個々の提出手続に関する解釈論を論じた先行研究は存在しない。一方，第五共和制フランスにおいては，法律の憲法適合性審査を行う憲法院が，法律の内容審査だけでなく，法律の手続審査をも行っている。すなわち，立法手続が裁判的機関によって統制されており，立法手続の一部をなす「政府提出法律案提出手続」もその統制に付されているのである。そこで，そのようなフランス法のあり方を検討し，そこから得られた知見をもとに，わが国における「内閣提出法律案提出手続」に対する司法審査の可否と，個々の提出手続に対する解釈論に関する試論を提示するのが本書の目的である。とはいえ，筆者の未熟さゆえ，提示した試論もまた不十分な点が多いかと思う。それをあえて公刊したのは，未開拓の分野について示した試論について，諸先生方のご意見・ご批判を賜ることにより，さらに研究を深めたいと考えたからである。

本書のもとになったのは，2009年1月に京都大学大学院法学研究科に提出した課程博士論文「立法手続と司法審査――権力分立の一断面としての立法手続」と，その後に公表したいくつかの論文である。本書にまとめるにあたり，多くの加除修正を行った。

本書の公刊に至るまでには，多くの方々のご指導とご助力を賜った。まず，大学院時代の指導教授である大石眞先生（京都大学教授）には，大学院時代の博士論文執筆時には，並々ならぬ手厚いご指導を賜った。大石先生のご指導がなければ，私は研究者になることはできなかった。その後も現在に至るまで，大石先生には公私にわたって大変お世話になっている。ここに心より御礼申し上げる。先生の学恩に報いるには本書はあまりに拙いものであるが，今後も研究者として研鑽を積んでいくことを先生に誓いたい。

同じく京都大学大学院在籍中から現在に至るまでご指導いただいている初宿正典先生（京都産業大学教授，京都大学名誉教授），土井真一先生（京都大学教授），毛利透先生（京都大学教授），曽我部真裕先生（京都大学教授）にも，厚く御礼申し上げる。また，大学院在学中に１本目の公表論文の執筆に行き詰まっているとき，井上武史先生（九州大学准教授），片桐直人先生（大阪大学准教授）には，厚いご指導を賜った。ここに両先生への感謝の意を記したい。さらに，本書執筆に際して，御幸聖樹先生（横浜国立大学准教授），山田哲史先生（岡山大学准教授）から貴重なご助言をいただいたことについても，厚く御礼申し上げたい。

最後に，本書の刊行にあたっては，信山社の鳥本裕子氏に大変お世話になった。ご厚情に厚く感謝申し上げたい。また，出版助成として，京都大学大学院法学研究科から多大な援助（平成27年度京都大学総長裁量経費として採択された法学研究科若手研究者出版助成事業による補助）を頂いたことについても，感謝申し上げたい。

2016年１月

奥村公輔

目　　次

〈初出一覧〉

本書は，以下の文献に大幅な加筆修正を行ったものに加え，新たに書き下ろしたものから成っている。本書にまとめるにあたり，下記文献の組み替えを行ったので，該当箇所を記載せずに列挙のみしておく。

・「政府の法律案提出権の構造（一）（二・完）――政府提出法律案の起草におけるコンセイユ・デタ意見の位置付け――」法学論叢 165 巻 4 号（2009 年）29-52 頁，166 巻 1 号（2009 年）27-49 頁
・「立法手続としての閣議決定（一）（二・完）」法学論叢 167 巻 1 号（2010 年）89-114 頁，167 巻 3 号（2010 年）54-79 頁
・「『立法手続と司法審査』の再構成――フランスにおける法律案提出手続に対する裁判的統制を素材として――」比較憲法学研究 22 号（2010 年）169-196 頁
・「法律案修正権の行使とその限界」曽我部真裕 = 赤坂幸一（編）『憲法改革の理念と展開　大石眞先生還暦記念〔上巻〕』（信山社，2012 年）761-796 頁
・「三者間構造としての『内閣提出法律案提出手続と司法審査』」駒澤法学 13 巻 2 号（2013 年）27-55 頁
・「立法手続と司法審査――警察法改正無効事件」長谷部恭男 = 石川健治 = 宍戸常寿（編）『憲法判例百選Ⅱ〔第 6 版〕』（2013 年）398-399 頁

序　章

1　「立法手続と司法審査」の議論の変遷

日本国憲法制定直後，宮沢俊義が「裁判所が，すべての法令について形式的審査権をもつことは，ひろく承認されている(1)」と述べたように，戦後憲法学の学説は当初，司法審査は「法律案の発案」，「議院での審議・議決手続」，「所管大臣の署名・内閣総理大臣の連署」，「天皇による公布」という一連の「立法手続」に及ぶと考えていた。すなわち，学説(2)は，議院自律権の重要性にはあまり関心を払わず，院内事項である「議院での審議・議決手続」，すなわち，「議事手続」にも司法審査が及ぶと漠然と考えていたのである(3)。

その後，宮沢は，「裁判所がすべての法令について形式的審査権を有することは，一応ひろく承認されている。もつとも，その場合でも限界がないとは限らない。たとえば，ある法律が議会で成規の多数で可決されたか，その会議には定足数の出席があつたか，投票の計算にまちがいはなかつたか，その会期の召集は適法になされていたか，等々の点については，権力分立の原理の精神などからいつて，裁判所の審査権はおよばない，と解される場合が多い」(4)と述べ，「立法手続」のうち，「議事手続」に対する司法審査を否定する見解へと改めた。すなわち，「立法手続」についての司法審査を認めるのが原則で，例外的に「議事手続」については司法審査を認めないとする思考枠組みを採ったのである。とはいえ，このような学説は依然として少数説であった。

一方，判例も，警察法改正無効事件上告審(5)において，「議事手続」に対

(1)　宮沢俊義『憲法〔初版〕』（有斐閣，1949年）229頁。
(2)　例えば，他に，佐々木惣一『改訂日本国憲法論』（有斐閣，1952年）360頁。
(3)　小嶋和司「議会の行為と司法審査」行政判例百選〔新版〕（1970年）214頁を参照。
(4)　宮沢俊義『日本国憲法』（日本評論新社，1955年）673頁。
(5)　最大判昭和37年3月7日民集16巻3号445頁。

する司法審査を否定し，また，これを契機として，学説も「議事手続と司法審査」の議論を展開し，肯定説と否定説とが対立するようになった。その結果，否定説(6)が通説となったのは周知のとおりである。

しかしながら，「議事手続と司法審査」の議論が一般的になされるようになると，通説は，裁判所の審査権は「立法手続」に及ぶという大前提の議論には次第に言及しなくなり，「立法手続」のうちの「議事手続」のみを対象として，その「議事手続」には司法審査は及ばないとする思考枠組みを採るようになった(7)。すなわち，「議事手続」以外の「立法手続」に司法審査が及ぶかどうかの議論はほとんど見られなくなったのであり，ともすれば，通説は，「立法手続と司法審査」の議論を「議事手続と司法審査」の議論へと収斂させていたようにすら思われる。

2　新たな局面と本書の目的

このような状況に一石を投じたのが，いわゆる国民投票法案不受理違憲訴訟である。この訴訟において，「議員提出法律案提出手続」としての「受理手続」に対する司法審査の可否が問題となったが，控訴審(8)は，この「議員提出法律案提出手続」としての「受理手続」を議院の内部事項の問題，すなわち，「議事手続」として位置づけ，議院自律権によってこれに対する司法審査を否定した(9)。

他方，この訴訟は，そのコロラリィとして，「内閣提出法律案提出手続」に対する司法審査の可否をも検討する必要性を想起させる。しかしながら，学説はこの問題に対して何ら議論を行っていない。

内閣の法律案提出権については，肯定説が支配的見解であり，実際，内閣

---

(6)　否定説と言っても，多くの学説は原則として司法審査を否定するという原則否定説を採用しており，司法審査を一切否定する全面的否定説を採る学説は少ない。後者の例として，小嶋和司『憲法学講話』（有斐閣，1982年）107頁。詳しくは第5章第1節を参照。

(7)　例えば，宮沢俊義〔芦部信喜補訂〕『全訂日本国憲法』（日本評論社，1978年）596頁。

(8)　東京高判平成9年6月18日判時1618号69頁。当該判決の評釈として，宍戸常寿「行政判例研究・衆議院事務局による議員提出法案の不受理」自治研究75巻2号（1999年）90－106頁。

の法律案提出権を規定する内閣法第５条に基づいて運用がなされている。肯定説に立つ場合は，その提出手続に違反があった場合に司法審査が及ぶかどうかが問題となる。しかしながら，少数説である否定説に立った場合であっても，内閣の法律案提出権を定める内閣法第５条を違憲とすることと，実際に運用されている内閣提出法律案提出手続の適法性審査を論ずることは別問題であり，後者を論ずる必要がなくなるわけではないであろう。したがって，内閣提出法律案提出手続についての司法審査の可能性を検討する必要がある。

また，「内閣提出法律案提出手続と司法審査」の議論が展開されなかったからであろうか，「内閣提出法律案提出手続」を定める条文についての解釈論もほとんど展開されてこなかった。原案としての内閣提出法律案提出手続は内閣法及び内閣法制局設置法で，また内閣修正は国会法で定められているが、従来の憲法学では，このようないわゆる憲法附属法(10)に関する具体的な解釈論は乏しかったのである。

---

(9)　なお,「議事手続」は，法律案の審議・議決手続だけでなく，予算の審議・議決手続や，条約の審議・議決（承認）手続，決議の審議・議決手続などを含む広い概念である。実際，条約の議事手続と決議の議事手続に対する司法審査の可否が裁判で争われている。しかし，いずれについても司法審査は否定されている（条約の議事手続については，東京地判昭和38年3月28行集14巻3号562頁，東京地判昭和40年8月9日下刑集7巻8号1603頁，東京地判昭和42年12月12日行集18巻12号1592頁。また，決議の議事手続については，東京地判平成7年7月20日判時1543号127頁。ただし，この判決は，決議が議事手続に違反しているがゆえに決議の無効確認を求めた訴訟に対し,「法律上の争訟」に当たらないとして却下したものである)。従来の学説がこれらについて必ずしも綿密に議論してきたとは言い難いが，とはいえ,「議事手続と司法審査」の議論が，議院の内部事項に限ってはいたものの，法律案の審議・議決手続以外の手続をも対象としていた点では評価されよう。しかし，本書と同様の視点に立てば，条約については，内閣による条約批准手続が司法審査の対象となるかどうかをも検討する必要があるであろう。この点，条約締結手続全般に対する司法審査の可否を検討したものとして，齊藤芳浩「裁判による条約の審査について (2)──統治行為論の射程──」西南学院大学法学論集40巻2号（2007年）76－87頁を参照。予算については，管見の限り，これまでに予算の内容についての司法審査の可否が争われた例はなく，まず，その内容に対する司法審査の可否を検討する必要があろうが，その上で，内閣の提出手続を含めた予算手続全般に対する司法審査の可否を論ずる必要があると思われる。なお，決議の提出手続については，その訴訟が提出手続に違反しているがゆえに決議の無効確認を求めるものであるならば,「法律上の争訟」に当たらないとして，却下される可能性が高いであろう。この点につき，第５章注(43)も参照。

したがって，本書は，このような「内閣提出法律案提出手続」に対する司法審査の可能性を検討し，かつ，その個別の提出手続についての具体的な解釈論を提示することを目的としたい。

3　本書の対象

上記の目的を達成するために，本書は，フランス法を参考とする。周知のとおり，フランス1958年10月4日憲法(11)は，立法手続一般に関する準則を多く定めている。それゆえに，1958年憲法によって創設された，法律の公布前に憲法適合性統制を行う憲法院は，法律を付託されたときに，内容審査だけでなく，手続審査をも行う(12)。また，憲法院は，憲法附属法律（loi organique）(13)が定める立法手続についても統制を行っている。それゆえ，フランス法を参考とすることは，上記の目的達成のために有意義であると思われる。

この点，憲法裁判所を有しているヨーロッパの多くの国々では，立法手続

(10)　わが国における憲法附属法については，以下の文献を参照。大石眞「憲法典と憲法附属法」『憲法秩序への展望』（有斐閣，2008年）13－15頁。

(11)　1958年10月4日憲法は，第五共和制憲法と呼ばれるが，本書では1958年憲法と表記する。また，1946年10月27日憲法は，第四共和制憲法と呼ばれるが，本書では1946年憲法と表記する。なお，第三共和制においては，憲法典は存在しておらず，元老院の組織に関する1875年2月24日法律，公権力の組織に関する1875年2月25日法律及び公権力の関係に関する1875年7月16日憲法的法律の3つを指して，第三共和制憲法と呼ばれるが，本書では1875年憲法諸法律と表記する。

(12)　Dominique Rousseau, *Droit du contentieux constitutionnel*, 10e éd., Montchrestien, 2013, pp. 137－139 ; Guillaume Drago, *Contentieux constitutionnel français*, 3e éd., PUF, 2011, pp. 382－385.

(13)　フランスにおける loi organique は，わが国では通常，「組織法律」と訳される。しかし， loi organique は，「組織」に関する法律のみを指すわけではない。この点，大石眞は，憲法附属法を，「国政の組織と運営に必要な規範，すなわち実質的意味の憲法に属する法規範であって，憲法典を補充する意味をもつ規範又はそれを内容とする議会制定法」と定義し，その上で，フランスの loi organique に「憲法附属法」の訳を充てている。大石眞・前掲注(10)9－12頁。本書も，大石の用語法に従い， loi organique に「憲法附属法律」の訳を充てる。フランスにおける「憲法附属法律」については，以下の文献を参照。Hubert Amiel, « Les lois organiques », *RDP*, 1984, pp. 405－450 ; Jean-Christophe Car, *Les lois organiques de l'article 46 de la Constitution du 4 octobre 1958*, Economica, 1999.

に対する裁判的統制が行われている(14)。にもかかわらず，他の国ではなく，フランス法を参照するのは，フランスにおいては政府提出法律案提出手続が憲法典及び憲法附属法律によって定められており，憲法院がこれを統制しているからである。すなわち，フランス1958年憲法第39条第2項は，「政府提出法律案（projets de loi）(15)は，コンセイユ・デタ（Conseil d'État）の意見を聴いた後に，閣議（Conseil des ministres）で審議決定され，両議院のいずれかの理事部に提出する」と規定し，政府提出法律案提出手続を定めており，また，憲法附属法律もこれを定めており，憲法院は，政府提出法律案提出手続についての統制を行っている。したがって，個別の政府提出法律案提出手続に関する憲法院判決及び学説の議論が蓄積しており，わが国における「内閣提出法律案提出手続」に対する司法審査の可否，及び，個別の内閣提出法律案提出手続の具体的解釈論を検討する上で，フランス法は有益な議論を有していると言える。

とはいえ，フランスでは，裁判制度が多元的である(16)。すなわち，民刑事の最高裁判所たる破毀院を頂点とする通常裁判所，行政最高裁判所たるコンセイユ・デタを頂点とする行政裁判所，法律の憲法適合性統制を行う憲法

---

(14)　憲法裁判所の提案者であるハンス・ケルゼンは，「憲法裁判所が，手続の瑕疵，つまり，手続の違法性によって行為を無効にすることを認めるのは当然ではないのか」（Hans Kelsen, « La garantie juridictionnelle de la Constitution（La justice constitutionnelle）», *RDP*, 1928, p. 242）と述べており，憲法裁判所が立法手続を統制することを当然としているように思われる。実際，ドイツ，イタリア，スペインでは立法手続に対する裁判的統制が行われている。ドイツについては，宮地基「ドイツ連邦憲法裁判所による議事手続に対する違憲審査」明治学院論叢705号（2003年）159頁，畑尻剛「議事手続に対する司法審査──ドイツ連邦憲法裁判所『移住法』判決を契機として」法学新報112号（2006年）495頁を参照。イタリア，スペインについては，以下の文献を参照。Laurent Domingo, *Les actes internes du Parlement : Étude sur l'autonomie palrementaire*（*France, Espagne, Italie*）, LGDJ, 2008. しかし，憲法裁判所を有しているからといって，必ずしも立法手続統制が行われているわけではない。ベルギーの例を参照。拙稿「ベルギー憲法裁判所」曽我部真裕＝田近肇（編）『憲法裁判所の比較研究』（信山社，2016年）103－104頁。

(15)　フランスでは，政府提出法律案と議員提出法律案は，名称上区別され，議員提出法律案は「proposition de loi」と呼ばれる。

(16)　フランスの主な裁判機関については，クリストフ・シャブロ，阿部知洋（訳）「フランスにおける裁判官の専門化」日仏公法セミナー編『公共空間における裁判権──フランスのまなざし──』（有信堂高文社，2007年）191－196頁を参照。

院が存在し，フランスで司法権（autorité judiciaire）と言う場合，破毀院を頂点とする通常裁判所のみを指すのであって，憲法院は司法裁判所ではない。したがって，憲法院による法律の憲法適合性審査は，フランス憲法学においては，「司法審査」とは呼ばれないが，日本の憲法学で言う「司法審査」とは，裁判所による法律の憲法適合性審査を指すものと思われるので，憲法院が裁判所的性格を有する限り(17)において，日本で言うところの「司法審査」に当たるであろう。それゆえ，憲法院による法律の憲法適合性審査を「司法審査」と見なして，検討することにしたい。

本書が，上記の問題を検討するにあたり着眼するのは以下の点である。つまり，フランスにおいては，そもそも，「法律案提出権」は，本質的法律案提出権（initiative principale）と，派生的法律案提出権（initiative dérivée）とに分けられることである(18)。前者は，議院で審議される前の原案としての法律案の提出権（droit d'initiative）のことであり，1958 年憲法第 39 条第 1 項及び第 2 項に規定されている。後者は，議院で審議されている法律案に対する修正案（amendement）の提出権，すなわち，修正権（droit d'amendement）のことであり，1958 年憲法第 44 条第 1 項に規定されている。本書は，本来の法律案提出権と修正権とを合わせた，政府の「法律案提出権」について，憲法院がどのようにして統制しているか，そして，憲法院が政府提出法律案提出手続を定める憲法上の条項をどのように解釈しているかを検討していく。従来の日本の憲法学において，内閣修正を含めた「内閣提出法律案提出手続」に対する司法審査の可否及び個別の提出手続に関する解釈論を検討する文献は見られないので，その意味でこの視点は大きな意義を有する。

ただし，フランスでは，政府の「法律案提出権」の行使手続が憲法典及び

---

(17)　周知のとおり，憲法院は，当初は政治的機関と解されていたが，1971 年 7 月 16 日憲法院判決第 44 号（C.C., Décision n° 71－44 DC du 16 juillet 1971, *Loi complétant les dispositions des articles 5 et 7 de la loi du 1er juillet 1901 relative au contrat d'association, Rec.*, p. 29）以来，憲法裁判機関として捉えられるようになった。これに関する文献は多いが，さしあたり，以下の文献を参照。山元一「憲法院の人権保障機関へのメタモルフォーゼ——憲法院結社の自由判決（1971 年 7 月 16 日）」『現代フランス憲法理論』（信山社，2014 年）371－378 頁。

(18)　Thierry S. Renoux et Michel de Villiers, *Code constitutionnel*, 3e éd., Litec, 2004, pp. 442－443.

憲法附属法律によって定められているのに対し，日本では，内閣の「法律案提出権」の行使手続が憲法附属法（原案としての法律案の提出については内閣法及び内閣法制局設置法，内閣修正については国会法）のみによって定められていることに注意しなければならないであろう。すなわち，フランスにおいては，政府提出法律案提出手続は，憲法典を中心にして憲法附属法律によっても規律されているのに対して，日本においては，内閣提出法律案提出手続は，憲法典による規律はなく，憲法附属法のみによって規律されているのである。この問題については，第6章で検討し，フランス法から日本法への示唆を引き出せるかどうかを検討する。

4　本書の構成

ここで，本書における検討の流れについて簡単に示しておくことにしたい。本書の検討対象は，ここまでの著述でも明らかなように，フランスにおける政府提出法律案提出手続及び日本における内閣提出法律案提出手続である。

まず，フランス1958年憲法第39条は，第1項で，「法律案提出権（initiative des lois）は，首相（Premier Ministre）と国会議員に競合して属する」と規定した上で，第2項第1文で，「政府提出法律案は，コンセイユ・デタの意見を聴いた後に，閣議で審議決定され，両議院のいずれかの理事部に提出される」と規定し，政府提出法律案の提出手続を定めている。この提出手続は，①コンセイユ・デタの意見を聴くこと，②閣議で審議決定すること，③両議院のいずれかの理事部に提出されることの三段階を含んでいる。①と②が，憲法院が統制しなければならない手続である。これに対し，③については，特定の法律案について，国民議会又は元老院に先に提出される（第39条第2項第2文及び第3文）(19)ことを除けば，形式的な意味しかないように思われるので，本書の検討対象からは除外する。

したがって，まず，第1章で，フランスにおいて立法手続，特に政府提出法律案提出手続に対して，憲法院によってどのような統制がなされているの

(19)　第39条第2項第2文は，「予算法律案及び社会保障財政法律案は，先に国民議会に付議される」，第3文は，「地域共同体の組織を主たる対象とする政府提出法律案は，先に元老院に付議されるが，第44条第1項の適用は排除されない」とそれぞれ定めている。第3文は，2008年7月の憲法改正により，現在の条文となった。

か，その一般的な枠組みを検討する。その上で，第2章で，①に関して，憲法院が政府提出法律案についてのコンセイユ・デタへの諮問手続をどのように統制しているかを検討する。ここでは，コンセイユ・デタ意見のフランス公法上の位置づけを検討した上で，政府提出法律案についてのコンセイユ・デタ意見をめぐる2003年4月3日憲法院判決(20)を検討することになるが，行政訴訟における命令案についてのコンセイユ・デタ意見をめぐる共同行為者理論を参考としながら検討する。続く第3章では，②に関して，憲法院が政府提出法律案についての閣議での審議決定手続をどのように統制しているかを検討する。ここでは，フランス公法における閣議の位置づけを検討しつつ，政府提出法律案についての閣議での審議決定手続をめぐる1984年9月12日憲法院判決(21)と，これに関連して，特別な立法手続である信任投票についての閣議での審議決定手続をめぐる1995年12月30日憲法院判決(22)を検討する。

次に，フランス1958年憲法第44条第1項は，「国会議員と内閣（Gouvernement）は修正権（droit d'amendement）をもつ」と規定するのみで，その提出手続について何ら規定されていない。内閣修正案提出手続に，第39条第2項の手続が及ぶのか，また，修正権独自の手続的規律があるのかが問題となる。

したがって，第4章では，憲法院が修正権の手続をどのように統制しているかを検討する。ここでは，修正権に関する憲法上の位置づけを検討しながら，修正権独自の手続的統制に関する一連の憲法院判決を検討し，さらに，第39条第2項の手続が内閣修正案提出手続にも及ぶかどうかを結論付けた1994年1月13日憲法院判決(23)を検討して，修正案，特に内閣修正案に対して，憲法院がいかなる手続的統制を行っているかを検討する。

---

(20)　C.C., Décision n° 2003-468 DC du 3 avril 2003, *Loi relative à l'élection des conseillers régionaux et des représentants au Parlement européen ainsi qu'à l'aide publique aux partis politiques*, *Rec*., p. 325.

(21)　C.C., Décision n° 84-179 DC du 12 septembre 1984, *Loi relative à la limite d'âge dans la fonction publique et le secteur public*, *Rec*., p. 73.

(22)　C.C., Décision n° 95-370 DC du 30 décembre 1995, *Loi autorisant Gouvernement, par application de la Constitution, à réformer la protection*, *Rec*., p. 269.

このように第1章から第4章までにおいてフランス法の検討をした上で，次に，日本法の議論を行う。まず，第5章では，議院の運営自律権と内閣の閣議運営自律権について検討する。すなわち，従来の「議事手続と司法審査」の議論がいかなるものであるかを明らかにしつつ，従来の議論に新たな局面をもたらせた国民投票法案不受理訴訟について具体的に検討し，さらに，日本においてあまり議論がなされていない「閣議と司法審査」に関する問題を検討する。最後に，第6章では，フランス法の検討から得られた知見を活かしながら，日本における内閣提出法律案提出手続についての司法審査の可能性を検討し，さらに，その個別の提出手続に関する具体的な解釈試論を提示したい。

5　用語の問題

これらの検討に入る前に，語の用法について断わっておきたい。

まず，前述のように，憲法院による法律の憲法適合性審査は，日本法で言うところの「司法審査」には当たるであろうが，フランス法では「司法審査」とは呼ばれない。したがって，正確を期するために，本書は，フランス法の文脈では，「司法審査」の語は用いないことにする。

また，フランスにおいては，執行府の二元性がある。すなわち，大統領と，首相を首長とする内閣が，執行府には存在する。フランスで「gouvernement」という場合には，基本的には首相を首長とする「内閣」を指すのであって，本書はこれに従い，フランス法の文脈において「gouvernement」を「内閣」と訳している。反対に，大統領をも含めた執行府を意味する場合は，本書は「政府」を用いている(24)。

これは，「projets de loi」をどのように訳すかに関わってくる。フランス1958年憲法第39条第1項は，「法律案提出権は，首相と国会議員に競合し

(23)　C.C., Décision n° 93－329 DC du 13 janvier 1994, *Loi relative aux conditions de l'aide aux investissements des établissements d'enseignement privés par les collectivités territoriales, Rec.*, p. 9.

(24)　この点，従来の日本の憲法学は，フランスの「gouvernement」を「政府」と訳しており，「内閣」と訳していない。しかし，本書は，大統領を含む執行府と大統領を含まない執行府とを分けて論ずべきであるとの視点に立っている。

て属する」と定めており，「projets de loi」を，「内閣提出法律案」と訳すべきように思われる。しかしながら，前述のとおり，フランス1958年憲法第39条第2項は，「projets de loi」が閣議で審議決定されることを定めている。1958年憲法第9条によれば，「大統領は，閣議を主宰する」のであって，政府提出法律案についての閣議での審議決定には大統領も関与している。したがって，本書は，「projets de loi」を，大統領を含意しない「内閣提出法律案」ではなく，大統領をも含意する「政府提出法律案」と訳すことにする。

第1章
フランスにおける立法手続に対する裁判的統制
――法律案提出手続に対する裁判的統制を中心にして――

はじめに

1 問題の所在

フランス1958年憲法は，立法手続に関する準則を多く定めており，憲法第61条に基づき，その公布前に法律の憲法適合性を審査する[(1)]憲法院は，付託権者によって法律を付託されたときに，内容審査だけでなく，手続審査をも行っている。すなわち，憲法院は，制定された法律の立法手続についての憲法適合性を統制しているのである。特に注目されるのは，1958年憲法は，「議院での審議・議決手続」だけでなく，「法律案提出手続」をも規律しているのであって，それゆえ，法律案提出手続についてもその裁判的統制が行われていることである。

(1) 2008年7月の憲法改正により，憲法院は，法律の事後審査を行うことができるようになった。すなわち，憲法院は，行政裁判所及び通常裁判所での裁判中に法律の規定が憲法の保障する権利及び自由を侵害しているとの主張がなされた場合，コンセイユ・デタ又は破毀院からの付託によって，法律の憲法適合性を審査できるようになった（第61－1条）のである。具体的な手続は憲法附属法律に委ねられており，これにより，憲法第61－1条の適用に関する2009年12月10日憲法附属法律第1523号が制定された。この憲法附属法律は，憲法院に関する憲法附属法律の効力を有する1958年11月7日オルドナンス第1067号の第2章の2として組み込まれた。この憲法附属法律に関する立法紹介として，池田晴奈「合憲性の優先問題――憲法61条の1の適用に関する2009年12月10日の組織法律第1523号」日仏法学26号（2011年）132－136頁。また，詳しい論稿として，横尾日出雄「フランスにおける事後的違憲審査制の導入と『合憲性の優先問題』――憲法第61－1条ならびに2009年12月10日組織法律に基づく憲法院の違憲審査について」Chukyo lawyer14号（2013年）43－72頁。なお，2008年7月憲法改正については，以下の文献を参照。曽我部真裕「2008年7月の憲法改正」日仏法学25号（2009年）181－198頁。

2　本章の目的

それでは，立法手続及び法律案提出手続に対する憲法院による裁判的統制はどのようにして行われているのであろうか。本章では，これを明らかにする。そこで，まず，立法手続に対する裁判的統制の一般的な枠組みを確認する（第1節）。これについては，憲法院による立法手続の統制がいかにして行われるようになったのかという問題と，憲法院がいかなる規範に照らして立法手続を統制しているのか，いわゆる照会規範の問題について確認する。その上で，次に，法律案提出手続に対する裁判的統制の枠組みを検討する（第2節）。これについては，立法手続統制における法律案提出手続統制の位置付け，次に法律案提出手続統制の類型を検討する。最後に，立法手続についての大幅な改正が行われた2008年7月憲法改正によって法律案提出手続統制にもたらされる変化を検討する（第3節）。

第1節　立法手続に対する裁判的統制

1　立法手続の憲法適合性統制の開始

(1)　1958年から1970年まで

フランスにおいて憲法院が立法手続に対する統制を行っていることはすでに述べたが，憲法院が創設された1958年の時点から当然のようにそれが行

(2)　C.C., Décision n° 71-44 DC du 16 juillet 1971, *Loi complétant les dispositions des articles 5 et 7 de la loi du 1er juillet 1901 relative au contrat d'association, Rec.*, p. 29.

(3)　議院規則は立法手続に関する規定を多く含んでおり，憲法院は，議院規則が憲法の立法手続準則に適合しているかどうかの審査を通じて，憲法の立法手続準則の意味内容を確定し，そして，内閣及び国会は，この憲法の立法手続準則に従う。それゆえに，憲法院は，議院規則の憲法適合性統制を通じて，間接的に立法手続を統制することになる。この意味において，以下を参照。Philippe Terneyre, « La procédure législative ordinaire dans la jurisprudence du Conseil constitutionnel », *RDP*, 1985, pp. 692-693. しかし，このような間接的な立法手続統制としての議院規則の憲法適合性統制は，日本法の「立法手続と司法審査」とは異なるので，本書ではこれに立ち入らない。なお，フランスの議院規則の憲法適合性統制については，以下の文献を参照。大石眞『議院自律権の構造』（成文堂，1988年）146-164頁，勝山教子「議院規則に対する裁判的統制――フランス憲法院判例を素材として――」同志社法学54巻3号（2002年）183-208頁。

われていたわけではない。1971年のいわゆる結社法判決(2)以前は，憲法院は，議院規則の憲法適合性の義務的審査（憲法第61条第1項）(3)や，法律事項と命令事項の画定（憲法第37条第2項及び第41条第2項）(4)において，制度的均衡を保障する権限裁定機関としての役割を果たしてきた(5)。

(2) 1971年以降

このような憲法院の役割は，1971年以降，2つの意味で大きく変化することになった。

一つは，1971年のいわゆる結社法判決において，人権保障機関としての役割が加わった点である(6)。この判決以降，憲法院は，法律の内容が憲法に適合しているかどうか，つまり，法律の内的憲法適合性（constitutionnalité interne）(7)を統制することになったのである。

もう一つは，1975年7月23日判決(8)(以下，1975年判決と表記）において，憲法院は，自らを立法手続統制機関として認め，憲法院が立法手続を統制するという一般原理を確認した点である。この判決は，次のように述べている。すなわち，「憲法院が憲法第61条の適用によって，国会によって可決され，かつ，まさに審署されようとしている法律について付託されたときに，憲法

---

(4)　Alain Pariente, « Le Conseil constitutionnel et la théorie de la séparation des pouvoirs », in Alain Pariente (dir.), *La séparation des pouvoirs : Théorie contestée et pratique renouvelée*, Dalloz, 2007, pp. 66－67. また，2004年までに憲法院が行った法律事項と命令事項の画定の例を詳細に挙げているものとして，以下の文献を参照。Thierry S. Renoux et Michel de Villiers, *Code constitutionnel*, 3e éd., Litec, 2004, pp. 411－433. なお，この画定は，憲法第61条第2項によって憲法院に付託された場合にも行われている。

(5)　Philippe Terneyre, *supra* note(3), pp. 692－693.

(6)　この問題に関する邦語文献は多い。さしあたり以下の文献を参照。辻村みよ子「憲法の『法律学化』と憲法院の課題――政治と法・人権をめぐるフランスの理論展開」ジュリスト1089号（1996年）70－75頁，山元一「フランスにおける憲法裁判と民主主義」山下健次＝中村義孝＝北村和生編『フランスの人権保障――制度と理論――』（法律文化社，2001年）69－87頁。

(7)　Dominique Rousseau, *Droit du contentieux constitutionnel*, 10e éd., Montchrestien, 2013, p. 139.

(8)　C.C., Décision n° 75－57 DC du 23 juillet 1975, *Loi supprimant la patente et instituant une taxe professionnelle, Rec.*, p. 24.

院は，この法律の諸規定の憲法適合性について意見表明するだけでなく，その法律が立法手続に関する憲法的効力を有する諸準則を尊重して可決されたかどうかを審査することができる」〔Cons.1〕と。この判決以降(9)，法律の外的憲法適合性（constitutionnalité externe）(10)としての立法手続の憲法適合性が統制されることになったのである。

このような立法手続の憲法適合性統制が行われるようになった背景には，1974年の憲法改正によって，法律の憲法適合性に関して，国会議員に憲法院への提訴権が認められたことがある(11)。それ以前は，憲法第61条第2項において，大統領，首相及び両議院の議長にのみ憲法院への提訴権が認められていたが，1974年の改正により国会議員に提訴権が付与されたことによって，国会議員，実際には野党議員が，内閣及び与党が立法手続において行った行為に対する対抗手段を獲得した。そして，実際，本判決においては，野党議員が憲法院への提訴においてその立法手続違反を主張し(12)，憲法院が前述の一般原理を打ち立てるに至ったのである。

---

(9)　ただし，本判決以前にも，特別な形での立法手続の統制は行われていた。つまり，憲法第40条は，「国会議員が提出する法律案及び修正案は，その可決が歳入の減少又は歳出の創設若しくは増加の結果を生じさせるときは，受理されない」と定めているが，憲法第61条第2項によって憲法院に法律が付託されたときに，修正案の受理が憲法第40条に違反していた，つまり，その修正案は憲法第40条により不受理とされるべきであったということが争われたのである。C.C., Décision n° 60－11 DC du 20 janvier 1961, *Loi relative aux assurances maladie, invalidité et maternité des exploitants agricoles et des membres non salariés de leur famille, Rec.*, p. 29, Cons. 1－4. さらに，憲法院は，1975年判決以前に，立法手続についての一般的統制を暗示していた。というのも，1971年結社法判決において，提訴者たる元老院議長が立法手続の適法性について何ら言及していないにもかかわらず，憲法院は，「憲法院の審査に付された当該法律は……憲法によって定められた諸手続の一つを遵守して，両議院で議決された」と判示したからである。C.C., Décision n° 71－44 DC du 16 juillet 1971, *supra* note(2), Cons. 1. このように，憲法院は，法律の審査の際に，提訴者によって取り上げられた理由に拘束されず，あらゆる理由と結論を職権で取り上げることができるのであって，憲法院は，立法手続の憲法適合性について職権で取り上げた上で，その立法手続を違憲とすることがある。詳しくは，以下を参照。Thierry Di Manno, *Le Conseil constitutionnel et les moyens et conclusions soulevés d'office*, Economica-PUAM, 1994, pp. 125－130.

(10)　Dominique Rousseau, *supra* note(7), p. 134.

(11)　Philippe Terneyre, *supra* note(3), p. 693.

フランスにおいて立法手続は，内閣と国会のそれぞれの権限が深く関わるものである。特に合理化された議院内閣制によって，内閣が立法手続に内閣の有利になるように関与することが憲法上認められている(13)。したがって，憲法院は，立法手続の憲法適合性統制において，立法手続における内閣と国会の権限を裁定する(14)のである。また，前述の1975年判決においては，議員提出の修正案が議院によって不受理とされたことが問題となった（この不受理を争う類型については後述）のであり，換言すれば，立法手続においては，議院と国会議員，実際には与党と野党のそれぞれの権限が問題となるのであって，憲法院は，これらの権限をも裁定するのである。このような意味で，1975年判決によって，制度的均衡を保障する権限裁定機関としての憲法院の役割はより強化されたと言えよう。

このようにして，憲法院は立法手続に対する統制を開始したのである。

2　立法手続の憲法適合性統制における照会規範

次に，憲法院はどのような規範に照らして立法手続を審査しているのか，いわゆる照会規範（norme de référence）の問題を検討する。

(1)　憲法典及び憲法附属法律

憲法院は，1982年7月27日判決において，「法律が提案され，可決され，審署される準則は，憲法及び憲法附属法律によって決定される」(15)と判示しており，憲法典及び憲法附属法律（loi organique）は，立法手続の憲法適合性統制における照会規範となっている(16)。

---

(12)　詳しくは以下を参照。Didier Maus, *Texte et documents sur la pratique institutionnelle de la Vᵉ République*, 2ᵉ éd., La Documentation française, 1982, pp. 395－398.

(13)　Philippe Terneyre, *supra* note(3), p. 699.

(14)　Philippe Terneyre, *supra* note(3), p. 700.

(15)　C.C., Décision n° 82－142 DC du 27 juillet 1982, *Loi portant réforme de la planification, Rec.*, p. 52, Cons. 14.

(16)　Philippe Terneyre, *supra* note(3), p. 697.

①　憲 法 典

まず，1958年憲法は，第38条から第49条までにおいて，一般的に立法手続を定めている。また，第70条第3文は，経済的，社会的又は環境的性格を有する政府提出のプログラム法律案（projet de loi de programmation）についての経済社会環境評議会への諮問手続（2008年7月憲法改正前は，名称は経済社会評議会であり，その諮問手続も同条第2文において定められていた）を，第74条第12項は，海外公共団体の特別な組織その他の態様を定める法律案についての海外公共団体議会への諮問手続を，それぞれ定めている(17)。憲法院は，憲法典の定めるこれらの立法手続準則にしたがって法律が制定されたかどうかを審査する。

②　憲法附属法律

次に，1958年憲法は，特別のカテゴリーの法律の立法手続について，その内容を憲法附属法律に委ねている。つまり，第47条第1項は予算法律（loi de finance）の可決手続について，第47－1条第1項は社会保障財政法律（loi de financement de la securité sociale）(18)の可決手続について，憲法附属法律に委ねていて，それぞれ，「予算法律に関する2001年8月1日憲法附属法律第692号」(19)（以下，予算法律に関する憲法附属法律と表記），及び社会保障法典の憲法附属法律事項(20)（以下，社会保障法典LO第○条と表記）によって

---

(17)　なお，憲法典は，特定の事項に関する憲法附属法律についても，特別の諮問手続を定めている（憲法第74条第2項，第77条第1項）。

(18)　1996年2月の憲法改正によって設けられた新たな法律カテゴリーである。詳しくは，以下を参照。大石眞「財政条項と予算制度」『憲法秩序への展望』（有斐閣，2008年）378－380頁。

(19)　この憲法附属法律は，2005年1月から施行されているが，それまでは，予算法律の可決手続は，「予算法律に関する憲法附属法規を定める1959年1月2日オルドナンス第2号」（以下，予算法律に関する憲法附属オルドナンスと表記）において定められていた。このオルドナンスは，政府が憲法施行に必要な立法措置を「法律の効力を有する」オルドナンスによって定めることを授権していた憲法旧第92条第1項に基づいて制定されたものである。したがって，2005年以前は，行政立法たるこのオルドナンスも，憲法院の照会規範であった。このオルドナンスの定める手続違反が憲法院で争われた事例は多い。手続違反により違憲とされたものとして，C.C., Décision n° 79－110 DC du 24 décembre 1979, *Loi de finances pour 1980, Rec.*, p. 36, Cons. 1－9.

規律されている。憲法院は，これらの憲法附属法律が定める立法手続準則にしたがって法律が制定されたかどうかをも審査している。

また，2008年7月の憲法改正によって，政府提出法律案の提出手続及び修正案の提出手続は，憲法附属法律によって定められることになり，どちらの手続も，「憲法第34－1条，第39条及び第44条の適用に関する2009年4月15日憲法附属法律第403号」[21]（以下，2009年4月15日憲法附属法律と表記）によって規定されることになった。したがって，今後は，この憲法附属法律も照会規範となる。この憲法附属法律については，第3節で詳しく検討することにしよう。

(2)　議院規則

次に，議院規則は憲法典や憲法附属法律よりも詳細に立法手続準則を定めているが，この議院規則が立法手続統制における照会規範となるのかが問題となる。換言すれば，議院規則が定める立法手続準則に違反して可決された法律を，憲法院は憲法違反とすることができるのかが問題となるのである[22]。

この問題について，憲法院は，1978年7月27日判決[23]において，「議院規則は，それ自体では憲法的効力を有しない」とした。この判決の理解をめぐって，学説は，議院規則の憲法的効力が否定されたとする見解[24]と，「そ

(20)　この憲法附属法律事項は，社会保障財政法律を導入した1996年2月の憲法改正を実施するために制定された，社会保障財政法律に関する1996年7月22日憲法附属法律第646号が挿入されたものである。現在は，社会保障財政法律に関する2005年8月2日憲法附属法律第881号によって，この憲法附属法律事項は一部改正され，さらに新たな規定が設けられている。

(21)　なお，当該憲法附属法律は，憲法第61条第1項に基づき憲法院によって審査され，一部違憲判決を受け，違憲とされた部分を削除された上で施行された。C.C., Décision n° 2009－579 DC du 9 avril 2009, *Loi organique relative à l'application des articles 34－1, 39 et 44 de la Constitution, Rec.*, p. 84.

(22)　この問題について，詳しくは以下を参照。Christophe Guettier, *Le Conseil Constitutionnel et le droit parlementaire sous la Ve République*, Thèse Paris I, 1986, 2 tomes, pp. 440－475.

(23)　C.C., Décision n° 78－97 DC du 27 juillet 1978, *Loi portant réforme de la procédure pénale sur la police judiciaire et le jury d'assises, Rec.*, p. 31, Cons. 3.

(24)　例えば，J.-P. Lebreton, « Les particularités de la juridiction constitutionnelle », *RDP*, 1983, p. 447.

れ自体では」という文言に着目して，憲法準則を実施する規定であれば憲法的効力が肯定されるとする見解(25)とに分かれた。しかしながら，憲法院は，その後，いくつかの判決(26)で「議院規則は憲法的効力を有しない」という文言にしたが，結局，1984年10月11日判決(27)において，「議院規則は，それ自体では憲法的効力を有しない」という文言に回帰した。その後も，憲法院は，一貫して，この「それ自体では」という文言を用いている(28)。

したがって，これまで議院規則に違反したとして法律を無効にされた例はないが，現在では，学説においては，一般に，憲法準則を実施する議院規則の規定については照会規範として認められ，反対に，憲法準則を実施しない規定については照会規範としては認められないとされている(29)。

また，フランソワ・リュシェール（François Luchaire）によれば，法律の内容審査において憲法「原理」が存在するように，法律の手続審査においても憲法「原理」が存在するとして，この憲法「原理」を実施する議院規則の規定も，照会規範となりうることを指摘している。例えば，議院規則は，議

(25)　例えば，Conseil constitutionnel, *Contrôle de constitutionnalité et délimitation des compétences : table analytique des décisions de 1959－1980*, Imprimerie nationale, 1981, pp. 471－472 ; Pierre Avril, « Droit parlementaire et droit constitutionnel sous la Ve République », *RDP*, 1984, p. 578.

(26)　C.C., Décision n° 80－117 DC du 22 juillet 1980, *Loi sur la protection et le contrôle des matières nucléaires, Rec.*, p. 42, Cons. 3 ; C.C., Décision n° 80－127 DC du 20 janvier 1981, *Loi renforçant la sécurité et protégeant la liberté des personnes, Rec.*, p. 15, Cons. 3 ; C.C., Décision n° 81－136 DC du 31 décembre 1981, *Troisième loi de finances rectificative pour 1981, Rec.*, p. 48, Cons. 11 ; C.C., Décision n° 82－155 DC du 30 décembre 1982, *Loi de finances rectificative pour 1982, Rec.*, p. 88, Cons. 2 ; C.C., Décision n° 84－172 DC du 26 juillet 1984, *Loi relative au contrôle des structures des exploitations agricoles et au statut du fermage, Rec.*, p. 58, Cons. 11.

(27)　C.C., Décision n° 84－181 DC du 11 octobre 1984, *Loi visant à limiter la concentration et à assurer la transparence financière et le pluralisme des entreprises de presse, Rec.*, p. 78, Cons. 5.

(28)　最近の判決として，C.C., Décision n° 2008－564 DC du 19 juin 2008, *Loi relative aux organismes génétiquement modifiés, Rec.*, p. 313, Cons. 5

(29)　François Luchaire, *Le Conseil constitutionnel*, t.1, 2e éd., Economica, 1997, p. 172. また，議院規則は憲法典と一致する場合にしか照会規範とならないとする見解（Georges Vedel, « Excès de pouvoir legislatif et excès de pouvoir administratif », *CCC*, n° 2, 1996, p. 84）もある。

員の間での発言時間を配分する規定を有しているが，この規定に違反して，野党議員に発言を認めることなく法律が可決された場合には，民主主義又は選挙の平等という憲法「原理」に違反するので，立法手続違反となる，ということである(30)。

したがって，憲法院は，憲法典，憲法附属法律，さらには，学説の分類によれば，憲法準則及び憲法原理を実施する議院規則の規定に照らして，立法手続の憲法適合性を審査するということになる。

3　小　括

第１節では，まず，当初から憲法院は立法手続統制機関であったわけではなく，諸々の判決を下す中で次第にそのような機関となったことを確認した。その上で，憲法院が立法手続を統制する際に，いかなる規範を参照しているか，その照会規範について検討し，憲法典，憲法附属法律，場合によっては議院規則が照会規範となることを確認した。

第２節　法律案提出手続に対する裁判的統制

次に，このような立法手続統制の一般的枠組みの下で，法律案提出手続に対する統制がどのようなものかを検討していく。

1　立法手続統制における法律案提出手続統制の位置付け

⑴　立法手続統制における法律案提出手続統制の重要性

実際に憲法院によって行われている立法手続統制の多くは，日本法で言うところの「議事手続」，すなわち，「議院での審議・議決手続」に対する統制ではなく，「法律案提出手続」に対する統制である(31)。この点，特に修正案（amendement）の提出手続に関わるものが多い(32)。

⑵　法律案提出手続としての修正案提出手続

ここで，修正案は，法律案が議院に受理され，法律案の審議が始まってか

(30)　François Luchaire, *supra* note (29), p. 173.

ら委員会又は本会議で提出される(33)ので，その提出手続は「議院での審議・議決手続」に含まれるのではないかと思われるかもしれない。しかしながら，フランスにおいては，一般的に，「法律案提出権」には，憲法第39条第1項によって認められる原案としての法律案を提出する「本質的法律案提出権(initiative principale)」と，憲法第44条第1項によって認められる法律案に

(31)　憲法第61条第2項に基づく憲法院による法律の憲法適合性審査において立法手続の憲法適合性が取り上げられた判決は，1958年から2008年までにおいて136件であり，これらの判決の中で214件の個別の立法手続の憲法適合性が審査されている。その内訳は，議事手続が51件，法律案提出手続が152件，その他の手続が11件である。したがって，憲法院で憲法適合性が問題となった立法手続の約7割が法律案提出手続である。なお，このデータに関して，留意すべきことが3つある。まず，①憲法第61条第1項により憲法院に必ず付託される憲法附属法律に対する立法手続統制の件数は含まれていないことである。この点，憲法院は，憲法附属法律の内容だけでなく，手続も審査しており，ほぼすべての判決で，憲法附属法律の可決手続を定める憲法第46条にしたがって可決されたかどうかについて言及している。また，憲法院は，特別の憲法附属法律が問題となるときには，その諮問手続を定める憲法第74条第2項及び第77条第1項が遵守されているかどうかについても審査している（C.C., Décision n° 2004－500 DC du 29 juillet 2004, *Loi organique relative à l'autonomie financière des collectivités territoriales, Rec.*, p. 116, Cons. 2）。さらに，憲法院は，憲法附属法律の修正案の提出手続を職権で取り上げたことがある（C.C., Décision n° 2000－430 DC du 29 juin 2000, *Loi organique tendant à favoriser l'égal accès des femmes et des hommes aux mandats de membre des assemblées de province et du congrès de la Nouvelle-Calédonie, de l'assemblée de la Polynésie française et de l'assemblée territoriale des îles Wallis-et-Futuna, Rec.*, p. 95, Cons. 2－8；C.C., Décision n° 2001－445 DC du 19 juin 2001, *Loi organique relative au statut des magistrats et au Conseil superieur de la magistrature, Rec.*, p. 63, Cons. 47－49）。次に，②ニューカレドニアに適用される極めて特別な法律である地方法律（loi du Pays）についての判決（LPと表記される）も含まれていないことである。最後に，③憲法院は，立法手続の統制として，法律の内容に関わるものも統制している（例えば，旧予算法律に関する憲法附属オルドナンス第1条は，予算法律に含めることができる内容を規定していたが，憲法院は，予算法律の中に入れることはできない内容を予算法律に入れることを立法手続違反としている。C.C., Décision n° 89－268 DC du 29 décembre 1989, *Loi de finances pour 1990, Rec.*, p. 110, Cons. 26－29）が，このような法律の内容に関係するような手続統制の件数も含まれていないことである。

(32)　法律案提出手続が問題となった152件のうち，原案としての法律案の提出手続が問題となったのは40件，修正案の提出手続が問題となったのは110件，その他の提出手続が問題となったのは2件である。したがって，憲法院で憲法適合性が問題となった法律案提出手続の約7割が修正案の提出手続である。

対する修正案を提出する修正権としての「派生的法律案提出権（initiative dérivée）」とが含まれると考えられており(34)，修正案提出手続は法律案提出手続として見なされている(35)。

このような修正案提出手続(36)を含めた法律案提出手続に対する統制が立法手続統制の多くを占めている(37)ので，法律案提出手続に対する統制は立法手続統制における中核的部分を構成していると捉えることが可能になろう。

---

(33)　修正案と似て非なるものとして，「修正文書（lettre rectificative）」がある。詳しくは，第4章第3節を参照。

(34)　Thierry S. Renoux et Michel de Villiers, *supra* note（4）, pp. 442－443.

(35)　立法手続に対する憲法院の統制を，修正案提出手続をも含めた法律案提出手続に対する統制と，議院での審議・議決手続に対する統制とに分けて分析するものとして，例えば，Philippe Terneyre, *supra* note（3）, pp. 691－749.

(36)　修正案については，提出手続そのものだけなく，修正案の受理又は不受理の合憲性も憲法院で争われている。後述するように，憲法第40条，第41条第1項，予算法律に関する憲法附属法律第47条第3項及び社会保障法典LO第111－7－1条IV第3項は，修正案を不受理とする規定を定めているが，憲法院において，成立した法律案の規定の一部となった修正案の受理がこれらの憲法準則に違反していた，つまり，不受理とすべきであったとして主張される場合と，成立した法律の規定とはならなかった修正案の不受理がこれらの憲法準則に違反していた，つまり，受理すべきであったとして主張される場合とがあるのである。前者については，すでに述べたとおり，1975年判決以前にも争われている。C.C., Décision n° 60－11 DC du 20 janvier 1961, *supra* note（9）, Cons. 1－4. また，前者についての他の判決として， C.C., Décision n° 76－73 DC du 28 décembre 1976, *Loi de finances pour 1977 et, notamment ses articles 16, 27, 28, 29, 37, 87, 61 par. VI, Rec.*, p. 325, Cons. 9 et 10. 一方，後者についての主な判決として， C.C., Décision n° 75－57 DC du 23 juillet 1975, *supra* note（8）, Cons. 3－6 ; C.C., Décision n° 93－329 DC du 13 janvier 1994, *Loi relative aux conditions de l'aide aux investissements des établissements d'enseignement privés par les collectivités territoriales, Rec.*, p. 9, Cons. 16－19. なお，憲法第40条及び第41条第1項は，修正案だけでなく議員提出法律案も不受理とすることができる規定であるので，成立した法律の元となった議員提出法律案の受理の合憲性も争われている。憲法第40条については， C.C., Décision n° 77－91 DC du 18 janvier 1978, *Loi complémentaire à la loi du 2 août 1960 et relative aux rapports entre l'Etat et l'enseignement agricole privé, Rec.*, p. 19, Cons. 1－3. 憲法第41条第1項については，C.C., Décision n° 86－224 DC du 23 janvier 1987, *Loi transférant à la juridiction judiciaire le contentieux des décisions du Conseil de la concurrence, Rec.*, p. 8, Cons. 12－14.

(37)　前掲注(31)及び(32)を参照。

2　法律案提出手続統制の 2 つの類型

このような立法手続統制の中核的部分を占める法律案提出手続統制には，2つの類型がある。

(1)　可決された法律の規定の提出手続の統制

一つは，国会で法律が可決されたときに，その可決された法律の元となった原案としての法律案，あるいは修正案が，憲法的効力を有する立法準則にしたがって提出されたかどうか，その提出手続の憲法適合性を争う場合である。これは，「議院での審議・議決手続」においても行われる類型である。つまり，可決された法律の元となった法律案又は修正案が，憲法的効力を有する立法手続準則にしたがって審議・議決されたかどうか，その審議・議決手続の憲法適合性が争われる。したがって，この可決された法律の元となった法律案又は修正案が立法手続準則に適合していたかどうかの統制は，立法手続統制における共通類型ということになる。

この類型に該当する統制として，具体的には，憲法第 39 条第2項の定める政府提出法律案のコンセイユ・デタへの諮問手続(38)及び閣議での審議決定手続(39)や，経済的，社会的又は環境的性格を有する政府提出のプログラム法律案についての経済社会環境評議会への諮問手続(40)，海外公共団体の特別な組織その他の態様を定める法律案についての海外公共団体議会への諮問手続(41)，そして，修正案の提出手続(42)及び議院による修正案の受理(43)

---

(38)　C.C., Décision n° 2003－468 DC du 3 avril 2003, *Loi relative à l'élection des conseillers régionaux et des représentants au Parlement européen ainsi qu'à l'aide publique aux partis politiques, Rec.*, p. 325, Cons. 5－9. 詳しくは第2章を参照。

(39)　C.C., Décision n° 84－179 DC du 12 septembre 1984, *Loi relative à la limite d'âge dans la fonction publique et le secteur public, Rec.*, p. 73, Con. 1－3. 詳しくは第3章を参照。

(40)　2008 年憲法改正前の経済社会評議会への諮問手続の欠如の憲法適合性が争われたものとして，C.C., Décision n° 86－207 DC du 26 juin 1986, *Loi autorisant le Gouvernement à prendre diverses mesures d'ordre économique et social, Rec.*, p. 61, Cons. 5－8.

(41)　例えば，C.C., Décision n° 80－122 DC du 22 juillet 1980, *Loi rendant applicable le code de procédure pénale et certaines dispositions législatives dans les territoires d'outre-mer, Rec.*, p. 49, Cons. 1－4.

などに対する統制が挙げられる。

① 法律案の提出手続に対する統制

法律案の提出手続に対する統制に関して，重要なことは，まず，政府提出法律案については，その提出手続が憲法典や憲法附属法律によって規律されているのに対し，議員提出法律案については，その提出手続がそれらによって規定されておらず，議院規則によってわずかに規律されているにすぎない(44)という点である。前述のとおり，憲法院は議院規則を原則として照会規範とはしていないと理解されているので，政府提出法律案の方が，照会規範の領域が大きいということになる。実際，修正案を含まない，原案としての法律案の提出手続が争われたのは，ほとんど政府提出法律案についてである(45)。

次に，重要なことは，憲法第39条第2項の政府提出法律案についてのコンセイユ・デタへの諮問手続及び閣議での審議決定手続は，執行府内部の手続であり，内閣と国会の権限に関わるものではないが，「執行府が法律案提出権を行使する以上，政府機関の行為は，厳密な意味での議会手続の外においても，憲法院の審査の対象となりうる」(46)ということである。つまり，憲法院は，内閣と国会，あるいは議院と国会議員の権限のみを裁定するだけではなく，立法に関わるすべての機関のそれぞれの権限を裁定するのである。この論理は，経済的，社会的又は環境的性格を有する政府提出のプログラム法律案についての経済社会環境評議会への諮問手続にも，また，提出主体を問わず，海外公共団体の特別な組織その他の態様を定める法律案についての海外公共団体議会への諮問手続にも共通すると言えよう。

---

(42) 修正案の提出手続をめぐっては，1980年以降，多くの憲法院判決が出されており，また，憲法院の判断も著しく変遷している。詳しくは，第4章を参照。

(43) 前掲注(36)を参照。

(44) 国民議会規則第81条及び元老院規則第24条。ただし，議員提出法律案は憲法第40条及び第41条第1項に基づく不受理の対象となるため，議院規則にはその実施規定がある。国民議会規則第89条及び第93条，元老院規則第45条。

(45) しかしながら，議員提出法律案の提出手続についても，受理の憲法適合性を問題にする形で，若干ながら憲法院で審査されている。前掲注(36)を参照。

(46) Laurent Domingo, *Les actes internes du Parlement : Étude sur l'autonomie parlementaire* (*France, Espagne, Italie*), LGDJ, 2008, p. 227.

②　修正案の提出手続及び議院による修正案の受理に対する統制

修正案については，2008年７月憲法改正までは，内閣提出であろうと国会議員提出であろうと，その提出手続は議院規則においてしか規律されておらず，また，憲法院によって議院規則は原則として照会規範ではないとされてきたために，その提出手続の憲法適合性は，もっぱら憲法院の独自の照会規範に服してきた。例えば，憲法院は，修正案の提出手続が「内在する限界(limites inhérentes)」(47)に違反していないかを統制してきたのである。

さらに，修正案については，議院によるその受理の合憲性を争う場合がある。すなわち，憲法第40条，第41条第１項，予算に関する憲法附属法律第47条第３項(48)，社会保障法典LO第111－7－1条Ⅳ第３項(49)は，修正案を不受理とする場合を定めているが，成立した法律案の規定の一部となった修正案の受理がこれらの憲法準則に違反していた，つまり，不受理とすべきであったとして争われる場合がある。この場合の照会規範は，これらの憲法準則ということになるが，憲法院によれば，憲法院が修正案の受理の合憲性を

(47)　これは，修正案は審議中のテキストの目的及び射程について内在する限界を超えてはならないとするものである。C.C., Décision n° 86－221 DC du 29 décembre 1986, *Loi de finances pour 1987, Rec.*, p. 179, Cons. 2－5 et 8. 修正案がこの「内在する限界」を越えたとして違憲とされた判決として，C.C., Décision n° 86－225 DC du 23 janvier 1987, *Loi pourtant diverses mesures d'ordre social, Rec.*, p. 13, Cons. 6－11. しかしながら，現在，憲法院はこの「内在する限界」を放棄しており，修正案の提出手続に，「関連性準則」及び「漏斗準則」を課している。C.C., Décision n° 2005－532 DC du 19 janvier 2006, *Loi relative à la lutte contre le terrorisme et portant dispositions diverses relatives à la sécurité et aux contrôles frontaliers, Rec.*, p. 31, Con. 23－30. 詳しくは，第４章を参照。

(48)　予算法律への修正案の不受理については，旧予算法律に関する憲法附属オルドナンス第42条第３項に規定されていたが，このオルドナンスが廃止され，予算法律に関する憲法附属法律が制定されたため，当該条項に規定されることとなった。前掲注（19）も参照。当該条項に基づく不受理については，以下を参照。Pierre Avril, Jean Gicquel et Jean-Éric Gicquel, *Droit parlementaire*, 5e éd., Montchrestien, 2014, pp. 278－279.

(49)　社会保障財政運営法律への修正案の不受理については，社会保障法典旧LO第111－3条III第３項に規定されていたが，社会保障財政運営法律に関する2005年８月２日憲法附属法律によって改正が行われたため，現在は当該条項で規定されている。前掲注（20）も参照。当該条項に基づく不受理については，以下を参照。Pierre Avril, Jean Gicquel et Jean-Éric Gicquel, *supra* note（48）, p. 286.

審査するためには，議会手続において不受理の抗弁（exception d'irrecevabilité）がなされていなければならない(50)。

そして，このような提出手続の合憲性又は議院による受理の合憲性が争われた修正案の多くは，内閣又は与党議員が提出した修正案であった。

③　本統制類型の特徴

したがって，法律案であれ修正案であれ，その提出手続が争われてきた多くは，執行府又は与党議員提出によるものであった。これは，1974年の国会議員への提訴権の付与以降，提訴のほとんどが執行府あるいは与党に対する対抗手段として野党議員によって行われていることに関係するのではないかと思われる。すなわち，提訴者たる野党議員が，執行府あるいは与党議員提出の法律案及び修正案の手続違反を理由に，可決された法律の無効を主張しようとしてきたということである。

反対に，野党議員提出の法律案，実際には修正案の提出手続の統制は，もっぱら，次で見るように，法律案提出手続統制における独自の方法によって行われることになる。

(2)　可決された法律案にはない規定の提出手続の統制

法律案提出手続統制における独自の統制方法とは，可決された法律にはない規定の提出手続統制である(51)。

前述のとおり，憲法第40条，第41条第１項，予算法律に関する憲法附属法律第47条第３項，社会保障法典LO第111－7－1条Ⅳ第３項は，修正案

(50)　憲法第40条については，C.C., Décision n° 77－82 DC du 20 juillet 1977, *Loi tendant à compléter les dispositions du code des communes relatives à la coopération intercommunale et notamment de ses articles 2, 4, 6 et 7, Rec.*, p. 37, Cons. 1－5. 憲法第41条第１項については，C.C., Décision n° 2000－433 DC du 27 juillet 2000, *Loi modifiant la loi n° 86－1067 du 30 septembre 1986 relative à la liberté de communication, Rec.*, p. 121, Cons. 20－22. 旧予算法律に関する憲法附属オルドナンス第42条第３項については，C.C., Décision n° 80－126 DC du 30 décembre 1980, *Loi de finances pour 1981, Rec.*, p. 53, Cons. 17－20. 社会保障法典旧LO第111－3条III第３項については，C.C., Décision n° 96－384 DC du 19 décembre 1996, *Loi de financement de la sécurité sociale pour 1997, Rec.*, p. 141, Cons. 3 et 4.

を不受理とする場合を定めている。さらには，議院規則に基づいて修正案が不受理となる場合もある。したがって，法律を付託された際に，憲法院は，その法律の規定の一部とはならなかった修正案の不受理が憲法準則に違反していないかどうかを審査するのである。このようにして，憲法院は，野党議員提出の修正案の議院による不受理の憲法適合性をも統制しているのである。

すなわち，野党議員は，議院，実際には与党による修正案の不受理に憲法違反があったことを理由として，可決された法律の規定が無効だと主張し，憲法院はその憲法適合性を審査する，ということであり，これもまた野党による政府又は与党に対する対抗手段の一つと言えよう。

この場合の憲法院による統制は，議員提出修正案が何に基づいて不受理となったかに応じて，その統制手法を変えている。

①　憲法典及び憲法附属法律に基づく不受理の場合

憲法典及び憲法附属法律に基づく不受理の場合は，その不受理に対する異議が議院に対してなされていた場合にしか，憲法院は，その不受理の憲法適合性を判断しない(52)，と憲法院は判示している。つまり，この場合には，憲法院は，議会による判断の「上訴審裁判官（juge d'appel）」(53)としての役

(51)　この類型については，以下を参照。Éric Oliva, « La constitutionnalisation du droit d'amendement », in Bertrand Mathieu et Michel Verpeaux (dir.), *La constitutionnalisation des branches du droit*, Economica, 1998, pp. 96－98 ; Thierry S. Renoux, Chr., *RFDC*, n° 18, 1994, pp. 358－359.

(52)　憲法第40条に基づく不受理については，C.C., Décision n° 75－57 DC du 23 juillet 1975, *supra* note(8), Cons. 3－6, 憲法第41条第1項に基づく不受理については，C.C., Décision n° 93－329 DC du 13 janvier 1994, *supra* note(36), Cons. 16－19. なお，旧予算法律に関する憲法附属オルドナンス第42条第3項に基づく不受理及び社会保障法典旧LO第111－3条III第3項に基づく不受理の合憲性については争われたことはないが，憲法院は，前述のとおり，受理の合憲性を判断するためには，その受理の問題について議会手続で取り上げられていることが必要と判断している（C.C., Décision n° 80－126 DC du 30 décembre 1980, *supra* note(50), Cons. 17－20 ; C.C., Décision n° 96－384 DC du 19 décembre 1996, *supra* note(50), Cons. 3 et 4）ことから，不受理の合憲性についても同様に，その不受理の問題が議会手続において取り上げられていることが必要になると思われる。エリック・オリヴァも，同じ理由付けによるものかどうかは分からないが，同じ結論を導いている。Éric Oliva, *supra* note (51), pp. 97－98.

割を果たすのである。これは，前述した議院による修正案の受理の合憲性についての憲法院の判断枠組みと同じである。

② 憲法典及び憲法附属法律以外に基づく不受理の場合

反対に，憲法典及び憲法附属法律以外（具体的には議院規則）に基づく不受理の場合は，「憲法院は，問題の修正案の不受理が，憲法第44条の適用によりすべての国会議員に認められる修正権の侵害を構成するかどうかを審査することができる」(54)と憲法院は判示しており，憲法院は，事前に議院で不受理の問題が取り上げられることがなくとも，不受理の憲法適合性を審査する。したがって，この場合には，憲法院は，議会による判断の「上訴審裁判官」ではない。

③ 照会規範

ただし，照会規範に関しては，前者が修正案の不受理を定めている憲法典及び憲法附属法律の規定になる一方で，後者が憲法第44条第１項のみになることに留意しなければならない。というのも，後者の場合には，憲法院は，議院による修正案の不受理が憲法第44条第１項によって国会議員に認められている修正権を侵害していないかどうかを審査するからである。

このように場合分けをしつつも，憲法院は，法律案提出手続統制として，議員提出修正案，実際には野党議員提出の修正案の議院による不受理に対する統制を行っている。

３　小　括

このように，①可決された法律の規定の提出手続の統制と②可決された法律案にはない規定の提出手続の統制という２つの統制類型を有していることこそが，フランスにおける法律案提出手続統制の特徴と捉えることができよう。

---

(53)　Éric Oliva, *supra* note(51), p. 98.

(54)　C.C., Décision n° 93－329 DC du 13 janvier 1994, *supra* note(36), Cons. 19－22.

第3節　2008年7月憲法改正によってもたらされる変化

従来はこのような憲法院の統制枠組みであったが，2008年7月の憲法改正によって，政府提出法律案と，修正案提出手続が憲法附属法律によって規律されることになり，これ以降，それぞれについての憲法院の統制の枠組みは変化することになる。

1　政府提出法律案の提出手続について

(1)　憲法典の規定と憲法附属法律の規定

まず，憲法第39条には「政府提出法律案は，憲法附属法律が定める要件にしたがって，国民議会又は元老院に提出する」とする第3項，そして，「先に付議された議院の議事協議会（Conférence des présidents）[(55)]が，憲法附属法律が定める諸準則が遵守されていないと認めたときは，政府提出法律案は議事日程に記載することはできない。議事協議会と内閣との間で意見が一致しないときは，当該議院の議長又は首相は，憲法院に付託することができ，憲法院は8日以内に裁定する」とする第4項が追加された。

そして，これらの規定に基づいて，前述の「憲法第34－1条，第39条及び第44条の適用に関する2009年4月15日憲法附属法第403号」が制定された。

憲法第39条の適用に関する規定は，第7条から第12条までであるが，まず，当該憲法附属法律第7条は，政府提出法律案の議院理事部への提出の際の理由書（expose des motifs）の添付を義務付けている。

---

(55)　議事協議会とは，議事日程を決定する機関であり，従来は議院規則上の機関であったが，憲法第39条第4項の規定によって，憲法上の機関となった。議事協議会は，国民議会では，議長，副議長，彼らの要求に基づき常任委員会及び特別委員会の委員長，会派の長，予算委員会の統括報告者及びヨーロッパ問題委員会の委員長によって構成され（国民議会規則第47条），元老院では，これに加えて，特別問題委員会の統括報告者も構成員である（元老院規則第29条）。会派の長は，議席数に応じた投票権を有しているが，原則として，議事協議会では投票は行われない。議事日程は，会派の議席数によって決定されるからである。以下の文献を参照。Pierre Avril, Jean Gicquel et Jean-Éric Gicquel, *supra* note(48), p. 87.

また，第8条は，政府提出法律案の議院理事部への提出のために影響評価(etude d'impact)(56)の添付を義務付け，この影響評価をコンセイユ・デタへの諮問の際から添付することを義務付けている（第1項)。その上で，同条は，この影響評価に記載されるべき事項を詳細に定めている。すなわち，影響評価には，「政府提出法律案が追及する目的を定義し，新しい法準則の確立以外の可能な選択肢を調査し，新たな立法に訴えることの理由」(第2項)，「政府提出法律案と現行の又は起草途中のEU法との関連性及び政府提出法律案の国内法秩序への影響」(第4項)，「政府提出法律案が対象とする分野における国内領土への法の適用状態」(第5項)，「導入される諸規定の以前の適用方法，廃止されるべき法令の条文及び提案される経過措置」(第6項)，「憲法第73条及び第74条が規定する地方公共団体，ニューカレドニア及び南極大陸のフランスの管轄領に導入される規定の適用要件」(第7項)，「行政機関及び関係する個人や法人の各カテゴリーに対して導入される規定が，経済的，財政的，社会的及び環境的にどのような帰結をもつかの評価，並びに，予想される財政上の費用及び効果の評価」(第8項)，「公務員に対して導入される諸規定の帰結の評価」(第9項)，「コンセイユ・デタへの付託の前に行われた各種の諮問」(第10項)（なお，本項は，「経済社会環境評議会に関する2010年6月28日憲法附属法律第704号」によって改正され，必要に応じて，経済社会環境評議会の意見に内閣によって付与された諸帰結をも要求する規定となった)，「必要とされる適用法文の一覧」(第11項）が記載されなければならない。

ただし，これらの規定は，政府提出の憲法改正法律案，予算法律案，社会保障財政法律案，憲法第34条第21項が定める計画法律案及び非常事態を延期する法律案には適用されない（第11条第1項)。

(2)　もたらされる変化

これらの憲法典の規定と憲法附属法律の規定は，政府提出法律案提出手続に対する統制において，次の2つの点で変化をもたらすと考えられる。

---

(56)　なお，「影響評価」の文言は，環境法の領域においてすでに用いられていた。例えば，自然保護に関する1976年7月10日法律第629号第2条が「影響評価」の文言を用いていた。Pascal Jan, *Les assemblées parlementaires françaises*, nouvelle éd., La documentation française, 2010, p. 109.

①　議事協議会による一次的統制と憲法院による二次的統制

まず，憲法第39条第4項第1文が示しているとおり，政府提出法律案の提出手続についての当該憲法附属法律適合性を第一に判断するのは，議院の議事協議会であり，政府の法律案提出手続は，憲法附属法律が定める事項（具体的には第7条の定める理由書と第8条の定める影響評価）については，この憲法附属法律施行後は，一次的には議院によって統制される。そして，第2文が示しているとおり，議事協議会と内閣の意見が不一致の場合，すなわち，内閣が政府提出法律案の提出手続は憲法附属法律に合致していると主張しているにもかかわらず，議院が合致していないとして議事日程にその法律案を記載しないときは，憲法院がこれを裁定する(57)。したがって，政府提出法律案の提出の段階では，当該憲法附属法律適合性については，まず議院が統制し，争いがある場合に，次に憲法院が統制することになる。これは非常に大きな意義を有しているので，後で詳しく検討する。

②　従来の憲法院による統制における照会規範の拡大

次に，憲法院は，従来の法律案提出手続の統制枠組みにおいても，立法手続の憲法附属法律適合性を審査してきたので，2009年4月15日憲法附属法律施行後は，憲法院は，憲法第61条第2項に基づいて付託されたときに，政府提出法律案の提出手続について，当該憲法附属法律適合性を審査するということである。したがって，憲法第61条第2項に基づく統制枠組みにおいて，政府提出法律案の提出手続については，当該憲法附属法律も照会規範となるのである。換言すれば，国会議員，実際には野党議員の憲法院への提訴理由も拡大することになる。実際，すでに，憲法院で当該憲法附属法律適合性が争われている(58)。

(57)　なお，この憲法院の判決は，FNR（Fin de non-recevoir）と表記される。

(58)　2009年4月15日憲法附属法律第8条は政府提出法律案に影響評価の添付を義務付けており，類似した目的を有する複数の政府提出法律案について一つの影響評価しか提出されなかったことの憲法附属法律適合性が争われたが，これについて憲法院は合憲と判断している。C.C., Décision n° 2010-603 DC du 11 février 2010, *Loi organisant la concomitance des renouvellements des conseils généraux et des conseils régionaux, Rec.*, p. 58, Cons. 3-5.

2　修正案の提出手続について

(1)　憲法典の規定と憲法附属法律の規定

次に，憲法第44条第1項は，従来，「国会議員と内閣は修正権をもつ」と定めていたが，2008年7月の憲法改正により，この後に，「修正権は，憲法附属法律が定める枠組みにおいて，議院規則が定める手続にしたがって本会議又は委員会で行使される」という規定が追加された。

これにより，前述の2009年4月15日憲法附属法律が定められ，第13条から第19条において修正権行使のための枠組みが規定された。主な内容としては，①修正案は，書面で提出し，要約した理由を付すること（第13条第1項），②国会議員による修正案は，本会議における法文の審議開始後は，受理することはできず，議院規則は，国家議員による修正案がもはや受理されなくなる期日が定められる手続を規定することができること（同条第2項），③当該期間満了後は，内閣又はその内容を付託された委員会が提出する修正案だけが受理されること（同条第3項），④議院規則は，起草者の要求に基づき国会議員の修正案又は内容を付託された委員会の修正案が，本会議での審議前に議院に通知される事前評価の対象となりうる手続を規定することができること（第15条），⑤議院規則が成案の単純審査手続を定め，かつ，当該手続の利用が内閣，内容を付託された委員会の委員長及び会派の長の反対の対象とならないときは，議院規則は，内容を付託された委員会が採択した成案のみを本会議で審議することを定めることができること（第16条），⑥議院規則が本会議での成案の審査のために一定の期間を設ける手続を定めるときは，議院規則は，国会議員が提出する修正案が審議なく表決に付されうる手続を規定することができること（第17条第1項），⑦修正案が国会議員の修正案の提出期限の利益喪失後に内閣又は委員会によって提出されるときに，議院規則が成案の審査のために一定の期間を設ける手続を定める場合には，議院規則は，会派の長の要求に基づき国会議員に審議の補完的期限を認めることを定めなければならないこと（同条第2項）などである。

(2)　もたらされる変化

これらの憲法典の規定と憲法附属法律の規定は，修正案の提出手続においても，次の2つの点で変化をもたらすと考えられる。

① 憲法院による統制における照会規範としての憲法附属法律

まず一つは，憲法第61条第2項に基づく統制枠組みにおいて，憲法院は，修正案の提出手続について，当該憲法附属法律適合性をも審査するということである(59)。したがって，政府提出法律案と同様に，修正案の提出手続の審査についても，この憲法附属法律は照会規範となるのである。

② 憲法院による統制における照会規範としての議院規則

次に，当該憲法附属法律の規定（第13条から第19条）において実際に見られるように，修正案の提出手続は，憲法附属法律の委任を受けた議院規則によっても規律される(60)ということである。この場合の議院規則の規定は，憲法附属法律を実施するためのものであるので，従来の学説に従えば，憲法的効力を持つことになり，憲法院は，この議院規則の規定に違反して提出された修正案を「憲法違反」と判断することになろう。つまり，憲法第61条第2項に基づく統制枠組みにおいて，修正案の提出手続については，憲法附属法律の委任を受けて定められた議院規則の規定も照会規範となりうるということである。

3　2014年7月1日FNR判決の検討

前述したとおり，政府提出法律案の2009年4月15日憲法附属法律適合性について議事協議会と内閣との間で不一致があった場合に，当該議院の議長

(59)　第4章第2節で詳しく見るように，2008年7月憲法改正によって，憲法第45条第1項には「……修正案は，提出又は送付された原文に間接的であれ関連性を有するものはすべて，第一読会において受理することができる」（第2文）という一文が追加された。この規定も，修正案提出手続における照会規範となる。

(60)　本書では詳しく取り上げることはできないが，2009年4月15日憲法附属法律によって委任された事項に関して，国民議会においては2009年5月27日決議によって，元老院においては2009年6月2日決議によって，それぞれ議院規則の改正が行われた。なお，それぞれの決議は，憲法第61条第1項に基づき，憲法院に付託され，どちらも一部違憲判決が下されている。C.C., Décision n° 2009－581 DC du 25 juin 2009, *Résolution tendant à modifier le règlement de l'Assemblée nationale, Rec.*, p. 120 ; C.C., Décision n° 2009－582 DC du 25 juin 2009, *Résolution tendant à modifier le règlement du Sénat pour mettre en oeuvre la révision constitutionnelle, conforter le pluralisme sénatorial et rénover les méthodes de travail du Sénat, Rec.*, p. 132.

又は首相は憲法院に付託することができるが，このような事案は憲法附属法律施行[61]から5年間見られなかった。しかし，2014年7月1日FNR判決[62]が最初の事例となったので，ここではこの判決について検討する。

(1)　事案の概要

2014年6月18日，「地域圏の確定，地域圏及び県議会選挙に関し，かつ，選挙日程を修正する政府提出法律案」は，「地方公共団体の組織を主要な対象とする政府提出法律案は，元老院に先に提出する」[63]と定める憲法第39条第2項第3文にしたがい，元老院理事部に提出された。しかし，6月26日，UMP[64]会派は，CRC[65]会派及びRDSE[66]会派によって支持され，緊急に議事協議会の招集を要求し[67]，議事協議会は，政府提出法律案の提出要件の尊重，すなわち，2009年4月15日憲法附属法律が定める（特に影響評価に関する）諸要件に適合しているかどうかを判断するために招集された。その結果，議事協議会は，多数決により，政府提出法律案の提出が憲法附属法律の定める諸要件に適合していないと判断し，憲法第39条第4項第1文に基づき，当該政府提出法律案の議事日程への記載を拒否した。これに対して，議事協議会と内閣の間に不一致があるとして，首相は，憲法第39条第4項第2文に基づいて，憲法院に付託した。

(2)　判　旨

憲法院は，以下のことに鑑みて，当該政府提出法律案の提出が2009年4

(61)　本憲法附属法律は，2009年9月1日に発効している。

(62)　C.C., Décision n° 2014－12 FNR du 1 juillet 2014, *Présentation du projet de loi relatif à la délimitation des régions, aux élections régionales et départementales et modifiant le calendrier électoral, JO* 3 juillet 2014, p. 11023.

(63)　この規定は，「元老院は，共和国の地方公共団体の代表を確保する」と定める憲法第24条第4項第2文に由来している。

(64)　Union pour mouvement populaire.

(65)　Communiste, républican et citoyen.

(66)　Rassemblement démocratique et social européen.

(67)　議事協議会の招集の方法については，それぞれの議院規則で定められている。国民議会規則第47条第2項及び元老院規則第29条第2項。

月15日憲法附属法律に適合していると判断した。

①「地域圏の画定，地域圏及び県議会選挙に関し，かつ，選挙日程を修正する政府提出法律案は，2014年6月18日，元老院の理事部に提出された。元老院の議事協議会は，2014年6月26日招集され，憲法第39条第4項を適用して，2009年4月15日憲法附属法律によって定められた諸準則の違反を確認した。この確認について不一致があったため，首相は，これらの諸準則の尊重について意見表明してもらうために，憲法院に付託した」〔Cons. 1〕。

②「第39条第3項を適用して憲法附属法律によって定められた提出諸要件の尊重が，先議院の議事協議会と首相との間での不一致の対象となったので，憲法第39条第4項を適用して，政府提出法律案が付託されるとき，憲法院は，前述の政府提出法律案の提出が2009年4月15日憲法附属法律によって定められる諸要件を尊重したかどうかの問題についてしか裁定することができない。したがって，憲法院は，政府提出法律案に含まれている諸規定の他の憲法準則への適合性，すなわち，憲法第61条及び第61－1条で定める要件で付託されたときにしか，その評価の対象となりえない適合性について，意見表明することはできない」〔Cons 3〕。

③「地域圏の画定，地域圏及び県議会選挙に関し，かつ，選挙日程を修正する政府提出法律案は，2014年6月18日に元老院理事部に提出され，地域圏の画定，地域圏議会選挙の実施の態様，県議会議員選挙に関する準則，及び，県議会議員及び地域圏議会議員の現在の任期に関する諸規定を含む4つの章を含んでいる」〔Cons. 4〕。

④「2009年4月15日憲法附属法第7条の規定に適合して，この政府提出法律案よりも，その主要な特徴を提示し，その適用に附属する利益を明らかにすることを目的とする理由書が先に提出されている」〔Cons 5〕。

⑤「この政府提出法律案は，その提出の日から元老院が利用できた影響評価を伴っている。一方で，この影響評価は，2009年4月15日憲法附属法

律第8条第2項に適合して，地域圏の画定，地域圏及び県議会選挙，及び，地域圏議会議員及び県議会議員の任期に関する可能な様々な選択肢（options）に関する詳説（développements）を含んでいる。この理由書は，政府によって取られる選択の理由を説明し，その予想され得る諸帰結を提示している。他方で，この影響評価の内容は，当該政府提出法律案の諸規定の対象を考慮して実効的に適用される2009年4月15日憲法附属法律第8条の他の諸規定に適合している。特に，政府がこの政府提出法律案によって追求される諸目的において公職の数の修正に言及しておらず，公職の数の進展に関する詳説を含んでいないことで，この影響評価を非難することはできない。さらに，政府提出法律案が影響評価で説明されなければならない諸要件の下で諮問に付されたことは立証されていない」〔Cons 6〕。

(3)　検　討(68)

①　憲法院への付託の3つの要件

憲法院は，その判決において，政府提出法律案の提出が2009年4月15日憲法附属法律に適合しているかどうかについて付託されるための3つの要件を課している。

第一に，(i)10日の期限における議事協議会の招集である。2009年4月15日憲法附属法第9条第1項によれば，先議院の議事協議会は，政府による提出から，議事日程への政府提出法律案の記載に反対するためには，10日の期限しか有していない。判決理由1において，憲法院は，6月18日に政府提出法律案が元老院理事部に提出され，6月26日に元老院の議事協議会が招集されたことを確認することによって，この10日の期限が守られたことを強調している。

第二に，(ii)議事協議会による政府提出法律案の議事日程への記載の拒否である。憲法第39条第4項第1文によれば，議事協議会が政府提出法律案の

(68)　本判決の評釈として，下記の文献を参照。Bertrand-Léo Combrade, « Cinq ans plus tard : Première (et dernière ?) application de l'article 39, alinéa 4 de la Constitution », *LPA*, 27 août 2014, n° 171, pp. 6－11 ; Sophie Hutier, « Première décision FNR relative à une étude d'impact : déception ou espérance ? », *RFDC*, n° 101, 2015, pp. 194－201.

2009年4月15日憲法附属法律の非適合性を認めるときには，当該政府提出法律案の議事日程への記載を拒否することができる。判決理由1において，憲法院は，「元老院の議事協議会が……2009年4月15日憲法附属法律によって定められた諸準則の違反を確認した」と表明することによって，議事日程への記載の拒否を暗に確認している。

第三に，(iii)授権されている機関による憲法院への付託である。第39条第4項第2文によれば，「議事協議会と内閣との間で意見が一致しないときは，当該議院の議長又は首相は，憲法院に付託することができる」。判決理由1において，憲法院は，元老院の議事協議会による意見表明の後に，首相がこの権限を行使したことを確認している。

このように，憲法院は，憲法第39条第4項に基づく付託のためには，この3つの要件が充たされなければならないことをまず明らかにしているのである。

② 政府提出法律案の内容の憲法適合性統制の否定

本件付託においては，政府提出法律案の憲法附属法律適合性が争われたのであるが，憲法院は，判決理由3において，憲法院は政府提出法律案の他の憲法準則への適合性を審査することはできないと表明した。すなわち，この憲法院による統制枠組みの下においては，憲法院は，政府提出法律案の提出の憲法附属法律適合性のみを審査することができるのであって，政府提出法律案の内容の憲法適合性を審査することはできないのである。この判断は，憲法第41条第2項に基づいて憲法院に付託された場合(69)の憲法院の統制枠組みと似ている。憲法第41条は，第1項で「議員提出法律案若しくは修正案が，法律の領域に属さず，又は，第38条によって付与された委任に反することが立法手続の過程で明らかになったときは，内閣又は提出された議院の議長は，不受理をもって対抗することができる」と定めた上で，第2項で「内閣と当該議院の議長との間で意見が一致しないときは，憲法院は，いずれかの請求に基づいて8日以内に裁定を行う」と定めており，規定上，憲法第41条第2項と憲法第39条第4項は類似している。そして，憲法院は，

(69)　この場合の判決もFNRと表記される。

1979年4月26日FNR判決第10号(70)において,「憲法院が,憲法第41条を適用して,内閣が憲法第41条で定められる不受理を申し立てた議員提出法律案又は修正案を付託されたとき,憲法院は,前述の議員提出法律案又は修正案が法律の領域にあるか又は命令的性質を有しているかどうかの問題のみについてしか裁定することはできない」,「したがって,いかなる資格においても,これらのテキストの憲法への適合性,すなわち,憲法院が憲法第61条で予定されている要件の下で付託されたときしかその評価の対象となることができない適合性について,意見表明することができない」〔Cons. 5〕と判示している。このように,1979年4月26日FNR判決における判決理由と,本判決における判決理由は類似しているのである。言い換えれば,憲法院は,憲法第41条第2項に基づく付託で示された解決策を,憲法第39条第4項に基づく付託において拡張したのである(71)。

したがって,第39条第4項で開かれている訴えの方法は,議会での審査の前に,内容上違憲の可能性のある政府提出法律案を排除するためには決して使用されないのである(72)。

③　憲法附属法律によって要請される諸文書に関する不完全な形式的統制

憲法第39条第3項は,「政府提出法律案は,憲法附属法律が定める要件にしたがって,国民議会又は元老院に提出する」と定めており,この要件は,2009年4月15日憲法附属法律第7条及び第8条によって明確にされ,政府は,これらの規定に基づいて,政府提出法律案に理由書及び影響評価を添付しなければならない。

まず,憲法院は,理由書が「政府提出法律案の主要な特徴を提示し,その適用に附属する利益を明らかにすることを目的としている」〔Cons. 5〕ことを明確にすることによって,理由書の存在を明らかにした。2009年4月15日憲法附属法律に関する2009年4月9日判決第579号(73)において,憲法院

(70)　C.C., Décision n° 79－10 FNR du 26 avril 1979, *Amendements au projet de loi relatif aux économies d'énergie, Rec.*, p. 55.

(71)　Sophie Hutier, *supra* note(68), p. 199.

(72)　Bertrand-Léo Combrade, *supra* note(68), p. 10.

(73)　C.C., Décision n° 2009－579 DC du 9 avril 2009, *supra* note(21).

は，すでに，政府提出法律案への理由書の添付は「共和国的伝統」(74)として確立されていると判示していた〔Cons. 15〕。

他方，憲法院は，政府提出法律案が影響評価を伴っていることを確認した。しかし，憲法院が，影響評価に記載されるべき事項（2009年4月15日憲法附属法律第8条第2項・第4項ないし第11項）のうち，第2項の立法目的についてのみその存在を確認したのであり，その他の事項については，「この影響評価の内容は，当該政府提出法律案の諸規定の対象を考慮して実効的に適用される2009年4月15日憲法附属法律第8条の他の諸規定に適合している」と言及するのみにすぎない〔Cons. 6〕のであって，したがって，「形式的な」準則の尊重の統制は，網羅的ではなかった(75)。すなわち，形式的統制は不完全なものであったと言えよう。

④　影響評価に関する最小限の内容的統制

判決理由6において，憲法院は，2009年4月15日憲法附属法律第8条で定められる諸要請への適合性を評価するために，影響評価の内容（実質）を統制した。しかし，この統制は斬新なものではない。というのも，憲法院は，すでに，憲法第61条の枠組みにおいてそのような統制に取り掛かる機会を有していたからである(76)。もっとも，この第61条の枠組みにおける憲法院による影響評価の内容の統制は，自制的なものであった言える。それは，いずれの判決においても，憲法院は，影響評価の「内容」に照らして，2009年4月15日憲法附属法律第8条違反から引き出される理由は退けられなければならないと結論付けるに留めることによって，影響評価の不十分さを指

(74)　政府提出法律案に理由書を添付することが「共和国的伝統」であることは以下の憲法院判決ですでに確認されていた。C.C., Décision n° 2005－33 REF du 7 avril 2005, *Décision du 7 avril 2005 sur une requête présentée par Messieurs Philippe de VILLIERS et Guillaume PELTIER, Rec.*, p. 61, Cons. 6 ; C.C., Décision n° 2005－35 REF du 19 mai 2005, *Décision du 19 mai 2005 sur des requêtes présentées par Monsieur René Georges HOFFER et Monsieur Jacques GABARRO-ARPA, Rec.*, p. 90, Cons. 10. また，コンセイユ・デタ判決も同様に判示している。C.E., 15 avril 2005, *Hoffer*, n° 278920, *Rec.*, p. 894. 以下の文献も参照。Christophe Vimbert, *La jurisprudence française et la « Tradition Républicaine »*, L'Hamattan, 2015, p. 109.

(75)　Bertrand-Léo Combrade, *supra* note(68), p. 10.

摘する提訴理由を退けたからである。

第39条第4項の統制枠組みにおいても，憲法院は，影響評価の内容の統制について自制的な方法を採った。すなわち，憲法院は，影響評価において政府によって提示される情報の妥当性を評価せず，「憲法附属法律第8条第2項に適合して」，影響評価は，「可能な様々な選択肢に関する詳説」を含んでいたこと，影響評価が，「政府によって取られる選択の理由」を説明し，「その予想され得る諸帰結」を提示したことを明らかにし，「この影響評価の内容は，当該政府提出法律案の諸規定の対象を考慮して実効的に適用される2009年4月15日憲法附属法律第8条の他の諸規定に適合している」と述べたにすぎないのである〔Cons. 6〕。その意味で，憲法院による影響評価の内容の統制は，最小限の統制にしかすぎないのである(77)。ただし，憲法附属法律第8条第2項が「可能な選択肢」の目録及び「新たな立法に訴える理由」書を予定しているとしても，第8条第2項は，「その予想され得る諸帰結」を説明することを強制していないので，憲法院は，憲法附属法律第8条第第2項で定められる諸要請を強化したとも言える(78)。

⑤　第39条第 4 項の手続の位置づけ

以上に見たように，憲法院は，一定の要件を充たしたときに，政府提出法律案の提出の憲法附属法律適合性のみを統制するにすぎず，かつ，その統制も，形式面についても不完全なものであり，内容面についても最小限のものにとどまる。これは，憲法院が8日という短い期限で裁定を下さなければな

---

(76)　C.C., Décision n° 2013-667 DC du 16 mai 2013, *Loi relative à l'élection des conseillers départementaux, des conseillers municipaux et des conseillers communautaires, et modifiant le calendrier électoral, JO* 18 mai 2013, p. 8258, Cons. 4 ; C.C., Décision n° 2013-669 DC du 17 mai 2013, *Loi ouvrant le mariage aux couples de personnes de même sexe, Rec.*, p. 721, Cons. 4 ; C.C., Décision n° 2013-683 DC du 16 janvier 2014, *Loi garantissant l'avenir et la justice du système de retraites, JO* 21 janvier 2014, p. 1066, Cons. 6 ; C.C., Décision n° 2013-687 DC du 23 janvier 2014, *Loi de modernisation de l'action publique territoriale et d'affirmation des métropoles, JO* 28 janvier 2014, p. 1622, Cons. 48.

(77)　Bertrand-Léo Combrade, *supra* note(68), pp. 10-11 ; Sophie Hutier, *supra* note(68), p. 199.

(78)　Bertrand-Léo Combrade, *supra* note(68), p. 11.

らないことと関係していると思われる。いずれにせよ，この憲法院による統制においては，議事協議会と内閣との不一致の際に(79)，議院の議長による付託であれ，首相による付託であれ，内閣の主張が通りやすいことになる。

また，今回付託された法律案は，「地方公共団体の組織を主要な対象とする政府提出法律案」であり，憲法第39条第2項第3文によれば，元老院に先に提出しなければならなかった。内閣は，国民議会の多数派に立脚しており，通常の政府提出法律案であれば，多数派によって支持されている国民議会に先に提出することができる。そうであれば，内閣と一体化している国民議会の議事協議会において，理由書及び影響評価の憲法附属法律不適合性を理由に，政府提出法律案の議事日程への記載が拒否されることはまずない(80)。政府提出法律案の議事日程への記載を拒否できるのは，先議院の議事協議会のみである。したがって，もし，内閣が政府提出法律案の提出に添付する文書，特に影響評価に問題があると判断しても，国民議会に先に提出すれば，不一致を回避することができる(81)。今回は，「地方公共団体の組織を主要な対象とする政府提出法律案」という元老院に先に提出しなければならなかった政府提出法律案だからこそ，問題となったのである。したがって，憲法第39条第4項の手続は，立法過程を効果的に停止することはできないのである(82)。

4　小　括

2009年4月15日憲法附属法律によって，従来の憲法第61条の統制枠組

(79)　そもそも，議事協議会も，政府提出法律案の提出から10日以内に招集されなければならず，この期限も，議事協議会による影響評価の「反対的鑑定（contre-expertise)」を妨げている。Bertrand-Léo Combrade, « À qui profite l'étude d'impact ? Les effets de la constitutionnalisation d'une obligation d'étude d'impact des projets de loi sur les rapports entre Gouvernement et Parlement », *LPA*, 24 janvier 2012, n° 17, pp. 9－10.

(80)　議事協議会においては，多数決によってその決定がなされるので，その意味で，憲法附属法律第8条に適合する影響評価の添付は，「議会多数派及び政府が彼ら自身に強制する義務」である。Jean Sirinelli, « La justiciabilité des études d'impact des projets de loi », *RDP*, 2010, p. 1373.

(81)　Bertrand-Léo Combrade, *supra* note(68), p. 8.

(82)　Bertrand-Léo Combrade, *supra* note(68), p. 11.

みにおいて，政府提出法律案及び修正案の憲法附属法律適合性統制が行われることになった。さらに，政府提出法律案については，その憲法附属法律適合性について議事協議会と内閣との間で不一致がある場合，憲法第39条第4項に基づいて，議院の議長又は首相の付託により，憲法院はそれを裁定する。しかしながら，実際の判決によれば，憲法第39条第4項に基づく憲法院の統制は，不完全な形式的統制であり，最小限の内容的統制であるので，憲法第39条第4項は，立法過程を効果的に停止するための手続ではない。

おわりに

1 まとめ

冒頭に記したとおり，本章の目的は，①フランスにおける立法手続に対する裁判的統制の一般的枠組みを概観した上で，②法律案提出手続に対する裁判的統制を検討し，さらに，③2009年4月15日憲法附属法律によってもたらされる政府提出法律案提出手続に対する裁判的統制の変化を検討することであった。

まず，①について，憲法院は，創設当初から立法手続を統制していたわけでなく，次第に立法手続統制がなされるようになったこと，また，その統制の際の照会規範は憲法典，憲法附属法律，場合によっては議院規則であること，を明らかにした。

その上で，②について，立法手続のうち法律案提出手続に対する統制が多くの割合を占めており，フランスにおいて法律案提出手続に対する裁判的統制は重要なものとなっていること，また，可決された法律の規定の提出手続の統制と，可決された法律案にはない規定の提出手続の統制という2つの統制類型を有していることが，フランスにおける法律案提出手続に対する裁判的統制の特徴であることを明らかにした。

最後に，③について，2009年4月15日憲法附属法律によって，これ以降，政府提出法律案については提出の際に憲法附属法律の定める要件に適合しているかどうかは，一次的には議院によって，二次的には憲法院によって統制されること，政府提出法律案及び修正案の提出手続について，従来の憲法第61条に基づく憲法適合性審査において，2009年4月15日憲法附属法律が照会規範となり，その照会規範が拡大したこと，憲法第39条第4項に基づく憲法院による政府提出法律案の憲法附属法律適合性の審査は，内閣に有利に働くことを明らかにした。

2　事後統制における立法手続統制の可能性

2008年7月の憲法改正により設けられた，憲法院による法律の事後審査を定める憲法第61－1条を適用するための憲法附属法律は，憲法第61－1条の適用に関する2009年12月10日憲法附属法律として定められ，その規定は憲法院に関する憲法附属法律の効力を有する1958年11月7日オルドナンス第1067号に組み込まれた。当該オルドナンス第23－1条は，コンセイユ・デタ又は破毀院の所轄である裁判所において，法律規定が憲法で保障された権利及び自由を侵害しているときに，市民は合憲性優先問題を提起できる(83)。換言すれば，憲法第61－1条の定める事後審査の枠組みにおいては，法律規定が立法手続に関する規定に違反していても，市民は合憲性優先問題を提起できない。つまり，立法手続に関する規定に対する憲法院による事後統制は不可能なのである。ただし，憲法の定める法律事項と命令事項の管轄や統治機構の規定，すなわち，権限規範（règles de competence）に関して，市民は一切合憲性優先問題を提起できないわけではない。すなわち，権限規範が権利や自由の保護と結びつく場合，合憲性優先問題は提起され得る(84)。だとすれば，立法手続に対する事後統制も，権利や自由の保護と結びつく場合に可能となりうるかもしれない。しかし，この点については，今後の憲法院のQPC判決の推移を見ていくしかないであろう。したがって，原則として，立法手続統制については，事前統制の枠組みにおいてしか行われないが，立法手続が権利や自由の保護と結びつく場合には，例外的に，立法手続統制が，事後統制の枠組みにおいても行われるかもしれない。

---

(83)　合憲性優先問題については，以下の文献を参照。ベルトラン・マチュー，植野妙実子＝兼頭ゆみ子（訳）『フランスの事後的違憲審査制』（日本評論社，2015年）。なお，前掲注(1)も参照。

(84)　このような例外に関しては，以下の文献を参照。ベルトラン・マチュー，植野妙実子他（訳）・前掲注(83)87－96頁。

3　政府提出法律案提出手続と内閣修正案提出手続に対する統制の具体的検討の必要性

序章で述べたとおり，本書の目的は，わが国における内閣修正を含む内閣提出法律案に対する司法審査の可能性と個々の内閣提出法律案提出手続に関する解釈論について検討することを目的としている。本章では前者についての示唆を得るために，フランスにおける法律案提出手続に対する裁判的統制を検討してきたが，後者について検討するためには，フランスにおける個々の政府提出法律案提出手続を検討しなければならない。すなわち，政府提出法律案についての①コンセイユ・デタへの諮問，②閣議での審議決定，③内閣修正案提出手続である。したがって，第２章から第４章にかけて，①から③までを検討する。

第2章
フランスにおけるコンセイユ・デタへの諮問手続とその裁判的統制

はじめに

1　問題の所在

「フランスには法律を制定する任務を負う二つの議院（assemblées）がある。すなわち，コンセイユ・デタと憲法院である」(1)。

これは，フランスの法学者であり，かつ以前は国民議会議員であり，司法大臣をも務めたジャン・フワイエ（Jean Foyer）の言葉である。これは，もちろん，皮肉を込めた表現である。この言葉は，フランス第五共和制において，フランスの二つの議院，すなわち国民議会及び元老院が，実際には法律を制定する任務を負う重要な機関ではなくなっており，コンセイユ・デタは政府提出法律案に関する意見を通じて，憲法院は憲法適合性統制を通じて，実際に法律を制定する任務を負う重要な機関となっていることを示している。実際に，1958年憲法は，第61条で憲法院の憲法適合性統制について，第39条第2項でコンセイユ・デタの政府提出法律案に関する意見について，それぞれ定めている。

ところが，フワイエの言葉に反するかのように，そして，憲法第39条第2項を無視しているかのように，従来のフランス憲法学においては，憲法院の憲法適合性統制は検討の対象とされてきた(2)が，政府提出法律案に関するコンセイユ・デタ意見は，ほとんど検討の対象とされてこなかった(3)。

---

(1)　Cité par Yves Gaudemet, « Le Conseil constitutionnel et Le Conseil d'État dans le processus législatif », in Robert Badinter et Marceau Long (dir.), *Conseil constitutionnel et Conseil d'Etat : colloque des 21 et 22 janvier 1988 au Sénat, Salle Medicis, Palais du Luxembourg*, LGDJ-Montchrestien, 1988, p. 87. この言葉は，ジャン・フワイエがパリ第二大学在職中（1973年−1989年）に，同僚のイヴ・ゴドメに対して発せられたものである。

こうして,「政府提出法律案（projets de loi）は，コンセイユ・デタの意見を聴いた後に，閣議で審議決定し，両議院のいずれかの理事部に提出する」と定める憲法第39条第2項をめぐる解釈論は，フランス憲法学ではほとんど展開されてこなかったのである(4)。つまり，政府は，政府提出法律案についてコンセイユ・デタの意見を聴いた後に，政府提出法律案を閣議で自由

---

(2)　憲法院の憲法適合性統制に関する邦語文献としては，蛯原健介「法律による憲法の具体化と合憲性審査（1）～（4・完）」立命館法学252号（1997年）294－325頁，253号（1997年）533－569頁，254号（1997年）751－787頁，255号（1998年）1083－1124頁，同「憲法院判例における合憲解釈と政治部門の対応（1）（2・完）」立命館法学259号（1998年）142－189頁，260号（1998年）585－628頁が詳しい。また，2008年7月憲法改正直前の憲法院をめぐるフランスの議論については，江藤英樹「フランス憲法院による審署後の法律に対する事後審査の明確化と展望」法律論叢79巻1号（2006年）85－116頁，同「フランスにおける違憲審査制と法律の条約への適合性審査の可能性」法律論叢79巻2・3号（2007年）67－88頁，同「フランス憲法院における審署後の法律に対する事後審査の現状と課題」法律論叢79巻4・5号（2007年）109－132頁を参照。

(3)　フランスの多くの憲法の教科書においても，行政裁判所としてのコンセイユ・デタの記述は見られるが，政府の諮問機関としてのコンセイユ・デタの記述はほとんど見られない。筆者が目を通したフランスの憲法の教科書の中で，諮問機関としてのコンセイユ・デタの記述が詳しいものとして以下のものがある。Dmitri Georges Lavroff, *Le droit constitutionnel de la Ve République*, 3e éd., Dalloz, 1999, pp. 675－692 ; Michel Lascombe, *Le droit constitutionnel de la Ve République*, 8e éd., L'Harmattan, 2002, pp. 332－337. しかしながら，近年，諮問機関としてのコンセイユ・デタを体系的に研究する以下の文献が登場した。Séverine Leroyer, *L'apport du Conseil d'État au droit constitutionnel de la Ve République*, Dalloz, 2011. また，諮問機関としてのコンセイユ・デタに関する邦語文献としては，山岸敬子『行政権の法解釈と司法統制』（勁草書房，1994年）191－221頁が詳しい。なお，コンセイユ・デタの訴訟権限及びその変遷については，わが国において古くから研究がなされている。代表的なものとして，山下健次「大陸法に於ける行政裁判権の独立」立命館法学25号（1958年）43－83頁。一方，フランスのコンセイユ・デタは，ヨーロッパの統治機構のあり方にも影響を与え，フランスのコンセイユ・デタと同様の機関を設置している国は多い。この点，ベルギーのコンセイユ・デタについて，以下の文献を参照。拙稿「ベルギーにおけるコンセイユ・デタ立法部による事前統制と憲法裁判所による事後統制」曽我部真裕＝田近肇（編）『憲法裁判所の比較研究』（信山社，2016年）193－215頁。

(4)　後述するように，イヴ・ゴドメはこの問題を積極的に検討してきた。Yves Gaudemet, « La Constitution et la fonction législative du Conseil d'État », in *Jean Foyer, auteur et législateur : leges tulit, jura docuit : écrits en hommages à Jean Foyer*, Paris, PUF, 1997, pp. 61－70.

に修正することができるのかどうかについては，従来のフランス憲法学では不明確なままであった。

これに対し，コンセイユ・デタへの諮問が義務付けられる命令の制定においては，一連のコンセイユ・デタ判例(5)によって，①コンセイユ・デタは政府との共同行為者（coauteur）であって，②政府は，コンセイユ・デタの意見を聴いた後に，政府原案かコンセイユ・デタ案から選択し，③第三案を選択した場合には，その第三案は新たな草案となり，新たにコンセイユ・デタの意見を聴かなければならない，とされてきた。この共同行為者理論は，首相はコンセイユ・デタと共同して命令制定権を行使するというものであるが，この命令制定に関する共同行為者理論が政府提出法律案の起草にも及ぶのかどうかは，フランスの憲法学ではほとんど議論されなかったのである。

しかしながら，このような従来のフランス憲法学にとって転機となったのが，2003年4月3日憲法院判決(6)である。この憲法院判決は，①政府は，政府提出法律案についてコンセイユ・デタに意見を聴いた後，閣議での審議決定において，政府原案を維持するか，あるいはコンセイユ・デタ意見に基づいた修正を行う，②コンセイユ・デタに付託した問題の性質を修正する場合には，新たにコンセイユ・デタに意見を聴かなければならないことを判示した。

この憲法院判決は，コンセイユ・デタ判例とは一線を画す判決であるように思われる。つまり，コンセイユ・デタ判例は，技術上の修正であれ内容上の修正であれ，コンセイユ・デタに新たに諮問しない限り，原案及びコンセイユ・デタ案以外のいかなる修正も認めないのに対し，他方で，憲法院判決は，コンセイユ・デタに付託した問題の性質を修正しない場合には，政府に修正の余地を認めているように思われる。この憲法院判決は，政府提出法律案についてのコンセイユ・デタ意見をどのように位置付けているのであろうか。言い換えれば，憲法院は，政府の法律案提出手続におけるコンセイユ・

(5)　一連のコンセイユ・デタ判例の起源は第三共和制にまで遡る。詳しくは第2節で検討する。

(6)　C.C., Décision n° 2003-468 DC du 3 avril 2003, *Loi relative à l'élection des conseillers régionaux et des représentants au Parlement européen ainsi qu'à l'aide publique aux partis politiques, Rec.*, p. 325.

デタへの諮問手続に対してどのような統制を及ぼしているのであろうか。

2　本章の目的

本章の目的は，憲法院が政府提出法律案の起草におけるコンセイユ・デタ意見をどのように位置付けているかの検討を通じて，フランスにおける政府の法律案提出手続におけるコンセイユ・デタへの諮問手続に対する裁判的統制がどのようなものであるかを明らかにすることである。

そこで，まず前提問題として，コンセイユ・デタ意見のフランス公法における位置付けを明らかにする(7)（第１節）。次に，コンセイユ・デタへの諮問が義務付けられる命令案に関するコンセイユ・デタ意見についての議論，すなわち，共同行為者理論がいかなるものであるかを検討する（第２節）。最後に，2003年４月３日憲法院判決が，共同行為者理論を取る従来のコンセイユ・デタ判例とどのように異なるかを検討し，政府の法律案提出手続におけるコンセイユ・デタへの諮問手続が裁判上どのように統制されるのかを明らかにしたい（第３節）。

第１節　フランス公法におけるコンセイユ・デタ意見の位置付け

第１節においては，コンセイユ・デタ意見がフランス公法においていかなる位置付けのものであるかを明らかにする。

1　根拠規定

コンセイユ・デタが意見を答申することができるとする根拠規定は，1958年憲法及び行政裁判法典（code de justice administrative）(8)に見られる。

---

(7)　本章では，コンセイユ・デタの組織に関する分析は行わないが，組織を含めて，コンセイユ・デタの憲法学上の検討を行うものとして，以下の文献を参照。井上武史「憲法院とコンセイユ・デタ――フランスの２つの憲法解釈機関」法律時報86巻８号（2014年）31－35頁。

(8)　以前は，コンセイユ・デタの権限は，1945年７月31日オルドナンス第1708号及び1963年７月30日デクレ第766号によって定められていたが，2000年５月４日オルドナンス第387号及び2000年５月４日デクレ第388号・第389号によって，行政裁判法典で規定されることとなった。

(1)　憲法上の規定

コンセイユ・デタの権限は，1958年憲法において，第39条第2項及び第5項，第38条第2項並びに第37条第2項で規定されている。

①　政府提出法律案の審査(9)

1958年憲法第39条第2項は「政府提出法律案は，コンセイユ・デタの意見を聴いた後に，閣議で審議決定し，両議院のいずれかの理事部に提出する」と定めている。この規定により，政府提出法律案はすべてコンセイユ・デタへの諮問が義務付けられる。この規定は，1945年7月31日オルドナンス第21条(10)が，コンセイユ・デタに政府提出法律案とオルドナンス案の準備に参加する機能を与えたことに由来している。1946年憲法は，政府提出法律案のコンセイユ・デタへの諮問に関する規定を有していなかったが，1958年憲法第39条第2項は，これを規定し，憲法上の義務手続としたのである。

しかし，憲法第39条第2項は，「政府提出法律案」と定めるだけである。ここで，すべての政府提出法律案がコンセイユ・デタの審査に付さなければならないのかが問題となる。実際の運用では，通常法律案，憲法附属法律（loi organique）案(11)，予算法律（loi de finances）案，社会保障財政法律（loi de financement de la Sécurité sociale）案(12)，憲法改正法律（loi constitutionnelle）案(13)，さらに国民投票法律（loi référendaire）案も，コンセイユ・デタへの

---

(9)　なお，政府提出法律案についてのコンセイユ・デタの具体的な審査手続については，以下の文献を参照。Alain Plantey, « Le rôle du Conseil d'État dans la confection de la loi », in Roland Drago（dir.）, *La confection de la loi*, PUF, 2005, pp. 55－58.

(10)　1945年7月31日オルドナンス第21条第1項は「コンセイユ・デタは，1945年7月31日オルドナンスが規定する条件の下で，法律及びオルドナンスの制定に参加する」と定めていた。

(11)　憲法第46条が定める憲法附属法律の採択手続は，憲法附属法律案のコンセイユ・デタへの諮問について言及していないが，政府提出法律案の起草手続に関する第39条の規定を排除するものではない。Yves Gaudemet, Bernard Stirn, Thierry Dal Farra et Frédéric Rolin , *Les grands avis du Conseil d'État*, 2e éd., Dalloz, 2002, p. 22.

(12)　予算法律案及び社会保障財政法律案については，憲法第39条第2項第2文が「予算法律案及び社会保障財政法律案は，先に国民議会に付議される」と定めている。

諮問を経なければならないとされている。

これに対し，憲法第44条第1項の法律案修正権（droit d'amendement）に基づいて国会での審議中に提出される内閣の修正案（amendement）については，憲法院判例によれば，コンセイユ・デタへの諮問を経る必要はないとされている(14)。

また，2008年7月に憲法改正が行われ，これに伴い，「憲法第34－1条，第39条及び第44条の適用に関する2009年4月15日憲法附属法第403号」が制定されたが，本憲法附属法律第8条第1項によれば，政府提出法律案の議院理事部への提出のためには影響評価（étude d'impact）の添付が必要となるが，この影響評価は，コンセイユ・デタへの諮問の際から政府提出法律案に添付されなければならない(15)。

なお，慣行として，政府提出法律案に関するコンセイユ・デタ意見は，その法律が憲法院に提訴されたら，憲法院に送付される(16)。

---

(13)　憲法改正法律の採択手続を定める憲法第89条は，閣議での審議決定の前に憲法改正法律案をコンセイユ・デタへ諮問する必要性に言及していないが，それでも，運用としては，コンセイユ・デタへの諮問が行われている。また，第11条に基づいて，通常法律案の国民投票の方法による憲法改正手続を行う際にも，コンセイユ・デタへの諮問が行われている。Yves Gaudemet et autres, *supra* note(11), pp. 21－22. しかし，憲法改正法律案が憲法第39条の「政府提出法律案」としてコンセイユ・デタへの審査に付さなければならないかについては，学説上では争いがある。つまり，コンセイユ・デタへの諮問が当然には義務付けられないとする見解（例えば， René Chapus, *Droit administratif général*, t.1, 15e éd., LGDJ-Montchrestien, 2001, p. 456）と，コンセイユ・デタへの諮問が義務付けられるとする見解（例えば， Guy Braibant et Bernard Stirn, *Le droit administratif français*, 7e éd., DALLOZ, 2005, p. 556）とが対立している。これに関して，憲法院の判決による解決も行われていない。

(14)　C.C., Décision no 93－329 DC du 13 janvier 1994, *Loi relative aux conditions de l'aide aux investissements des établissements d'enseignement privés par les collectivités territoriales, Rec.*, p. 9.

(15)　詳しくは，以下の文献を参照。Bertrand-Léo Combrade, « L'influence des études d'impact sur la rédaction des avis du Conseil d'État en matière de projets de loi », in Bertrand Mathieu et Michel Verpeaux（dir.）, *L'examen de la constitutionnalité de la loi par le Conseil d'État*, Dalloz, 2011, pp. 107－118.

(16)　Yves Gaudemet, « La VIe République ? Quel Conseil d'État ? », *RDP*, 2002, p. 381 ; Michel Roux, « La fonction consultative du Conseil d'État », *RA*, 1999, no spécial, p. 21.

② オルドナンス(17)案の審査

憲法第38条第2項第1文は,「オルドナンスは,コンセイユ・デタの意見を聴いた後に,閣議で定める」と規定している。この規定により,オルドナンス案はすべてコンセイユ・デタへの諮問が義務付けられる。この規定も,第39条第2項と同様に,1945年7月31日のオルドナンス第21条に由来し,憲法準則となったものである。

ただし,憲法第47条第3項及び第47条の1第3項が定めるオルドナンスについては,コンセイユ・デタへ諮問されない(18)。これは,例外である。

③ 命令事項について定めた法律を改正するデクレ案の審査

憲法第37条第2項第1文は,「かかる事項〔引用者注：命令事項〕について定める法律形式の法文は,コンセイユ・デタの意見を聴いた後に定められるデクレによって改正することができる」と規定している。この規定は,1958年憲法成立前に制定された法文で,今日では命令事項とされるものは,コンセイユ・デタへの諮問を経たデクレで変更されるとするものである。一方,1958年憲法成立後に制定された法文で,今日では命令事項とされるものについては,憲法院が命令の性格を持つと宣言すれば,コンセイユ・デタへの諮問を経たデクレで変更される(同項第2文)。

④ 議員提出法律案の審査

憲法第39条第5項は,議院の議長が,議員提出法律案(proposition de loi)についてコンセイユ・デタの意見を求めることができる旨を規定している。これは,2008年の憲法改正において導入されたもので,この改正以前は,コンセイユ・デタは議員提出法律案について諮問されることはできなかった(19)。なお,本章では,政府提出法律案の提出手続としてのコンセイユ・

(17) オルドナンスは,議会による承認の前には,法律的効力を有する法文の地位を有していない。C.E., 3 novembre 1961, *Damiani, Rec.*, p. 607 ; C.C., Décision n° 72‑73 L du 29 février 1972, *Nature juridique de certaines dispositions des articles 5 et 16 de l'ordonnance, modifiée, du 17 août 1967 relative à la participation des salariés aux fruits de l'expansion des entreprises, Rec.*, p. 31.

(18) Michel Lascombe, *supra* note(3), p. 335.

デタへの諮問を検討することを主眼としているので，議員提出法律案のコンセイユ・デタへの諮問については，立ち入って検討しない[20]。

⑵　行政裁判法典上の規定

コンセイユ・デタの諮問的権限については，行政裁判に関する権限と同様に，行政裁判法典においても規定されている。

①　行政裁判法典L第112－1条

まず，同条第1項は，「コンセイユ・デタは，法律及びオルドナンスの制定に参加する。コンセイユ・デタは，政府が作成する草案について，首相により付託される」[21]と規定し，コンセイユ・デタの憲法によって付与されている政府提出法律案及びオルドナンスの審査権限（憲法第39条第2項及び第38条第2項）を確認している。

また，同条第2項は，「コンセイユ・デタは，議院の一方の理事部に提出され，委員会で審査されておらず，当該議院の議長によって付託された議員

---

(19)　2008年憲法改正以前は，憲法第39条は「政府提出法律案」と定めるだけで，議員提出法律案については言及していなかったが，議員提出法律案をコンセイユ・デタに付託することができるのかが問題となっていた。フランスでは，議員提出法律案が憲法上認められる（憲法第39条第1項）ものの，わが国における議院法制局のような機関は存在しない。議員提出法律案は，議員自身が作成し，その議員の協力者によって，または，議員がその名で提出する政党によって準備される。ここで，議員提出法律案をコンセイユ・デタに付託して意見を求めることができるかということが問題になったのである。実際，第三共和制においては，立法議会はコンセイユ・デタに付託することができた（1872年5月24日法律第8条第1号）のであり，2008年改正以前の1958年憲法第39条も，議員提出法律案に関するコンセイユ・デタの審査を明らかには排除していなかった。しかし，第五共和制の慣行においては，議員提出法律案は，コンセイユ・デタの審査には付されていなかった。学説も，コンセイユ・デタは政府のみの諮問機関であり，コンセイユ・デタへの諮問は，政府の利益になるように行使されなければならないとして，議員提出法律案をコンセイユ・デタの審査に付することはできないとしていた。Yves Gaudemet, *supra* note(1), p.90.

(20)　コンセイユ・デタによる議員提出法律案の審査に関して，詳しくは，以下の文献を参照。Jean-Éric Schoettl, « L'examen des proposition de loi par le Conseil d'État », in Bertrand Mathieu et Michel Verpeaux（dir.), *L'examen de la constitutionnalité de la loi par le Conseil d'État*, Dalloz, 2011, pp. 89－105.

(21)　この条文は，1945年7月31日オルドナンス第21条に由来する。

提出法律案について意見を答申する」と規定し，コンセイユ・デタの憲法によって付与されている議員提出法律案の審査権限（憲法第39条第5項）を確認している。

次に，同条第3項は，「コンセイユ・デタは，デクレ案について，及び，コンセイユ・デタの関与が憲法，法律若しくは命令の規定により予定されている又は政府により付託されるその他のすべての法文案について，意見を答申する」と規定している。この条文は，まず，後述するデクレ案についてのコンセイユ・デタへの諮問を定めている。さらに，様々な法文案についてのコンセイユ・デタへの諮問を定めているのである。この条文が「憲法により予定されている」と定めているのは，憲法第37条第2項の規定を確認しているためである(22)。

また，同条第4項は，「法文案が付託されたら，コンセイユ・デタは意見を答申し，必要と判断する修正を提案する」と規定しており，コンセイユ・デタが，意見を与えるだけでなく，修正案を提出できることも認めている。

さらに，同条第5項は，「コンセイユ・デタは，要請された草案を準備し起草する」と定める。これは起案上申権と呼ぶべきものであるが，実際にコンセイユ・デタが起草することはほとんどない。

本条が定める権限のうち最も重要なものが，第3項のデクレ案への意見の答申である。これを通じて，コンセイユ・デタは，憲法により付与された政府の命令制定権の行使（憲法第13条及び第21条）において，関与する(23)。

(i)　コンセイユ・デタへの諮問が義務的な場合

デクレを制定する際にコンセイユ・デタの意見を聴くことが法律によって規定されており，コンセイユ・デタへの義務的諮問を経て制定されるデクレ

---

(22)　Guillaume Drago, « Fonctions du Conseil constitutionnel et du Conseil d'État dans la confection de la loi », in Roland Drago (dir.), *La confection de la loi*, PUF, 2005, p. 70.

(23)　Dmitri Georges Lavroff, *supra* note (3), p. 683.

(24)　第三共和制以来，コンセイユ・デタは法律特別施行令の制定に関与してきた。つまり，法律特別施行令は，コンセイユ・デタ総会に付託された後に制定されるものであった。しかし，法律特別施行令は，1980年7月7日法律第514号及び1980年7月31日デクレ第621号によって廃止された。Dmitri Georges Lavroff, *supra* note (3), p. 683.

が，コンセイユ・デタの議を経たデクレ（décret en Conseil d'État）である。このデクレは，以前の法律特別施行令（règlement d'administration publique）(24)に相当するものである。

コンセイユ・デタの議を経たデクレは，憲法によって規定されていない。しかし，憲法院は，憲法第37条第2項第2文に基づいて付託された際に，コンセイユ・デタの議を経たデクレを用いることを定める法律上の規定は，利害関係人にとっての本質的な保障を構成するような事項にそのデクレが用いられる場合には，憲法第34条を適用して，本来法律的性格を有する規定である，と判断している(25)。この判例は，コンセイユ・デタの議を経たデクレという手段を用いることでコンセイユ・デタへ諮問することは，テキストの憲法適合性の保障を強化するものであることを示しており(26)，また，コンセイユ・デタの議を経たデクレに憲法上の地位を与えている(27)。

コンセイユ・デタの議を経たデクレは，その形式として，「コンセイユ・デタ了承（le Conseil d'État entendu）」と記載される。コンセイユ・デタの議を経たデクレは，コンセイユ・デタの議を経ていない単純デクレによって修正することはできず，コンセイユ・デタの議を経たデクレによってのみ修正することができる(28)。

(ii)　コンセイユ・デタへの諮問が任意の場合

政府は，デクレついて，コンセイユ・デタへの諮問が義務的ではない場合にも，任意にコンセイユ・デタに諮問することができる。このデクレは，「コンセイユ・デタの意見を聴いた（après avis du Conseil d'État）」と記載される(29)。

---

(25)　C.C., Décision n° 73－76 L du 20 février 1973, *Nature juridique de diverses dispositions relatives à l'urbanisme*, *Rec.*, p. 29.

(26)　Guillaume Drago, *supra* note(22), pp. 70－71.

(27)　Yves Gaudemet et autres, *supra* note(11), p. 25.

(28)　Yves Gaudemet et autres, *supra* note(11), p. 26.

(29)　コンセイユ・デタの任意的諮問の後に制定されるデクレが誤って「コンセイユ・デタ了承」という記載になってしまったら，そのデクレは，コンセイユ・デタが新たにかつ義務的に諮問された後にしか，修正又は廃止されえない。C.E. Ass., 3 juillet 1998, *Syndicat national de l'enseignement CFDT*, *Rec.*, p. 272. また，1997年1月30日総会意見。Conseil d'État, *EDCE*, n° 49, 1998, p. 185.

② 行政裁判法典L第112－2条──法律問題に対する意見付与

次に，コンセイユ・デタ行政部は，具体的な法令案の審査を離れて，法律問題について政府によって任意に諮問されうる。例えば，実施中の法律及び行政行為の解釈について，あるいは意図している措置の適法性に関して，このような諮問が行われている。その他，あらゆる法律問題又は行政上の問題について，政府はコンセイユ・デタに諮問することが可能である。この任意的諮問において，コンセイユ・デタ行政部の権限は無制限であり，それゆえにこの制度は，コンセイユ・デタ行政部にとって最も重要であると言われている(30)。

実際，行政裁判法典L第112－2条は，「コンセイユ・デタは，首相又は大臣により，行政事項において生じた問題について，諮問されうる」と規定しており，コンセイユ・デタはその諮問が特別の法文によって予定されている全ての問題及び政府によって付託される全ての問題について，意見を答申する。

コンセイユ・デタは，政府の一般的法律顧問（conseiller juridique ordinaire du gouvernement）(31)である，と解されている。それゆえ，コンセイユ・デタは首相及び大臣によって付託された法律問題について意見を答申しなければならない。首相及び大臣は，法律問題一般について意見を求めて，コンセイユ・デタへの諮問を行うことができる。諮問することができるのは，首相及び大臣だけである。一般私人はもちろん，知事も，たとえ知事が上級機関たる大臣に代理していても，それをなすことはできない(32)。コンセイユ・デタ行政部の意見は，後で見るように，諮問的価値しかないので，コンセイユ・デタ訴訟部はその意見に拘束されることはなく，その意見に従ってなされた行政行為の無効を宣告できる(33)。

(30)　詳しくは，以下の文献を参照。Jean Gourdou, « L'avis du Conseil d'État sur une question de droit », in *Mélanges Franck Moderne*, Dalloz, 2005, pp. 189－217.

(31)　Dmitri Georges Lavroff, *supra* note(3), p. 684.

(32)　Maxime Letourneur, Jacqueline Bauchet et Jean Meric, *Le Conseil d'État et les tribunaux administratifs*, Armand Colin, 1970, p. 67.

2　コンセイユ・デタの審査の観点

このように，コンセイユ・デタは，政府提出法律案については政府に意見を答申し，命令案及び法律問題についても政府に意見を答申する。それでは，コンセイユ・デタは政府に対していかなる観点により意見を答申するのか，特に，政府提出法律案に関するコンセイユ・デタ意見は，いかなる観点で答申されるのか，その審査の観点が問題となる。

(1)　憲法適合性

コンセイユ・デタの年次報告は，「諮問的機能の行使において，コンセイユ・デタの第一の義務は，法に基づいた意見を政府に答申することであり，政府提出法律案が憲法院によって無効とされるという危険を政府に警告することである」(34)としている。したがって，コンセイユ・デタは，政府提出法律案については，憲法適合性（constitutionnalité）(35)の観点から，審査しているのである。

(2)　法適合性

コンセイユ・デタは，テキストの法適合性（legalité）を審査して意見を答申する。法適合性の審査においては，既存の法体系との整合性だけでなく，法の一般原理との整合性も検討される。法適合性の審査こそが，原則として第一である。法適合性の審査は，政府を訴訟上の危険から守るために行われる(36)。

(3)　時 宜 性

コンセイユ・デタは，「時宜性の立場を取ること（prises de position en opportunité）」(37)を排除しておらず，厳格な意味における法的な立場を離れてテキストの時宜性をも判断する。コンセイユ・デタによれば，時宜性の判断について，政府提出法律案に関する意見の場合と命令案に関する意見の場合とを区別しない(38)。

---

(33)　Dmitri Georges Lavroff, *supra* note(3), p. 684.

(34)　Conseil d'État, *EDCE*, n° 38, 1987, pp. 54 – 55.

3　政府とコンセイユ・デタ意見との関係

コンセイユ・デタは，２で述べたような観点から政府に意見を答申する。では，このコンセイユ・デタ意見は，どのような性質を有するのであろうか。政府はコンセイユ・デタ意見に拘束されるのか，また，コンセイユ・デタ意見は公表されるのか，この二点を明らかにする。

---

(35)　オリヴィエ・ゴアンは，コンセイユ・デタによる憲法適合性の審査は憲法制定当初から行われていたと主張している。Olivier Gohin, « Le Conseil d'État et le contrôle de constitutionnalité de la loi », in Dominique Chagnollaud（dir.), *Aux origines du contrôle de constitutionnalité XVIIIe-XXe siécle*, Panthéon-Assas, 2003, p. 163. これに対して，コンセイユ・デタによる政府提出法律案の憲法適合性の審査を，1971年結社法判決以来の憲法院による憲法適合性統制の活発化に結び付ける見解が多い。例えば，イヴ・ゴドメは，「コンセイユ・デタは憲法院の判例を活用し，その憲法院の判例から，コンセイユ・デタは，コンセイユ・デタが意見を与えるために審査する政府提出法律案についての適切な帰結を引き出す」(Yves Gaudemet, *supra* note(4), p. 68）と述べている。また，ローラン・フォンボスティエも，「コンセイユ・デタの立法機能の憲法化は，その役割自体の漸進的修正をもたらした。歴史的にその力量を証明してきた技術的権限に基づく政府提出法律案についての『意見付与者』の使命に，憲法院の判例に従う限りにおいて，その前段階で，コンセイユ・デタが法律の起草手続の始めにおいてその憲法適合性の守護者になるような『検閲者』の役割が加わったのである」〔傍点引用者〕(Laurent Fonbaustier, « Le rôle preventif du Conseil d'État : Les origines de l'article 39 alinéa 2 de la constitution de 1958 », in Dominique Chagnollaud（dir.), *Aux origines du contrôle de constitutionnalité XVIII*^{e}*-XX*^{e} *siècle*, Panthéon-Assas, 2003, p. 154）と分析している。ギヨーム・ドラゴもコンセイユ・デタ行政部が憲法院判例を参照していると述べている。ただし，ドラゴは，「コンセイユ・デタによる憲法解釈は，憲法院の憲法解釈から常に忠実に着想を得ているのか。政府提出法律案の憲法適合性についての予防的審査の際に，コンセイユ・デタによる憲法の『独立した（autonome)』解釈もあるのではないか」(Guillaume Drago, *supra* note(22), p. 65）という疑問も呈している。なお，コンセイユ・デタ自身も，コンセイユ・デタ年次報告書において，「コンセイユ・デタの予防的な意見と，法律の可決の後及び審署の前に付託される憲法院の決定の間には，相違，それどころか不調和があり得る。コンセイユ・デタは，その相違及び不調和を避けようと努める」(Conseil d'État, *supra* note(34), p. 55）と述べて，憲法院判決を参照していることを認めている。

(36)　Yves Gaudemet, *supra* note(4), p. 67.

(37)　Conseil d'État, *supra* note(34), p. 55.

(38)　Conseil d'État, *supra* note(34), p. 55.

(1)　コンセイユ・デタ意見の非拘束性

①　意見の諮問的価値

コンセイユ・デタ意見は単に諮問的価値(39)しかなく，首相又は大臣はその意見に拘束されない。もし拘束するならば，首相の法律案提出権や大統領及び首相に属する命令制定権の行使を制限することになるからである(40)。つまり，コンセイユ・デタ意見は，原則として諮問的意見（avis consultatif）である。

したがって，政府がテキストについて義務的又は任意的にコンセイユ・デタに諮問し，コンセイユ・デタ意見が答申されたときは，政府は政府原案とコンセイユ・デタ案のどちらでも選択することができる。また，条項ごとにそれぞれの案を選択することもできる(41)。

この点，政府が，政府原案ともコンセイユ・デタ案とも異なる第三案を選択することができるかが問題となる。この問題については第2節及び第3節で検討する。

②　規範的意見の例外

もっとも，国籍喪失などに関する個別的決定について，例外的に政府を拘束することが法令によって定められているものもある(42)。これは規範的意見（avis conforme）と呼ばれるものであり，その法的性質については，別に検討する必要があろうが，本章では，諮問的意見のみを検討の対象とする。

(2)　コンセイユ・デタ意見の非公開性

①　意見の非公表原則

コンセイユ・デタ意見の名宛人は，首相である。これは，コンセイユ・デ

(39)　諮問機関の意見の性質については，以下の文献を参照。Hélène Simonian-Gineste, « Nouveau regard sur l'avis consulative », *RDP*, 1999, pp. 1121－1158.

(40)　Dmitri Georges Lavroff, *supra* note(3), p. 685.

(41)　Dominique Latournerie, *Le Conseil d'État : « au nom du peuple française... »*, Dalloz, 2005, p. 22.

(42)　国籍喪失に関する個別的決定の根拠規定は民法典第25条である。以下も参照。Dmitri Georges Lavroff, *supra* note(3), p. 685.

タの形式的な長官は首相だからである(43)。したがって，コンセイユ・デタ意見は，政府のみに向けられる。この意見は原則として秘密で，政府はこの意見の内容を公表しない(44)。この意見を秘密にする義務は，コンセイユ・デタが政府の意のままになる行政機関として関与する(45)，ということによるものであり，また，守秘義務を負うのは，コンセイユ・デタではなく，政府である。この秘密性の原則は慣行であり(46)，コンセイユ・デタ意見は，1978年7月17日法律，いわゆる情報公開法においてもその対象から除外されている(47)。

②　非公表の例外

ただし，毎年刊行される『コンセイユ・デタ年次報告書』において，政府の同意によって，その意見が公表されるものがあるが，これはあくまで秘密原則の例外である(48)。この年次報告書において公表されるコンセイユ・デタ意見は，法律問題に関する意見がほとんどである。また，法令案に関するコンセイユ・デタ意見については，関係者がマスコミにコンセイユ・デタ意見を漏洩し，コンセイユ・デタ意見が政府に送付される前にマスコミに公表されてしまうこともある(49)。特に，コンセイユ・デタが政府提出法律案を違憲と判断したときは，その意見が漏洩されることは頻繁にある(50)。

しかし，政府提出法律案についてのコンセイユ・デタ意見は政府によって

---

(43)　Dmitri Georges Lavroff, *supra* note(3), p. 682. なお，首相がコンセイユ・デタ長官とされる現在の法令上の規定は，「コンセイユ・デタ総会は，首相によって主宰され，首相が不在の場合には，国事尚書たる司法大臣によって主宰される」と定める行政裁判法典L第121－1条第2項である。

(44)　Dmitri Georges Lavroff, *supra* note(3), p. 684. また，Maxime Letourneur et autres, *supra* note(32), p. 97.

(45)　Dmitri Georges Lavroff, *supra* note(3), p. 684.

(46)　Yves Gaudemet, *supra* note(1), p. 96.

(47)　1978年7月17日法律第1条及び第6条。

(48)　Jean-Louis Quermonne, « Les décisions du Conseil constitutionnel, les arrêt et avis du Conseil d'État: enjeu politique », in Robert Badinter et Marceau Long (dir.), *Conseil constitutionnel et Conseil d'État : colloque des 21 et 22 janvier 1988 au Sénat, Salle Medicis, Palais du Luxembourg*, LGDJ-Montchrestien, 1988, p. 399.

(49)　Jean-Louis Quermonne, *supra* note(48), pp. 399－401.

公表されないというのが原則である。これについて，1960年に，コンセイユ・デタの意見は，行政内部の事項であり，また，政府が最終的な立場を決定していないときの意見であって，政府がまだその作成を終えていない単なる草案，すなわち，その政策を開始していない草案によって，政府が評価されてはならない，と元老院で議論されたことがある(51)。また，1993年に政府提出法律案についてのコンセイユ・デタ意見を公表する議員提出法律案が提出されたが可決されなかった(52)。さらに，2007年に組織されたいわゆるバラデュール委員会も，「憲法第39条の適用によって付託される政府提出法律案についてコンセイユ・デタによって表明される意見が公表されることは，立法審議の質にとって有益であろう」として，政府提出法律案についてのコンセイユ・デタ意見を公表すべきだとの提案をしたが，その改革案は実現しなかった(53)。

③　2015年1月20日のオランド大統領の宣言

このように，政府提出法律案についてのコンセイユ・デタ意見は秘密性の原則が妥当してきたが，2015年1月20日のフランソワ・オランド（François Hollande）大統領の宣言によって事態は大きく変わった。オランド大統領は次のように宣言した。「よりよく立法することは，政府提出法律案をよりよく準備することである。この理由のために，私は，コンセイユ・デタ意見の

(50)　Olivier Gohin, *supra* note(35), p. 163. その一例として，1962年10月1日にコンセイユ・デタに付された，「憲法第6条・第7条を改正する政府提出法律案」に関するコンセイユ・デタ意見の漏洩がある。

(51)　*JO Débats, Sénat*, 9 novembre 1960, p. 1485. なお，議員提出法律案についてのコンセイユ・デタ意見が公表されるかどうかについては，行政裁判法典において何ら規定されていない。しかし，2008年7月憲法改正における国民議会での審議では，理論的には政府による諮問に対する意見と同様に，秘密性の原則が適用されると考えられるが，そのような運用は現実的ではなく，多くのコンセイユ・デタ意見は公表される，と議論されている。*JO Debats, A.N.*, 27 mai 2008, pp. 2576－2580.

(52)　Laure-Alice Bouvier, « Vers la fin du secret des avis du Conseil d'État sur les projets de loi ? », *AJDA*, 2015, p. 558.

(53)　*Une Vᵉ République plus démocratique*, rapport du comité de réflexion et de proposition sur la modernisation et rééquilibrage des institutions de la Vᵉ République, La Documentation française, 2007, p. 40.

秘密性の古い伝統を断ち切ることを決定した。コンセイユ・デタは，政府の法的諮問機関である。その意見は，公的利益を有しており，したがって，その評価は公表されるだろう。コンセイユ・デタは，その意見によって，市民を啓蒙するが，議会での審議をも明瞭にするだろう」(54)と。

この宣言によって，政府は政府提出法律案についてのコンセイユ・デタ意見を公表するかどうかを決定することができるようになり，2015年3月19日，「情報（renseignement）に関する政府提出法律案」についてのコンセイユ・デタ意見が公表された。以後，いくつかの政府提出法律案についてのコンセイユ・デタ意見が公表されている。

4　小　括

第1節においては，2003年4月3日憲法院判決を位置付けるための前提として，コンセイユ・デタ意見がフランス公法においていかなる位置付けのものであるかを明らかにしてきた。1では，コンセイユ・デタが意見を答申する根拠規定について明らかにした。続く2では，コンセイユ・デタ意見は憲法適合性，法適合性及び時宜性を考慮して表明されることを明らかにした。3では，コンセイユ・デタ意見は単に諮問的価値しか有せず，政府を拘束しないこと，また，コンセイユ・デタ意見は政府のみに宛てられることを明らかにした。

しかし，政府はコンセイユ・デタ意見に拘束されないとしても，コンセイユ・デタへの諮問が義務付けられる命令の制定においては，従来，コンセイユ・デタ判例の共同行為者理論によって，政府は原案を維持するかコンセイユ・デタ案を選択するかのいずれかであり，第三案を選択する場合には新たにコンセイユ・デタに意見を聞かなければならないとされてきた。第2節では，このコンセイユ・デタ判例による共同行為者論がいかなるものであるかを検討する。

(54)　Discours du Président de la République devant les corps constitués le 20 janvier 2015, cité par Laure-Alice Bouvier, *supra* note(52), p. 558.

第2節　命令制定とコンセイユ・デタ
——共同行為者理論の展開——

第2節では，コンセイユ・デタ判例による共同行為者理論がいかなるものであるかを検討する。1において，コンセイユ・デタへの諮問が義務付けられる命令案について共同行為者理論をとるコンセイユ・デタ判例を検討する。続く2において，このコンセイユ・デタ判例の共同行為者理論についての学説を検討する。さらに，3において，この議論が政府提出法律案に関するコンセイユ・デタ意見に導入できるかどうかについての2003年4月3日憲法院判決以前の学説を検討する。

1　コンセイユ・デタ判例による共同行為者理論の展開

命令制定におけるコンセイユ・デタへの諮問をめぐるコンセイユ・デタ判例は，第三共和制から今日に至るまで数多く存在する。まず，第三共和制期の命令制定におけるコンセイユ・デタへの諮問をめぐる初期のコンセイユ・デタ判例を検討し，次に，共同行為者理論が展開された，1945年7月31日オルドナンス制定以降の命令制定におけるコンセイユ・デタへの諮問をめぐるコンセイユ・デタ判例を検討する。

(1)　第三共和制期の判例

①　命令制定におけるコンセイユ・デタへの諮問をめぐる判例の起源は第三共和制にまで遡る。

1926年1月22日コンセイユ・デタ判決(55)は，政府が，法律特別施行令を制定する際に，原案ともコンセイユ・デタ案とも異なるテキストを採用したが，これを無効とした判決である。

現在の行政裁判法典L第112−1条第2項の原型である1872年5月24日法律第8条第3号は，コンセイユ・デタはデクレ案について意見を答申する

(55)　C.E., 22 janvier 1926, *Lacoste*, *Rec.*, p. 74. また，同様の判決として，C.E., 24 décembre 1926, *Brassaud*, *Rec.*, p. 1152 も参照。この判決の評釈として，Maurice Hauriou, note, *S.*, 1927, III, p. 33.

と規定した後で，「コンセイユ・デタは，法律特別施行令及び法律特別施行令の形式を有するデクレについて，必ず意見を答申することを求められる」と規定していた。原告は，政府が原案ともコンセイユ・デタ案とも異なるテキストを採用したことが，当該規定に反するとして無効を主張した。判旨は以下のとおりである。

② 「1872年5月24日法律第8条の文言によれば，コンセイユ・デタは『法律特別施行令及び法律特別施行令の形式を有するデクレについて，必ず意見を答申することを求められる』。政府は，与えられた意見に従うか従わないかを自由に決められるとしても，少なくとも，事前にコンセイユ・デタの審議に付託されていない方策を規定することはできない。したがって，政府が，政府によってコンセイユ・デタに付託された草案の規定でもなく，かつ，コンセイユ・デタによって採択された規定でもない規定を，法律特別施行令の中に導入しようとする場合には，実際には新しい草案ということになり，前述の1872年5月24日法律第8条が遵守されるためには，コンセイユ・デタの審議に新たに付託されなければならない」。

「当該規定は，政府によってコンセイユ・デタに付託された草案の規定でもなく，かつ，コンセイユ・デタによって採択された規定でもない規定である。したがって，当該規定は，新しい草案ということになるが，コンセイユ・デタの審議に付託されていないので，法律が定める実質的要件に違反して起草されたのであり，無効とされなければならない」。

③ 本判決の内容は，政府は，コンセイユ・デタ意見に拘束はされなくとも，コンセイユ・デタに付託した原案か，コンセイユ・デタによって採択された案のどちらかから選択しなければならず，第三案を選択する場合には，新たな草案となり，政府は，新たにコンセイユ・デタの審議に付託しなければならない，というものである。

本判決が出された第三共和制においては，コンセイユ・デタへの諮問は，1875年憲法諸法律では規定されておらず，1872年5月24日法律(56)で規定されていた。しかも，政府提出法律案については，コンセイユ・デタへの諮問は義務的ではなく（同法律第8条第2号），法律特別施行令及び法律特別施行令の形式を有するデクレについてしか，コンセイユ・デタへの諮問は義務的ではなかった（同法律第8条第3号）。したがって，このコンセイユ・デタによって確立された準則は，当然なことに，法律特別施行令及び法律特別施行令の形式を有するデクレにしか妥当しなかった。

④　この判決は，その理由として，共同行為者理論を用いているのかどうかは分からない。しかし，この判決は，1945年オルドナンス制定以降の判例においても，維持されていくことになり，その理由として，共同行為者理論が展開されていくことになる。

(2)　1945年オルドナンス制定以降の判例

①　第二次大戦におけるコンセイユ・デタの共存状態(57)を経て，1945年7月31日オルドナンス第1708号(58)によってコンセイユ・デタの権限は刷新された。

まず，法律特別施行令及び法律特別施行令の形式を有するデクレについては，従来どおり，政府はコンセイユ・デタに必ず諮問しなければならないとされた（同オルドナンス第22条）。

これに加えて，同オルドナンス第21条は，コンセイユ・デタは「法律及びオルドナンスの制定に参加する」と規定し，政府は政府提出法律案及びオルドナンス案についてもコンセイユ・デタに必ず諮問することとされたのである。1946年憲法は，これについて何の言及もしていないが，1958年憲法

---

(56)　第三共和制においては，1872年5月24日法律第8条第1項第1号又は第2号に基づいて，法律案がコンセイユ・デタに付託されることはあまりなかった。Alexandre Parodi (dir.), *Le Conseil d'État : Son histoire à travers les documents d'époque, 1799‐1974*, CNRS, 1974, pp. 569‐573 et pp. 664‐672. これは，第二帝制下で立法領域へ関与してきたコンセイユ・デタに対する過度の警戒があったからである。Michel Lascombe, *supra* note(3), p. 334.

(57)　詳しくは，以下を参照。Alexandre Parodi (dir.), *supra* note(56), pp. 806‐823.

(58)　1945年7月31日オルドナンス第1706号により，フランス臨時共和国政府の下にある法制委員会は廃止され，その権限はコンセイユ・デタに移譲された（第1条）。そして，1945年7月31日オルドナンス第1708号により，コンセイユ・デタが組織されたのである。

は，政府提出法律案のコンセイユ・デタへの諮問については第39条第2項で，オルドナンス案のコンセイユ・デタへの諮問については第38条第2項で，それぞれ規定したのである(59)。

しかしながら，行政裁判所としてのコンセイユ・デタは，越権訴訟において法律の無効を審理することはできず，デクレなどの命令等の無効を審理する。したがって，当然なことに，政府提出法律案に関するコンセイユ・デタ意見の法的性質については，コンセイユ・デタ判例では展開されることはなかった。

② 1945年7月31日オルドナンス制定以降も，命令案に関するコンセイユ・デタ意見をめぐるコンセイユ・デタ判例は展開されていくこととなる。

まず，1949年5月13日コンセイユ・デタ判決(60)は，当該規定は，「政府によってコンセイユ・デタに付託された草案とも，コンセイユ・デタによって採択された成案とも異な」り，コンセイユ・デタへの諮問を欠くので「違法である」として，前述の第三共和制期のコンセイユ・デタ判例を維持した。

その上で，コンセイユ・デタへの諮問が欠如しているときにその政府の行為はいかなる瑕疵を帯びるのか，また，いかなる場合がコンセイユ・デタへの諮問が欠如している場合か，という判例が展開されていくこととなる。

まず，一連の判例は，コンセイユ・デタへの諮問が欠如しているときには，その政府の行為は，形式上の瑕疵（vice de forme）ではなく，無権限（incompétence）を帯び，裁判官は職権でこれを判断することができるとしている。

(59) 1958年憲法の草案がコンセイユ・デタで審議されたときに，草案の統括報告者であるコンセイユ・デタ評定官デシャン（Deschamps）は，コンセイユ・デタの使命について以下のように述べた。「我々の役割は，政治権力がその大きな方向性を引き出し，その諸方針を選択した…ときに，その諸方針が国民の精神及びフランス共和国を支配する『一般諸原理』と両立可能である…限りにおいて，その諸方針を国民の生活の中に統合することである」。Comité national chargé de la publication des travaux préparatoires des institutions de la Ve République, *Documents pour servir à l'histoire de l'élaboration de la Constitution du octobre 1958,* t.3, La documentation française, 1991, p. 284.

(60) C.E., 13 mai 1949, *Bourgoin, Rec.*, p. 214.

そして，一連の判例で問題となったコンセイユ・デタへの諮問が欠如している場合には，(i)政府が命令案についてコンセイユ・デタに諮問しなかった場合(61)，(ii)政府がコンセイユ・デタに諮問したが，コンセイユ・デタ意見が政府によって受理される前に政府が決定を行った場合(62)，(iii)政府の決定が，コンセイユ・デタに付託された草案とも，コンセイユ・デタによって提案された草案とも異なっている場合(63)，という三つの場合がある。いずれの場合においても，政府の行為は無権限とされるのである。

第三共和制期の判例においては，(iii)の場合しか問題とならなかったし，また，それが無権限であるとはされなかった。しかし，1945年オルドナンス制定以降の判例では，コンセイユ・デタへの諮問が欠如している三つの場合が問題となったのであり，そのときの政府の行為は無権限であるとされたのである。

③　このコンセイユ・デタへの諮問を欠く場合に無権限となる一連のコンセイユ・デタ判例の中で，無権限となる理由として共同行為者理論を展開したのが，(ii)の判例である。1978年6月9日コンセイユ・デタ総会判決も，1979年11月16日コンセイユ・デタ判決も「首相は，コンセイユ・デタが政府と共同して行使する権限を正しく認識しなかった」(64)と判示し，コンセイユ・デタへの諮問が義務付けられる命令の制定については，政府はコンセイユ・デタと共同して行うことを明示している。これによって，コンセイユ・デタへの諮問の欠如が無権限であるとされることが説明されたと思わ

---

(61)　C.E., 23 janvier 1953, *Courajoux*, *Rec.*, p. 31 ; C.E., 25 janvier 1957, *Keinde Serigne*, *Rec.*, p. 63 ; C.E., 28 mai 1971, *Association des directeurs d'instituts et de centres universitaires d'études économiques régionales*, *Rec.*, p. 390 ; C.E. Ass., 2 juillet 1993, *Louvrier*, *Rec.*, p. 207.

(62)　C.E. Ass., 9 juin 1978, *SCI du 61−67 Boulevard Arago*, *Rec.*, p. 237 ; C.E., 16 novembre 1979, *Syndicat national de l'éducation physique et de l'enseignement public*, *D.*, 1980, *IR*, p. 123.

(63)　C.E., 26 avril 1974, *Villatte*, *Rec.*, p. 253 ; C.E., 21 juillet 1989, *Association des medecins pour le respect de la vie*, *Rec.*, p. 163.

(64)　C.E. Ass., 9 juin 1978, *supra* note(62). 同様に，C.E., 16 novembre 1979, *supra* note(62).

れる。

④　こうして，1945年オルドナンス制定以降のコンセイユ・デタ判例は，コンセイユ・デタへの諮問が義務付けられる命令案（1980年以前は法律特別施行令，1980年以降はコンセイユ・デタの議を経たデクレ）に関するコンセイユ・デタ意見の法的性質，つまり，コンセイユ・デタは命令制定における政府との共同行為者であるということを明らかにした。

(3)　コンセイユ・デタ判例の総括

以上のコンセイユ・デタ判例は，以下のように要約される。すなわち，コンセイユ・デタは，命令制定において政府との共同行為者であり，それゆえに，政府は，政府原案かコンセイユ・デタ案のどちらかから選択しなければならず，第三案を選択する場合には新たにコンセイユ・デタに付託しなければならないのであり，また，コンセイユ・デタへの諮問が欠如しているときには，当該命令は，形式上の瑕疵ではなく，無権限を帯びるのである。

このようなコンセイユ・デタ判例理論をめぐって，学説が対立することになる。

2　共同行為者理論をめぐる学説の評価

2では，コンセイユ・デタが政府と共同して命令制定権を行使するというコンセイユ・デタ判例理論についての学説上の議論を検討する。

コンセイユ・デタを命令制定についての政府との共同行為者とする判例理論については，否定説及び肯定説がある。

(1)　命令制定権の首相への帰属——否定的見解

①　コンセイユ・デタを命令制定についての政府との共同行為者とする判例理論について反対するのがフィリップ・ドゥルヴォレ（Philippe Delvolé）である。ドゥルヴォレは，前述の1979年11月16日コンセイユ・デタ判決についての評釈の中で，コンセイユ・デタが政府と共同して命令制定権を行使するという判例理論に異議を唱えている(65)。

まず，ドゥルヴォレは，レイモン・オダン（Raymond Odent）の見解「法的に決定を行う機関は，その決定に署名する機関である」(66)を引用しつつ，首相がコンセイユ・デタの議を経たデクレを採択するときには，執行の責任を負う大臣の副署を伴って署名をするのは首相のみであることを強調する。つまり，コンセイユ・デタの構成員の署名は必要ではなく，首相が署名するとしても，それは，コンセイユ・デタの長官としてではない。その決定及び権限が帰属するのは，大臣の協力を伴う首相のみであると強調するのである。

② その上で，ドゥルヴォレは，以下の四つの理由から，首相が命令制定権をコンセイユ・デタと分有していると言うことはできない，と主張する。

第一に，テキストに基づいてしか命令制定権を有することはできないという点である。つまり，あるコンセイユ・デタ判例(67)が，テキストに基づいてしか行政機関は命令制定権を有することができないと判示しており，したがって，コンセイユ・デタに命令制定権を付与しているテキストはなく，また，憲法第21条によって，命令制定権は首相に属するのである。

第二に，政府はコンセイユ・デタ案を選択することを義務付けられないのであり，政府は，コンセイユ・デタ案を選択せずに，政府原案を選択できるという点である。

第三に，閣議での審議決定が欠如している場合との比較からである。あるコンセイユ・デタ判例(68)によれば，閣議での審議決定の欠如は，無権限ではなく，形式上の瑕疵とみなされる。閣議が政府のまさに会議であるのに，閣議が首相との共同の権限を有していないのなら，たとえ理論的には首相がコンセイユ・デタを主宰するとしても，コンセイユ・デタはいっそう首相との共同の権限を有していないということである。

第四に，コンセイユ・デタと議会の関係との比較からである。1945年7月31日オルドナンス第21条は，コンセイユ・デタが法律の制定に参加することを定めているが，コンセイユ・デタがこの権限を議会と共同して行使す

---

(65)　Philippe Delvolé, note, *D.*, 1980, *IR*, pp. 123－124.

(66)　Raymond Odent, *Contentieux administratif*, t.1, 3e éd., Cours de droit, 1976, p. 328.

(67)　C.E., 23 mai 1969, *Soc. Distillerie Brabant*, *Rec.*, p. 264.

(68)　C.E., 23 mars 1962, *Mast*, *Rec.*, p. 203.

る，とはされてこなかった。それなのに，命令制定の場合にはコンセイユ・デタは政府と共同して権限を行使するという定式が成り立つというのは，均衡を欠くというのである。

③　以上の点から，ドゥルヴォレは，コンセイユ・デタが命令制定において政府との共同の権限を行使するという定式に異議を唱えている。

⑵　コンセイユ・デタの任務の特殊性――肯定的見解

①　これに対して，コンセイユ・デタ元副長官のマルソー・ロン（Marceau Long）は，この判例理論を肯定する。

ロンは，コンセイユ・デタの任務の特殊性を強調する。つまり，命令制定において，コンセイユ・デタは諮問と決定との境界にいるのであり，コンセイユ・デタは，単なる諮問的意見を政府に表明する機関ではなく，政府の決定に深く関与する機関なのである。したがって，コンセイユ・デタは命令制定についての政府との共同行為者であることを強調するのである(69)。

②　ロンによれば，単独で行動する政府と，コンセイユ・デタの議を経て意見を表明する政府とは，異なる機関と見なされる。したがって，コンセイユ・デタへの諮問手続の適法性は，決定の形式ではなく，決定行為者の権限に関する問題である。それゆえに，コンセイユ・デタの議を経たデクレが法律によって要求されている時のコンセイユ・デタへの諮問の欠如は，訴訟の場合に，形式上の瑕疵ではなく，無権限となるのである(70)。

③　本章においては，2003年4月3日憲法院判決が従来の共同行為者理論とどのように異なるのかを検討するのが目的であるので，コンセイユ・デタ判例及びその肯定説にひとまず立脚したい。3では，憲法院判例以前の，共同行為者理論が政府提出法律案にも及ぶのかどうかについての学説を検討する。

---

(69)　Marceau Long, « Le Conseil d'État et la fonction consulative : de la consultation à la décision », *RFDA*, 1992, p. 787.

(70)　Marceau Long, *supra* note(69), p. 790.

3　共同行為者理論の政府提出法律案への導入をめぐる学説の対立

コンセイユ・デタへの諮問が義務付けられる命令案についての政府との共同行為者理論が，政府提出法律案の起草にも妥当するのかという問題は学説上ではほとんど議論されてこなかった。そもそも，政府原案かコンセイユ・デタ案から選択しなければならないのかどうかも議論されてこなかったのである。憲法の代表的な注釈書は以下のように記している。「命令的性質を有するデクレに関するコンセイユ・デタの伝統的判例（政府は，草案の最初の作成とコンセイユ・デタの審議を経た作成とから選択しなければならない）は，コンセイユ・デタへ諮問の価値を高める効果をもっている。しかし，行政行為の起草について理解されるこの強制は，法律が国民の代表によって可決されなければならないときに，適用されなければならないのか。それでもやはり，憲法院は，この問題について裁定を下す必要はなかったのである」(71)。つまり，政府原案かコンセイユ・デタ案から選択しなければならないのかどうかは，学説でも議論されておらず(72)，憲法院もこの問題について判断を下す機会がなかったのである。

しかしながら，近年，2003年4月3日憲法院判決が出される前に，この

(71)　Thierry S. Renoux et Michel de Villiers, *Code constitutionnel*, 2e éd., Litec, 2000, p. 424.

(72)　別の注釈書は以下のように記している。「諮問する義務が，憲法院への提訴の方法によって，法的統制及びサンクションの対象となりうるかどうかの問題は，これまで決して提起されなかった。そしてこの問題が要求してきた回答は，明らかではない」。「政府は，1958年憲法の発効以来，これまでにこの義務から免れたことがあるようには思われず，引き起こされる問題は，むしろ，コンセイユ・デタへの諮問の方法に関するものであろう。この点に関して，命令についての判例によって引き出された極めて厳格な諸準則（政府が，コンセイユ・デタの意見に付託されたテキストか，または，コンセイユ・デタによって採択されたテキストを採用しなければならない義務）が，政府提出法律案の審査に移し変えられる」のならば，「その一般的内容（economie）がコンセイユ・デタが意見を表明した草案とは異なるようなテキストを政府が採用するときには，政府は新たにコンセイユ・デタに付託することが求められるであろう」。Michel Combarnous, « Article 39 alinéa 2 », in François Luchaire et Gérard Conac (dir.), *La Constitution de la république française*, 2e éd., Economica, 1987, p. 811.

共同行為者理論の政府提出法律案への導入について学説上でわずかながら議論されていた。したがって，3では，肯定説及び否定説を検討する。

⑴　共同行為者理論の導入――肯定説の立場から

①　共同行為者理論の導入について，肯定説をとるのが，前述のコンセイユ・デタの元副長官のマルソー・ロンである。ロンは，「コンセイユ・デタの諮問的使命の特殊性」を強調し，「コンセイユ・デタは……法的には決定の共同行為者である」(73)としており，政府提出法律案の起草においても，コンセイユ・デタは政府との共同行為者であるとする。

②　このロンの見解からすれば，コンセイユ・デタは，政府提出法律案の起草においても，政府との共同行為者であるので，憲法第39条第2項の解釈については，政府は，コンセイユ・デタの意見を聴いた後に，政府原案を維持するか，コンセイユ・デタの意見に基づいた修正を行うかのどちらかであり，コンセイユ・デタの意見に基づいていない修正を行った場合には，新たにコンセイユ・デタに諮問をしなければならない，という帰結になる。

⑵　政府提出法律案の起草と命令制定との違い――否定説の立場から

①　これに対し，政府提出法律案の起草におけるコンセイユ・デタ意見と命令制定におけるコンセイユ・デタ意見との違いを強調し，否定説をとるのがイヴ・ゴドメ（Yves Gaudemet）である。

ゴドメは，前述のロンの見解は，命令案に関する意見についての議論に基づいた分析であり，この分析が政府提出法律案に関する意見にも当然のように妥当すると捉えるのは問題があるとする(74)。つまり，この分析が妥当するのは，政府提出法律案に関するコンセイユ・デタ意見が命令案に関するコンセイユ・デタ意見と同じ性質を有する場合であるというのである。

さらに，ゴドメは，この共同行為の命題を，政府提出法律案に関するコンセイユ・デタ意見にも導入するのであれば，法律案提出権は，憲法第39条

---

(73)　Marceau Long, *supra* note(69), p. 787.

(74)　Yves Gaudemet, *supra* note(4), p. 69.

第1項が規定するように，ただ首相に帰属するのではなく，憲法第39条第2項が規定するように，コンセイユ・デタの意見を聴いた後に政府提出法律案についての閣議での審議決定に基づいた首相に帰属すると考えなければならない，としている[75]。つまり，ロンが，命令の領域では，「単独で行動する政府とコンセイユ・デタの議を経て意見を表明する政府とは，異なる機関として見なされる」[76]と主張するように，政府提出法律案についても，法律案提出権を授けられた政府権力（autoritè gouvernementaire）は，首相に帰属するのではなく，意見付与者としてのコンセイユ・デタを含む混合機関（autorité composite）に帰属すると考えなければならない[77]，ということである。このように考えることによって，コンセイユ・デタは政府提出法律案の起草における政府との共同行為者となる。

②　ゴドメは，政府提出法律案に関するコンセイユ・デタ意見は，命令案に関するコンセイユ・デタ意見と同じ性質ではないことを強調し，共同行為者理論を政府提出法律案に関するコンセイユ・デタ意見に導入することを否定する。

まず，ゴドメは，上記の考え方が妥当するのは，コンセイユ・デタへの諮問の欠如は，形式上の瑕疵ではなく，無権限であるという行政訴訟上の解決策を，政府提出法律案及び憲法裁判にも妥当する場合であるとしているが，ゴドメは，憲法院は職権事由について行政訴訟とは別の観念を採用していること，及び憲法院は行政訴訟で用いられるものと同じような無権限と形式上の瑕疵の区別を用いていないことから，上記の考え方は政府提出法律案については妥当しない，としている[78]。

また，ゴドメは，実際の慣行として，政府提出法律案についてのコンセイユ・デタの関与は，命令案についての関与と比べて慎重であることからも，共同決定の命題を，政府提出法律案に関するコンセイユ・デタ意見にも導入

(75)　Yves Gaudemet, *supra* note(4), p. 69.
(76)　Marceau Long, *supra* note(69), p. 790.
(77)　Yves Gaudemet, *supra* note(4), p. 69.
(78)　Yves Gaudemet, *supra* note(4), pp. 69－70.

することを否定している[79]。つまり，命令案については，コンセイユ・デタはしばしばテキストの規定の分離を行い，政府原案とコンセイユ・デタ案とが大きく異なることが多いので，コンセイユ・デタ案を選択することは政府にとって重大な変更となるが，政府提出法律案については，コンセイユ・デタは規定の分離を行うことはほとんどなく，政府原案とコンセイユ・デタ案とが大きく異なることは少ないので，コンセイユ・デタ案を選択することは政府にとってそれほど重大な変更ではないのである。

したがって，ゴドメによれば，政府提出法律案に関するコンセイユ・デタ意見の性質と命令案に関するコンセイユ・デタ意見の性質は異なるものであり，政府提出法律案に関するコンセイユ・デタ意見については，共同行為者理論は妥当しない。それゆえに，コンセイユ・デタは，政府提出法律案の起草において，政府との共同行為者ではなく，政府への単なる意見付与者にすぎないのである。

③　コンセイユ・デタは，政府提出法律案の起草においては，政府との共同行為者ではなく，政府への単なる意見付与者にすぎないとするこのゴドメの見解は，共同行為者理論の政府提出法律案への導入を否定している。したがって，この共同行為者理論と不可分に結びついている「政府は，コンセイユ・デタの意見を聴いた後に，政府原案かコンセイユ・デタ案から選択しなければならない」ということが政府提出法律案に導入されることにも疑問を呈している。ただし，ゴドメは，政府がコンセイユ・デタの意見を聴いた後に，政府原案又はコンセイユ・デタ案をどれほど修正できるのかについては言及していない。

4　小　括

第2節においては，コンセイユ・デタは命令制定において政府との共同行為者であるとする理論について検討してきた。1では，この理論を展開したコンセイユ・デタ判例を検討した。コンセイユ・デタ判例の要点は，命令制定において①コンセイユ・デタは政府との共同行為者であるということであ

(79)　Yves Gaudemet, *supra* note(4), p. 70.

り，それゆえに，②政府は原案かコンセイユ・デタ案かのどちらかからしか選択しなければならず，第三案を選択した場合には，新たにコンセイユ・デタの意見を聴かなければならないということである。①が②であることの理由である。2では，このコンセイユ・デタ判例をめぐる学説上の対立について検討した。さらに，3では，この共同行為者理論が政府提出法律案にも及ぶかどうかについての，2003年4月3日憲法院判決までの学説を検討した。肯定説を採るロンによれば，①が肯定されるので，②も肯定される。反対に，否定説を採るゴドメによれば，①が否定されるので，②も否定されるのである。

しかしながら，従来のフランス憲法学では，政府提出法律案について，①も②もほとんど議論されてこなかった。このような状況の中で，2003年4月3日憲法院判決が出されたのである。憲法院は，後で見るように，政府提出法律案について，厳密な意味で②を採用していないように見える。それでは，憲法院は，①をも否定しているのであろうか。したがって，第3節においては，2003年4月3日憲法院判決が政府提出法律案のコンセイユ・デタへの諮問手続をどのように統制しているかを検討し，憲法院の憲法第39条第2項に関する解釈の射程，すなわち，政府提出法律案のコンセイユ・デタへの諮問手続に対する裁判的統制の構造を明らかにしたい。

第3節　政府提出法律案の起草とコンセイユ・デタ
――憲法院判決の射程――

第3節では，2003年4月3日憲法院判決が共同行為者理論を導入しているかどうかを検討し，憲法院の憲法第39条第2項に関する解釈の射程を明らかにしたい。

まず1では，政府提出法律案のコンセイユ・デタへの諮問手続の統制を行った2003年4月3日憲法院判決を紹介する。次に2では，憲法院判決に対する学説の評価を検討する。その上で，3では，憲法院判決が共同行為者理論を導入しているかどうかを検討し，憲法院の憲法第39条第2項に関する解釈の射程を明らかにしたい。

1　2003年 4 月 3 日憲法院判決の内容

本判決は，政府提出法律案に関するコンセイユ・デタ意見を位置付けた，つまり，憲法第39条第2項におけるコンセイユ・デタへの諮問手続を明確に統制した最初(80)の憲法院判決である。

(1)　事案の概要

当該事案で問題となった法律は，「地域圏議会議員選挙，欧州議会議員選挙及び政党助成金に関する法律」(81)である。地域圏議会議員選挙は，二回投票制の比例代表制の下で行われており，これまでは，第一回目の選挙で「有効投票数の5％」を獲得した候補者が第二回目の選挙に立候補できた。当該法律は，「有効投票数の5％」という規定を改正するものである。当初，閣議での審議決定前の政府原案は「有効投票数の10％」となっていた。そして，「政府提出法案は，コンセイユ・デタの意見を聴いた後に，閣議で審議決定され，両議院のいずれかの理事部に提出される」と定める憲法第39条第2項にしたがって，その政府原案はコンセイユ・デタへの諮問が行われた。しかし，政府は，閣議での審議決定において，「登録有権者数の10％」へと

---

(80)　この判決以前にも，憲法第39条第2項のコンセイユ・デタへの諮問手続に関する憲法院判決は出されている。C.C., Décision n° 90－285 DC du 28 décembre 1990, *Loi de finances pour 1991, Rec.*, p. 95. 政府がコンセイユ・デタの意見を聴いた後に政府提出法律案を閣議で審議決定し，議院の理事部に提出したが，その法律案の審議が開始される前に首相の署名を伴ってその法律案を修正する，いわゆる「修正文書(lettre rectificative)」について，憲法院は以下のように判示している。「1958年憲法の下では，首相による署名を得た修正文書は，憲法第44条第1項の根拠に基づく内閣による政府提出法律案への修正案ではなく，首相が憲法第39条第1項によって行使する法律案提出権の利用である」〔Cons. 5〕。「1990年10月4日の，『一般的社会貢献』に関する政府提出の1991年予算法律案についての修正文書の国民議会理事部への提出は，コンセイユ・デタへの諮問及び閣議での審議決定の後に行われた」，「したがって，修正文書の提出は，憲法第39条第2項によって提示される要求を満たしていた」，「その修正文書が副署されていなかったという事実は，修正文書自体が，憲法第39条第1項に照らして，法的な効果を生じさせるに必要なあらゆる措置を伴っている以上，その修正文書の適法性を害しない」〔Cons. 6〕。また，同様の憲法院判決として， C.C., Décision n° 2000－433 DC du 27 juillet 2000, *Loi modifiant la loi n° 86－1067 du 30 septembre 1986 relative à la liberté de communication, Rec.*, p. 121.

(81)　この法律は，憲法院による一部違憲判決の後に，もう一度国会での審議が行われ，最終的に，2003年4月11日法律として成立した。

修正した。「有効投票数の 10 %」よりも，「登録有権者数の 10 %」の方が，当然に数は大きいのであり，この変更により，第二回目の選挙において少数派政党の候補者がすべて名簿から消えてしまう危険があった。「登録有権者数の 10 %」とするこの政府提出法律案が，国民議会の理事部に提出され，両議院で可決された。これに対し，野党の国民議会議員及び元老院議員は，政府提出法律案の「登録有権者数の 10 %」の部分が，コンセイユ・デタへの諮問を欠いているから無効であると主張し，憲法第 61 条第２項に基づいて憲法院に提訴した。

⑵　判　旨

憲法院は，以下のことに鑑みて当該規定につき違憲と判断した。

「国民議会議員及び元老院議員の提訴者が，国民議会の理事部に提出された政府提出法律案の成案が，コンセイユ・デタに付託された成案ともコンセイユ・デタによって採択された成案とも異なっていたために，立法手続は無効であった，と主張している」〔Cons. 5〕。

「憲法第 39 条第２項の文言によれば，『政府提出法律案は，コンセイユ・デタの意見を聴いた後に，閣議で審議決定され，両議院のいずれかの理事部に提出される』」〔Cons. 6〕。

「政府提出法律案を閣議で審議決定するのであれば，また，政府提出法律案の内容を閣議で修正することが可能であるとしても，憲法制定者が意図したように，それはコンセイユ・デタ意見によって明らかにされた場合に限られる」，「したがって，閣議によって採択される成案により提示される問題のすべてが，コンセイユ・デタへの諮問の際に，コンセイユ・デタに付託されなければならない」〔Cons. 7〕。

「この場合には，地域圏議会議員選挙の第二回目への可能性について，政府は，コンセイユ・デタに付託された政府提出法律案により固定された有効投票総数の 10 %という制限に代えて，登録有権者数の 10 %という一律の制限を用いたので，政府はコンセイユ・デタに提起された問題の性質を修正した」，「この登録有権者の 10 %という制限は，コンセイユ・デタの常設委員会への諮問の際に，決して言及されなかった」，「したがって，提訴者は，この政府提出法律案の規定は，違法な手続によって採用されたと主張する十分な根拠がある」〔Cons. 8〕。

2　学説による憲法院判決の位置付け

本判決に対する学説の評価は，大きく二つに分けられる。すなわち，本判決が従来の共同行為者理論を採用していると捉える見解と，これを採用していないと捉える見解である。ここでは，前者についてはドラゴの見解を，後者についてはヴィエルの見解をそれぞれ取り上げる。

(1)　ドラゴの見解

①　ギヨーム・ドラゴ（Guillaume Drago）(82)は，本判決を以下のように分析している(83)。すなわち，ドラゴは，本判決が，政府原案ともコンセイユ・デタ意見とも異なる修正を行う場合には，新たにコンセイユ・デタに諮問しなければならないことを要請していることから，コンセイユ・デタへの実効的な諮問（consultation effective）を，政府提出法律案の義務的通過点（un point de passage obligé）として，法律の起草及び可決手続の統制の対象にしようとする憲法院の意図を読み込むことができるとし(84)，その上で，ドラゴは，本判決を従来の共同行為者理論を採用するものとして位置付けている(85)。

---

(82)　ドラゴは，「法律の制定（confection des lois）」を「最初の起草からまったく最終的な状態まで，諸公権力，つまり，議会，内閣，大統領及び憲法院の関与を要請する法律創造過程の総体（ensemble des processus de creation de la norme législative）」と捉える。Guillaume Drago, *L'exécution des décisions du Conseil constitutionnel*, Economica, 1991, p. 90.

(83)　Guillaume Drago, « Fonction consulative du Conseil d'État et fonction de Gouvernement : de la consultation à la codécision », *AJDA*, 2003, pp. 948－953. また，これを基にした論文がGuillaume Drago, *supra* note(22), pp. 63－75である。

(84)　Guillaume Drago, *supra* note(22), p.74. また，後の論文でドラゴは，憲法院は，コンセイユ・デタを政府提出法律案の義務的通過点にすることによって，法律の事前統制（contrôle préalable de la loi）の重要性を強化している，と分析している。Guillaume Drago, « La confection de la loi sous la Ve République : Pouvoir législatif ou fonction partagée ? », *Droits*, n° 43, 2006, p. 65.

(85)　Guillaume Drago, *supra* note(22), p. 74.

② ドラゴによれば，憲法院は，政府が新たにコンセイユ・デタへ諮問することを必要とするテキストの「問題の性質」の修正と，政府が新たにコンセイユ・デタへ諮問することを免除するもっぱら形式上の修正との区別を導入しているのだが，これについてドラゴは，テキストの修正が「性質」の修正であるかどうかを誰が判断するのかという問題を提起している(86)。ドラゴは，この区別によって，コンセイユ・デタが諮問手続の本質的な統制を行使することになり，コンセイユ・デタが，政府提出法律案の修正が性質の修正であるかどうかを判断する唯一の裁判官となることを指摘している(87)。これは，修正が性質の修正であるかどうかを閣議は判断することができず（仮にその判断が誤っていた場合は本判決のように憲法院によって無効とされてしまう），結局，原案でもコンセイユ・デタ案とも異なる修正をする場合は，コンセイユ・デタに新たに諮問しなければならないことを意味すると思われる。それゆえに，命令についてのコンセイユ・デタ意見と同じであるとして，ドラゴは，本判決は共同行為者理論を採用するものと捉えているのであろう(88)。

③ しかしながら，ドラゴは，本判決に対しては疑問を呈している(89)。ドラゴは，命令制定におけるコンセイユ・デタと政府との関係と，政府提出法律案の起草におけるコンセイユ・デタと政府との関係は異なる可能性があることを示唆する。つまり，コンセイユ・デタは，命令制定においては，政府の特権的諮問機関（conseiller privilégié du Gouvernement）であるので，コンセイユ・デタへの諮問は命令案の決定と結びつくことは当然であるが，政府提出法律案の起草においては，コンセイユ・デタはそのような地位を有さない可能性があるということである。

(2) ヴィエルの見解

① これに対し，マリー・テレーズ・ヴィエル（Marie-Thérèse Viel）は，

---

(86) Guillaume Drago, *supra* note(22), p. 75.
(87) Guillaume Drago, *supra* note(22), p. 75.
(88) 本判決を共同行為者理論の導入として捉えるものとして，他に，Hugues Montouh, « Décision prévisible », *AJDA*, 2003, p. 753.
(89) Guillaume Drago, *supra* note(22), pp. 75 – 76.

政府がコンセイユ・デタの意見を聴いた後に一定の修正を行うことができる，ということを憲法院が認めていることを重視し，憲法院は，コンセイユ・デタが草案によって提示される問題すべてについて諮問されることだけを要求しているのだとして，本判決は政府提出法律案についてのコンセイユ・デタ意見に共同行為者の質を認めることを拒否しているものと解している(90)。

②　ヴィエルがこのように解する根拠として，通常諮問機関への諮問手続の法的性質についてのコンセイユ・デタ判例及び1997年1月30日首相通達(91)を挙げている(92)。

まず，1997年1月30日首相通達1－8－1は，通常諮問機関への義務的諮問に関する諸準則を定めている。すなわち，通常諮問機関への諮問が義務的である場合，行政機関はその意見に拘束されないが，草案によって提起されるいかなる問題も諮問から免れるものであってはならず，諮問機関が草案によって生じる問題をすべて討議することができたときにその手続は適法となる，というものである。

そして，コンセイユ・デタは，この首相通達の諸準則を踏襲した(93)。すなわち，1998年10月23日コンセイユ・デタ総会判決(94)は，国家公務員高等評議会(95)への諮問手続について，「法律又は命令の規定が，ある決定が行われる前にその諮問を予定しているような組織は，その決定によってもたら

(90)　Marie-Thérèse Viel, « Le refus d'ériger le Conseil d'État en coauteur des projets de loi », *AJDA*, 2003, pp. 1626－1627.

(91)　この通達は，官報に記載される法文の作成，署名及び公布の規則並びに首相所管の特別手続の実施に関する1985年5月21日首相通達が改定されたものである。この通達は，発令以降三度改定され，同名の1993年1月2日首相通達，1997年1月30日首相通達，2004年7月1日首相通達が出されている。なお，1997年1月30日首相通達については，以下の解説付きの邦訳がある。岡村美保子＝古賀豪「フランスの法令制定手続――法令案作成から公布まで――」外国の立法210号（2001年）49－107頁。

(92)　Marie-Thérèse Viel, *supra* note(90), pp. 1626－1627.

(93)　この判決以前の，通常諮問機関への諮問に関する同様の判決として，C.E., 12 novembre 1954, *Sieur Jammes*, *Rec.*, p. 585 ; C.E., 2 mai 1958, *Syndicats autonomes des greffiers de l'Etat et secrétaires de parquet*, *Rec.*, p. 252 ; C.E., 16 octobre 1974, *Syndicat national de l'éducation physique de l'enseignement public*, *Rec.*, p. 487 ; C.E., 11 octobre 1985, *Syndicat de la recherche agronomique CFDT et autre*, *Rec.*, p. 278 ; C.E., 27 novembre 1992, *Fédération Interco CFDT et autres*, *Rec.*, p. 426.

される問題の全体について，その意見を表明しなければならない」，「次に，その意見を受け取った後に，前述の決定を行う権限のある機関が，その草案に対して新しい問題を提起するような修正を行おうとする場合には，その機関は，新たにその草案を諮問にかけなければならない」と判断したのである(96)。したがって，新しい問題を提起しないような修正であればそれを行うことは可能である。

③　ヴィエルは，この通常諮問機関への命令案の諮問についてのコンセイユ・デタ判例と，2003年4月3日憲法院判決との類似性を指摘している。すなわち，政府は，問題の性質を変更しないものであれば，原案ともコンセイユ・デタ案とも異なる案を採用することができるのであり，従来のコンセイユ・デタへの命令案の諮問に関するコンセイユ・デタ判例とは明らかに異なるものであり，憲法院は，政府提出法律案についての諮問におけるコンセイユ・デタを，コンセイユ・デタ判例が言うところの通常諮問機関に分類したと分析する(97)。これはまさしく，コンセイユ・デタを政府の共同行為者とすることの憲法院による拒否を意味するのである。

④　また，ヴィエルによれば，この憲法院判決は，修正文書（lettre rectificative）(98)にも影響を与える。すなわち，従来の憲法院判例(99)によれば，修正文書は，首相の法律案提出権を構成し，コンセイユ・デタへの諮問と閣議での審議決定を必要とするが，ヴィエルは，修正文書が新たな問題を提示

---

(94)　C.E. Ass., 23 octobre 1998, *Union des fédérations CFDT des fonctions publiques et assimilées, Rec.*, p. 360. なお，ヴィエルは他に，1997年7月4日コンセイユ・デタ判決（C.E., 4 juillet 1997, *Région Rhône-Alpes, RFDA*, 1997, p. 1092）も挙げている。

(95)　国家公務員高等評議会（Conseil supérieur de la fonction publique de l'État）は，1982年5月28日デクレ第450号によって設置された。その後，国家公務員身分規定法（1984年1月11日法律第16号）にもその権限が規定されたため，当該デクレは，1984年1月16日デクレ第611号によって改正され，施行デクレとなっている。

(96)　なお，この判決以後の同様の判決として，C.E., 15 mai 2000, *Territoire de Nouvelle-Calédonie c/ Mme Colombani*, Rec., p. 170.

(97)　Marie-Thérèse Viel, *supra* note (90), p. 1627.

(98)　修正文書の制度について，詳しくは第4章第3節を参照。

(99)　C.C., Décision n° 90－285 DC du 28 décembre 1990, *supra* note (80).

しないのであれば，コンセイユ・デタへの諮問が義務付けられない，と分析している[100]。

このように，ヴィエルは本判決を憲法院による共同行為者理論の否定と捉えているのである。

3　検討――コンセイユ・デタ意見の憲法上の位置付け

2003年4月3日憲法院判決は，政府提出法律案に関するコンセイユ・デタ意見の位置付けを行った。ここでは，憲法院判決が政府提出法律案についてのコンセイユ・デタへの諮問手続をどのように統制しているのかを検討する。

(1)　憲法院判決の特徴

①　2003年4月3日憲法院判決は，原則として，政府提出法律案についてコンセイユ・デタに意見を聴いた後に，政府が政府提出法律案を審議決定する際には，政府原案を維持するか，コンセイユ・デタ意見に基づいた修正を行うことを求めている。

②　ただし，閣議が採択する成案により提示されるすべての問題について，コンセイユ・デタの意見を聴かなくてはならないことを判示しており，これは，憲法院が「問題の性質を修正した」と判示しているように，問題の性質の修正であれば新たにコンセイユ・デタへの諮問を必要とするが，問題の性質の修正ではない修正，例えば形式上の修正については，新たにコンセイユ・デタの意見を聴かなくてもよい，ということである。したがって，憲法院は，政府に修正の余地を認めていると言える。これを従来の共同行為者理論の導入と捉えることができるだろうか。

(2)　本判決の位置付け

①　従来の共同行為者理論を採用するコンセイユ・デタ判例は，政府原案かコンセイユ・デタ案から選択しなければならず，第三案を選択する場合に

(100)　Marie-Thérèse Viel, *supra* note(90), p. 1628.

は，その第三案がいかなるものであれ，新たな草案ということになり，新たにコンセイユ・デタの意見を聴かなければならないというものであった。したがって，政府にはいかなる修正の余地も認められていなかったのである。

これに対して，通常諮問機関への諮問については，政府に修正の余地が認められていたのである。すなわち，通常諮問機関への諮問は，いかなる修正についても義務付けられるのではなく，すべての新しい問題について義務付けられるにすぎない。したがって，このような通常諮問機関は，すべての問題についての意見付与者と捉えられる。

ヴィエルが指摘するように，憲法院は，コンセイユ・デタへの諮問に関するコンセイユ・デタ判例の論理構成を採用せずに，通常諮問機関への諮問に関するコンセイユ・デタ判例の論理構成を採用している。すなわち，政府に，問題の性質の修正ではない修正を認めるものであり，言うなれば，政府にある程度の修正の余地を認めるものである。これは，憲法院がコンセイユ・デタを，共同行為者として位置付けているのではなく，通常諮問機関，すなわち，政府提出法律案のすべての問題についての政府への意見付与者と位置付けている根拠となりうるであろう。

② 反対に，憲法院がコンセイユ・デタを共同行為者として位置付けているという論理構成を採るのであれば，コンセイユ・デタ判例が通常諮問機関を共同行為者として位置付けているという論理構成を採らざるを得ない。このような論理構成を採ることは，およそすべての諮問機関を共同行為者として見なすことになってしまい，妥当ではないであろう。

さらに，憲法院判決が第39条第2項の解釈においてこの共同行為者理論を導入していると考えるのであれば，すなわち，憲法院がコンセイユ・デタを政府との共同行為者と位置付けているのならば，憲法院判決は，憲法第39条第2項を政府提出法律案の提出権限を規律する規定と捉えていることになる。つまり，ゴドメが指摘したように，法律案提出権を授けられた政府権力は，首相に帰属するのではなく，コンセイユ・デタを含む混合機関に帰属する(101)と憲法第39条第2項を解釈することになる。このように解釈す

(101)　Yves Gaudemet, *supra* note (4), p. 69.

ることは，民主的正統性を何ら有しない諮問機関に法律案提出権を付与することになり，妥当ではないだろう。

したがって，憲法院は，コンセイユ・デタを政府との共同行為者ではなく，政府提出法律案についてのすべての問題の意見付与者と見なすことが妥当であると思われる。

③　このように，2003年4月3日憲法院判決を，共同行為者理論を導入していると捉えるのではなく，コンセイユ・デタを政府提出法律案のすべての問題についての政府への意見付与者として捉えているものと位置付けるのならば，憲法院判決は，憲法第39条第2項を政府提出法律案の起草手続を規律する規定と捉えていることになる。そこでのコンセイユ・デタの位置付けは，政府提出法律案の起草における憲法上の義務的通過点である。

ここで，憲法第39条第2項が政府提出法律案の起草手続を定めるというときに，政府に，内容上の制約が課せられる場合と，手続上の制約が課せられる場合とが考えられる。何度も述べているように，政府は，いかなる内容の政府提出法律案であっても，コンセイユ・デタの意見を聴けば，これを提出することができ，換言すれば，政府は，政府提出法律案のすべての問題について，コンセイユ・デタの意見を聴かなければならないのである。したがって，政府は，政府提出法律案の起草において，内容上の制約ではなく，手続上の制約が課せられるのである。その意味で，憲法院は，コンセイユ・デタを政府提出法律案の起草における憲法上の義務的通過点として位置付けている，と言うことができよう。

4　小　括

第3節では，2003年4月3日憲法院判決の射程を明らかにした。つまり，憲法院判決は，コンセイユ・デタを，政府との共同行為者ではなく，政府提出法律案のすべての問題についての政府への意見付与者として捉えているのである。したがって，憲法院判決は，憲法第39条第2項を政府提出法律案の提出権限を定める規定ではなく，起草手続を規律する規定と捉えているのである。

おわりに

1　まとめ

冒頭に記したとおり，本章の目的は，2003年4月3日憲法院判決の検討を通じて，フランスにおける政府提出法律案のコンセイユ・デタへの諮問に対する裁判的統制の構造を明らかにすることである。

従来のコンセイユ・デタ判例は，命令制定におけるコンセイユ・デタへの諮問手続に対して厳格な統制を行っていた。すなわち，政府は，政府原案かコンセイユ・デタ案のいずれかを選択しなければならず，第三案を採用する場合は，それがいかなる内容であれ，新たにコンセイユ・デタに諮問しなければならなかったのである。

これに対して，憲法院判決は，問題の性質を修正する場合にコンセイユ・デタへの諮問を義務付けたのであり，政府に一定の判断の余地を認めたのである。これは，まさしく，通常諮問機関への諮問に関するコンセイユ・デタ判例の論理構成と同じである。したがって，本章は，憲法院は，コンセイユ・デタを，政府提出法律案の起草における政府との共同行為者ではなく，政府提出法律案の**すべての問題**についての政府への意見付与者として捉えていると結論付けた。つまり，憲法院判決は，憲法第39条第2項を政府提出法律案の起草手続を規律する規定と捉え，コンセイユ・デタを政府提出法律案の起草における憲法上の義務的通過点として位置付けているのである。

2　コンセイユ・デタへの諮問手続に対する厳格な統制

それでも，共同行為者理論を採用していないとは言え，政府の法律案提出手続におけるコンセイユ・デタへの諮問手続に対する憲法院の統制は，なお厳格な統制であると言える。というのも，憲法院は，コンセイユ・デタによってすべての問題が明らかにされた法律案しか，政府は国会へ提出できないということを要求しており，政府は閣議での審議決定において新しい問題を導入できないからである。これは，憲法院が，コンセイユ・デタに，政府提出法律案については，法律の事前統制を委ねていると解することができる[102]。この場合，憲法院の統制は，憲法裁判上は手続統制と分類され[103]ながらも，実質的には，コンセイユ・デタ意見によって明らかにされていない問題の性質の修正を政府提出法律案に加えていないかの実体判断であって，内容の統制であるとも捉えることができよう。

(102) Guillaume Drago, *supra* note(22), p. 65.

(103) Guillaume Drago, *Contentieux constitutionnel français*, 3e éd., PUF, 2011, p. 382.

第3章

フランスにおける閣議決定とその裁判的統制

はじめに

1　問題の所在

「私は，私がよいと思う決定を行う。実際は，その決定は，閣議の決定である」(1)。これは，かのシャルル・ド・ゴール（Charles de Gaulle）の言葉である。これは，政府がその決定を行う時には，閣議によって行われることを意味しており，第五共和制における閣議の重要性を示していると言えよう。実際，1958年憲法は，その第9条で「大統領は，閣議（Conseil des ministres）を主宰する」と定めており，また，いくつかの条文で，内閣又は首相の行為が閣議で審議決定されることを要求している。

第1章で述べたとおり，フランス第五共和制において，1958年憲法第61条に基づいて憲法適合性統制を行う憲法院は，法律の内容の統制だけでなく，手続の統制をも行う。そして，1958年憲法は，第39条第2項において，「政府提出法律案は，コンセイユ・デタの意見を聴いた後に，閣議で審議決定し，両議院のいずれかの理事部に提出する」ことを定めている。したがって，政府提出法律案のコンセイユ・デタへの諮問手続及び閣議での審議決定は，政府提出法律案提出手続の一部として憲法院による手続統制の対象となるのであって，実際に，コンセイユ・デタへの諮問手続については2003年4月3日憲法院判決(2)において，閣議での審議決定については1984年9月12日憲法院判決(3)において，それぞれ憲法院の統制を受けた。

さらに，2008年7月の憲法改正以前の旧第49条第3項第1文(4)は，「首

(1)　Charles de Gaulle, *Memoire de Guerre*, t.3, Plon, 1959, p. 126.

(2)　C.C., Décision n° 2003－468 DC du 3 avril 2003, *Loi relative à l'élection des conseillers régionaux et des représentants au Parlement européen ainsi qu'à l'aide publique aux partis politiques*, *Rec.*, p. 325. 詳しくは，第2章を参照。

相は，閣議での審議決定の後，成案の議決（le vote d'un texte）につき，国民議会に対して内閣の責任をかけることができる」ことを定めており，このいわゆる信任投票についての閣議での審議決定も，立法手続の一部として憲法院の審査に服し，これについても，憲法院は1995年12月30日憲法院判決(5)において実際に統制を及ぼした。

2　本章の目的

本章は，立法手続としての閣議決定に対して裁判的機関である憲法院による統制がいかなるものであるか検討することを目的とする。

そこで，本章は，まず，前提問題として，閣議がフランス公法においていかなる制度として位置付けられているかを検討する（第1節）。その上で，次に，立法手続としての閣議での審議決定に対する憲法裁判的統制のあり方を検討する（第2節）。ここでは，先にあげた閣議での審議決定に関する憲法院判決の検討を中心に行う。

---

(3)　C.C., Décision n° 84－179 DC du 12 septembre 1984, *Loi relative à la limite d'âge dans la fonction publique et le secteur public*, *Rec.*, p. 73.

(4)　2008年7月の憲法改正以前は，首相はいかなる法律案についても内閣の責任をかけることができたが，改正後は，「一つの政府提出の予算法律案又は社会保障財政法律案の議決（le vote d'un projet de loi de finances ou de financement de la Sécurité sociale）につき」という文言となり，首相が内閣の責任をかけることができる法律案の範疇が限定された。しかしながら，「さらに首相は，会期ごとに別の一つの政府提出法律案又は議員提出法律案（un autre projet ou une proposition de loi par session）についてこの手続を用いることができる」と定める第三文が追加されたので，首相は，一会期につき一つの法律案という制約はあるものの，依然として，範疇を問わず法律案について内閣の責任をかけることができることとなった。ただし，この第三文の手続は，旧第一文においてもそうであったように，憲法改正法律についてはそもそも用いることができず，また，憲法附属法律については，元老院によって否決された場合には用いることはできない。Guy Carcassonne, *La Constitution*, 9e éd., Points, 2009, p. 251.

(5)　C.C., Décision n° 95－370 DC du 30 décembre 1995, *Loi autorisant le Gouvernement, par application de l'article 38 de la Constitution, à réformer la protection sociale*, *Rec.*, p. 269.

第1節　フランス公法における閣議の位置付け

第1節では，フランス公法において閣議がいかなる制度として位置付けられているかを明らかにしていく(6)。

1　閣議の構成員

1958年憲法第9条は，「大統領は，閣議を主宰する」と規定しているが，その構成員については何ら定めを置いていない。他方，フランス憲法学において，「gouvernement」は，大臣（ministre）及び政務長官（secrétaires d'État）から構成され，かつ，首相（premier ministre）をその首長とする「内閣」を指す。ここでは，閣議の構成員が内閣の構成員とどのように異なるのかについて論じていこう。

(1)　大統領

フランス憲法学において，大統領は「gouvernement」の構成員として位置付けられていない(7)が，すでに述べたとおり，閣議は大統領によって主宰される。よって，大統領は閣議の構成員であることには疑いがない。ただし，ここで，大統領の「主宰」の意味が問題となる。

①　第五共和制以前の閣議の主宰

フランスでは王政復古以来，伝統的に閣議は国家元首により主宰されてき

---

(6)　ただし，閣議は「学説によって無視されている制度（institution）」（Bénédicte Dorinet, *Le Conseil des Ministres en France*, ANRT, 2005, p. 457.）であると指摘されるように，フランス憲法学は，閣議を憲法上の制度として必ずしも明確に位置付けてきたわけではない。実際，フランス憲法の教科書の多くは，閣議については簡短な言及にとどめている。例えば， Bernard Chantebout, *Droit consitutionnel*, 26e éd., Armand Colin, 2009, p. 456 et 498 ; Louis Favoreu, Patrick Gaïa, Richard Ghevontian, Jean-Louis Mestre, Otto Pfersmann, André Roux et Guy Scoffoni, *Droit constitutionnel*, 12e éd., Dalloz, 2009, p. 687.

(7)　管見の限りにおいては，大統領を「gouvernement」の構成員として位置付けるフランス憲法の教科書は見つけられなかった。

た(8)。

(i)　第三共和制における閣議の主宰

しかしながら，第三共和制から，ある矛盾を孕むようになる。すなわち，国家元首たる大統領の下で法律の執行に責任を負う首相が，慣習上，「Président du Conseil des Minisitres」(内閣総理大臣) と呼ばれるようになったのである (ただし，首相自体も，もともと憲法上の機関ではなく，慣習上の機関であった)。これは，文字通りには，閣議の首長を意味する。そして，閣議の主宰については，1875 年憲法諸法律は何も規定していなかった(9)。したがって，閣議の主宰者が国家元首たる大統領なのか，あるいは首相 (内閣総理大臣) なのかということが問題となり，学説上も対立した(10)。

この点，実際には，国家元首たる大統領が閣議を主宰していた。しかしながら，この主宰は，極めて形式的なものであった。というのも，閣議の議題 (ordre du jour) は，内閣事務総長 (secrétaire général du gouvernement) の協力を得て，首相 (内閣総理大臣) によって決定されていた(11)し，また，閣議において，大統領は決定に参加することができず，ただ意見を付与すること

(8)　詳しくは以下の文献を参照。Bénédicte Dorinet, *supra* note(6), pp. 35－46.

(9)　ただし，1875 年憲法諸法律は，閣議についての規定を全く有していなかったわけではなく，次の二つの条文で閣議について規定していた。公権力の組織に関する 1875 年 2 月 25 日法律第 4 条第 1 項：「本法律の公布以降に生じる欠員に応じて，大統領は，閣議において，通常任務のコンセイユ・デタ評定官を任命する」。公権力の関係に関する 1875 年 7 月 16 日憲法法律第 12 条第 3 項：「元老院は，国家の安全に対する侵害の被告人を裁判するために，閣議においてなされた大統領の決定により，司法院を構成する」。Jean Massot, *La Présidence de la République en France*, La documentation française, 1977, p. 32.

(10)　アデマール・エスマンは，「この慣行〔引用者注：国家元首による閣議の主宰〕はこの憲法諸法律の体制においても維持されてきたのであって，長い伝統に依拠している。しかし，原則として，大統領の主宰の外で，内閣総理大臣の主宰の下で別個に審議決定することが当然である」として，閣議の真の主宰者を内閣総理大臣と理解していた。Adhémar Esmein, *Élements de droit constitutionnel français et comparé*, Sirey, 1914, Éditions Panthéon-Assas, préface de Dominique Chagnollaud, 2001, p. 806. これに対して，ジョゼフ・バルテルミーは，大統領を閣議の主宰者として理解していた。Joseph Barthélemy, « La présidence du Conseil », *Revue d'histoire politique et constitutionnelle*, n° 1, 1937, p. 112.

(11)　Jacques Verdeaux, *Le Président du Conseil des ministres en France*, Thèse Imprimerie Bière, 1940, p. 54.

しかできなかった(12)からである。

なお，第三共和制においては，閣議の議事録は作成されていなかった(13)。

(ii)　第四共和制における閣議の主宰

第四共和制においても，首相については「Président du Conseil des Ministres」の名称は維持されたが，1946年憲法第32条第1文は，「大統領は，閣議を主宰する」と規定し，フランス憲法史上初めて，国家元首たる大統領による閣議の主宰権を明示した。

にもかかわらず，閣議での大統領の役割は，第三共和制とさほど変わるものではなかった。つまり，閣議の議題は首相（内閣総理大臣）によって決定された(14)し，また，閣議において大統領は意見付与者としての役割しか有していなかった(15)のであって，首相（内閣総理大臣）が閣議において実質的な役割を有していた。

ただし，1946年憲法第32条第2文は，「大統領は，閣議の議事録を作成させ，それを保管する」ことを規定し，議事録の作成を憲法上の要請とした。この点については，第三共和制よりも閣議における大統領の役割は増大することとなったが，この役割は，あくまでも「公証人的（notarial）」(16)なものにしかすぎなかった。

このように，第三共和制及び第四共和制においては，大統領による閣議の主宰は，形式的なものにすぎなかった。

②　第五共和制における閣議の主宰

第五共和制になると，首相について「Président du Conseil des Ministres」の名称は廃止され，「Premier ministre」の名称が採用された。そして，1958年憲法第9条は，「大統領は，閣議を主宰する」と規定した。これらに

(12)　Bénédicte Dorinet, *supra* note(6), p. 48.

(13)　Serge Arné, *Le Président du Conseil des ministres sous la IVe République*, LGDJ, 1962, p. 78.

(14)　ただし，議題は，その承認は必要とされないとしても，大統領に付託されていた。Bénédicte Dorinet, *supra* note(6), p. 55.

(15)　Bénédicte Dorinet, *supra* note(6), pp. 53－56.

(16)　Bernard Tricot, « Article 9 », in François Luchaire et Gérard Conac (dir.), *La constitution de la république française*, 2e éd., Economica, 1987, p. 389.

より，大統領は，閣議の真の主宰者となった。したがって，大統領は，主宰者として，閣議を招集し，議題を決め，議論の司会をし，意見を表明し，決定する(17)。

ここで着目すべきは，これまでと異なり，主宰者である大統領が，閣議の議題を決定することである。これは，第9条の解釈というよりもむしろ，「首相は，例外的に，明示の委任によりかつ特定の議題につき，大統領を代理して閣議を主宰する」と定める1958年憲法第21条第4項の反対解釈から認められている(18)。これについては，大統領は議題を決定することができるのであるから，当然，議題への個々の事項の記載を拒否することができると解するのが一般的であり(19)，実際に拒否された例(20)もある。

(2)　大臣及び政務長官

すでに述べたように，大臣及び政務長官は，内閣の構成員である。それでは，第五共和制において，彼らはすべて閣議の構成員でもあるのか。以下，この問題を扱うことにしよう。

---

(17)　Bernard Tricot, *supra* note(16), p. 390.

(18)　Bénédicte Dorinet, *supra* note(6), pp. 228 – 229.

(19)　例えば，Jacques Robert, « De la cohabitation », *D.*, n° 24, 1986, p. 181 ; Bertrand Mathieu et Michel Verpeaux, « Corse : le Président de la République avait le droit de ne pas inscrire le projet à l'ordre du jour du Conseil des ministres », *D.*, n° 14, 2001, p. 1107. ただし，大統領による拒否権が認められないとする見解（否定説）もある。Marie-Anne Cohendet, « Article 9 », in François Luchaire, Gérard Conac et Xaxier Prétot (dir.), *La Constitution de la République française*, 3e éd., Economica, 2008, p. 381. さらに，大統領の拒否権が認められるかどうかは，閣議で審議決定される事項によって異なるとする見解（事項説）もある。Jean-Marc Sauvé, « Le Conseil des ministres », in Patrice Gélard (dir.), *Mélanges en l'honneur de Jean Gicquel : Constitutions et pouvoirs*, Montchrestien, 2008, pp. 530 – 533. しかし，議題の拒否権を認めないとすれば，議題の決定権を大統領に認めることの意義が失われるであろうから，大統領の議題拒否権を一般的に認めることが妥当であるように思われる。

(20)　詳しくは，以下を参照。Jean Massot, *Le Chef du Gouverenement en France*, La documentation française, 1979, p. 107.

① 大　臣

首相を含めた大臣(21)はすべて，法的に閣議の構成員であるとされる(22)。しかしながら，特任大臣（ministres délégués）(23)が閣議の構成員であるかどうかは，慣行上一定していない(24)。

ただし，首相が閣議の構成員であることについては二つの点で注意が必要である。

一つは，大統領が閣議を主宰できないとき，首相は，明示の委任によりかつ特定の議題につき，大統領に代理して閣議の主宰を行うことができることが憲法上例外的に認められている（憲法第21条第4項）ことである。

もう一つは，首相が閣議に出席できないとき，他の大臣が首相の代理として閣議へ出席することは，慣行上認められないとされている(25)ことである。ただし，大統領が主宰するのであれば，たとえ首相が閣議を欠席する場合であっても，閣議を行うことができる(26)。実際，1984年には，首相が欠席しているにもかかわらず閣議が行われ，そこで政府提出法律案が審議決定され

(21)　大臣の権限に関する1959年1月12日デクレ第178号第1条によれば，「大臣の権限は，コンセイユ・デタの意見を聴いた後に，閣議で審議決定されたデクレによって定められる」。

(22)　Joël-Yves Plouvin, « Le Conseil des ministres, institution seconde », *RA*, n° 179, 1980, p. 486.

(23)　特任大臣は，大臣の下に置かれ，委任デクレによりその権限は定められる。この委任デクレは，コンセイユ・デタに諮問されないし，閣議で審議決定もされない。Bénédicte Dorinet, *supra* note(6), p. 242.

(24)　詳しくは以下を参照。Bénédicte Dorinet, *supra* note(6), p. 249.

(25)　Joël-Yves Plouvin, *supra* note(22), p. 486. ただし，憲法院判例によれば，大統領デクレによって首相の職務そのものの代理を任命することは認められ，大統領によって正式に任命された首相代理による閣議への出席は認められる。これは，憲法第5条が内閣の活動の持続を確保するために必要な措置を取ることを認めているからである。C.C., Décision n° 89－268 DC du 29 décembre 1989, *Loi de finances pour 1990*, *Rec.*, p. 110. この点，コンセイユ・デタも同様の解決策を用いている。C.E., Ass., 31 octobre 1980, *Fédération nationale des unions de juenes avocat et autres*, *Rec.*, p. 395. この大統領の権限は，憲法第5条による「黙示的権限」である。Florence Benoit-Rohmer, note, *AJDA*, 1990, pp. 471－478.

(26)　そもそも，コンセイユ・デタ判例によれば，首相は，法的には，他の大臣の職務階層上の上司ではない。C.E., 12 novembre 1965, *Compagnie Marchande de Tunisie*, *AJDA*, 1966, p. 967.

たことがある。そこで，憲法第39条第1項が首相に法律案提出権を付与しているにもかかわらず，政府提出法律案についての閣議での審議決定を首相抜きで行ったことの憲法適合性が大きな問題となったわけであるが，この問題については，第2節で詳しく検討することにしよう。

②　政務長官

政務長官(27)がすべて閣議の構成員であるかどうかについては，第三共和制以来(28)，前述の特任大臣の場合と同じように，その慣行は一定していないのであって，第五共和制においても，大統領ごとに異なっている。

まず，ド・ゴール大統領は，そもそも政務長官を少ししか任命せず，その上で政務長官をすべて閣議に出席させたのであって，続くジョルジュ・ポンピドゥー（Georges Pompidou）大統領時代においても，この慣行は維持された(29)。

しかしながら，ヴァレリー・ジスカール・デスタン（Valéry Giscard d'Estaing）大統領の時代になると，政務長官が二つに区分されることになった。つまり，(i)大臣の下には置かれず，大臣から独立して権限を行使する「独立政務長官（secrétaires d'État autonomes)」と，(ii)大臣に従属して，大臣からの委任を受けて権限を行使する通常の政務長官とが区別されたのである。前者は，閣議に出席することが求められるのに対し，後者は，その政務長官が特別に責任を負う事柄が審議決定されるときにしか閣議に出席することができないとされた(30)。

この独立政務長官の法的性格について，コンセイユ・デタ判例(31)は，「大臣的（ministricule)」としており，憲法第19条の「主任の大臣」及び第22条の「執行責任を負う大臣」の副署について，独立政務長官を大臣とみなし

(27)　政務長官の権限も，委任デクレにより定められる。この委任デクレは，特任大臣への委任デクレと同様に，コンセイユ・デタへ諮問されないし，閣議で審議決定もされない。Bénédicte Dorinet, *supra* note(6), p. 243.

(28)　第四共和制初期においては，政務長官の名称は，政務次官（sous-secrétaires d'État）であった。

(29)　Bénédicte Dorinet, *supra* note(6), p. 250.

(30)　Bernard Tricot, *supra* note(16), p. 391.

(31)　C.E., 21 janvier 1977, *Peron Magnan et autres*, *Rec.*, p. 30.

た。したがって，独立政務長官は，デクレの副署を当然行わなければならないこととなったが，これに対して，通常の政務長官は，大臣の下で権限を行使しているので，第19条及び第22条の大臣とはみなされない。

このように，コンセイユ・デタにより独立政務長官は「大臣的」とされたことで，独立政務長官が閣議を構成することは法的に根拠付けられた。なぜなら，閣議は，その名称「Conseil des ministres」の名のとおり，すべての大臣の会議であるからである(32)。

ただし，この独立政務長官の制度は，その後も一貫して存続しているわけではなく，1993年以降は消滅している(33)。したがって，現在の慣行においては，通常の政務長官のみが存在し，政務長官は，責任を負う事項が問題となるときに閣議に参加する(34)。

なお，大統領府事務総長（secrétaire général de la présidence de la République）及び内閣事務総長は，「立会人（témoins muets）」(35)として，閣議に陪席する。

(3) 閣内会議との相違

フランスには，閣議とは別に，閣内会議（Conseil du Cabinet）と呼ばれるものがある。

1958年憲法は，閣議については様々な規定を置いているのに対し，閣内会議については何らの規定も置いていない。したがって，閣内会議は憲法上の制度ではなく，慣行上の制度である。

閣内会議は，首相が主宰し，すべての大臣及び政務長官によって構成される。したがって，大統領がその構成員でない点と，通常の政務長官がすべてその構成員である点で，閣議とは異なる。つまり，閣内会議の構成員は内閣の構成員と同じである(36)。したがって，閣内会議は，内閣の合議機関となる。

閣内会議は，第三共和制及び第四共和制の下では頻繁に開催されていたが，

---

(32)　Joël-Yves Plouvin *supra* note(22), p. 486.
(33)　Bénédicte Dorinet, *supra* note(6), pp. 244－245.
(34)　Bernard Tricot, *supra* note(16), p. 391.
(35)　Bernard Tricot, *supra* note(16), p. 393.
(36)　Maurice Duverger, *Le système politique français*, PUF, 1996, p. 327.

第五共和制の下では，大統領の所属する政党と内閣が依拠する議会多数派の政党が同一であったときには，ほとんど開催されることはなかった(37)。しかし，それらが異なるとき，すなわち，コアビタシオンのときは，閣内会議は内閣の一体性を強めるために有益なものとされ，その重要性が強調されるようになった(38)。

2　閣議の運営方法

すでに見てきたように，1958年憲法は，閣議の運営方法については，大統領の主宰を定めるのみで，それ以外については何も言及していない。これについて，第四共和制下の1947年2月3日閣議において，「政府審議内部規則（Règlement interieur des travaux du Gouvernement）」(39)（以下，RITGと表記）が定められ，閣議での審議決定の基本原則は，第1章「政府審議の組織」のa）「閣議」において規定されることになった。

第五共和制においても，この内部規則にしたがって閣議は運営されたが，1975年に，議題の記載に関する1975年4月11日首相通達が出され，これにしたがって閣議は運営されることになった(40)。よって，ここでは，閣議の運営方法について見ていこう。

(1)　招　集

まず，誰が閣議を招集するかであるが，憲法第9条が「大統領は，閣議を

(37)　Maurice Duverger, *supra* note(36), pp. 327－328.

(38)　Thierry S. Renoux et Michel de Villiers, *Code constitutionnel*, 3e éd., Litec, 2004, p. 356.

(39)　本規則は，以下に収められている。Léon Duguit, Henrry Monnier et Roger Bonnard, *Les Consitututions et les principales lois politiques de la France depuis 1789*, 7e éd. par Georges Berlia, LGDJ, 1952, pp. 593－602.

(40)　Thierry S. Renoux et Michel de Villiers, *supra* note(38), p. 356. また，1985年には，官報に記載される法文の作成，署名及び公布の規則並びに首相所管の特別手続の実施に関する1985年5月21日首相通達が出され，第3章第1節「閣議を経る法令」が設けられ，閣議での審議決定全般ではないものの，法令についての閣議での審議決定の方法が定められた。この通達は，発令以降三度改定され，同名の1993年1月2日首相通達，1994年1月30日首相通達，2004年7月1日首相通達が出されている。第2章注(91)も参照。

主宰する」と定めていることによって，大統領のみが，「閣議の議長（président du Conseil des ministres)」[41]として，閣議を招集することができる。閣議は，大統領府（エリゼ宮）で，毎週水曜日の午前に，定期的に開催される。

(2) 議　題

① 議題の決定

すでに見たように，議題は，大統領によって決定される。

議題の草案は，内閣事務総局によって作成され，大統領，首相及び大臣に送付される。内閣事務総長は，通常は月曜日の午後に，その草案について，エリゼ宮で大統領府事務総長と協議する。その後，内閣事務総長と大統領府事務総長が二人で，その草案を大統領に対して説明する。大統領は，その草案を承認又は修正して，議題を決定する[42]。

② 議題の振分け

議題は，従来，その内容に応じて，A，B，Cの三つの部分に分けられてきた。しかしながら，ニコラ・サルコジ（Nicolas Sarkozy）大統領の主導により，2007年5月からは，A，B，C，Dの四つの部分に分けられることとなった[43]。

まず，A部分では，政府提出法律案，オルドナンス及び命令的性質を有する閣議で審議決定されるデクレが審議決定される。政府提出法律案[44]については憲法第39条第2項，オルドナンスについては第38条第2項，命令的性質を有するデクレについては第13条第1項がそれぞれ対応している。

B部分は，任命などの個別的措置が決定される[45]。これは，特定の公務

---

(41)　Joël-Yves Plouvin *supra* note(22), p. 489.

(42)　Bernard Tricot, *supra* note(16), p. 391.

(43)　Jean Gicqeuel et Jean-Éric Gicquel, *Droit constitutionnel et institutions politiques*, 23e éd., Montchrestien, 2009, p. 609.

(44)　RITG, I-a）-2-aも，A部分において政府提出法律案が審議決定されることを規定していた。したがって，1958年憲法第39条第2項は，この政府提出法律案が閣議で審議決定されるという準則を憲法規範化したのである。Jean Massot, *Chef de l'Etat et chef du Gouvernement : Dyarchie et hierarchie*, La documentation française, 1993, p. 123.

員が閣議で任命されることを定めている憲法第13条第3項及び第4項に対応している。後述のように，市町村議会の解散も，個別的措置であるので，このB部分で決定される(46)。

C部分は，「意見交換（communication）」と呼ばれるもので，ここでは，主に，将来決定すべき重要な政府提出法律案の通知と，憲法第49条第1項及び第3項の信任投票についての審議決定が行われる。このC部分は，閣議での審議決定の中で最も時間が長い部分である(47)。

また，2007年5月からサルコジ大統領の主導によって加えられたD部分では，最新の政治的話題についての簡潔な議論が行われる(48)。

このようにして議題が振り分けられるわけであるが，これらの議題，すなわち，閣議での審議決定事項の具体的内容については，後述する（ただし，C部分の重要な政府提出法律案の通知及びD部分の簡潔な議論については，審議決定ではないので除く）。

(3)　審議決定

①　決定方法

大統領によって決められた議題にしたがって閣議は進められる。大統領府事務総長及び内閣事務総長は，すでに見たように立会人として閣議に陪席し，議事録を取り，「決定一覧表（le relevé des décisions）」(49)を準備する。この決定一覧表は，首相に付託され，次いで大統領によって確定され，各大臣の下

---

(45)　RITG, I-a）-2-b も，B部分において特定の公務員の任命が閣議決定されることを定めていた。

(46)　Jean Gicqeuel et Jean-Éric Gicquel, *supra* note(43), p. 606 ; Jean Massot, *La Présidence de la République en France : Vingt ans d'élection au suffrage universal 1965－1985*, La documentation française, 1986, p. 180 ; Maurice Duverger, *supra* note(36), p. 323.

(47)　Bénédicte Dorinet, *supra* note(6), p. 399. 重要な法律案とは，例えば，方針法律（loi d'orientation），計画法律（loi de programme）である。また，RITG, I-a）-2-c も，C部分において内閣の一般政策に関わる政府提出法律案及びデクレが審議決定されることを定めていた。

(48)　Simon-Louis Formery, *La Constitution commentée : Article par article*, 12e éd., HACHETTE, 2008, p. 34.

(49)　Bernard Tricot, *supra* note(16), p. 393.

に配布される。このとき，大統領は，慣行上，原則として，採決を取ることはない。つまり，原則として，「閣議は採決をしない（le Conseil ne vote pas）」(50)のである。

② 決定の公表

閣議での審議決定の過程は公開されない(51)が，閣議の後には，その内容について，大統領によって承認された後に，公式声明（コミュニケ，communiqué）が公表される。その後，内閣報道担当大臣がその公式声明についてコメントする記者会見が開かれるのが通例である(52)。

3 閣議で審議決定される事項

最後に，閣議で審議決定される事項について見ていくことにしよう。

まず，1958憲法は，内閣（又は首相）の権限の行使に際して，閣議での審議決定を要求している。

また，憲法第13条第1項は，閣議で審議決定されるデクレの存在を予定しており，特定のデクレは，閣議での審議決定を経て制定される。

(1) 憲法上の審議決定事項

憲法は，特定の公務員の任命（第13条第3項及び第4項），戒厳令（第36条），オルドナンス（第38条），政府提出法律案（第39条第2項）及びいわゆる信任投票（第49条第1項及び第3項）について，それぞれ閣議で審議決定することを要求している。しかし，特定の公務員の任命及び戒厳令はデクレによって行われるので，これらについては(2)の中で論じることとする。ただし，任命デクレは，個別的性質を有するデクレであり，戒厳令を発するデク

---

(50) Joël-Yves Plouvin *supra* note(22), p. 490.

(51) 閣議での審議決定の秘密性は，「閣議での審議決定に参加する構成員すべての名誉を守るための国家義務（*obligation d'État*）」とされる。Jean Gicqeuel et Jean-Éric Gicquel, *supra* note(43), p. 606.

(52) Renaud Denoix de Saint Marc, « Le fonctionnement du Conseil des ministres et du gouvernement », in Pierre Avril et Michel Verpeaux (dir.), *Les regles et principes non écrits en droit public*, Panthéon-Assas, 2000, p. 225.

レは，命令的性質を有するデクレである。

① オルドナンス

オルドナンスは，閣議で審議決定され（第38条第2項），かつ，大統領がそのオルドナンスに署名する（第13条第1項）。憲法院判例(53)によれば，オルドナンスは，議会による承認の前は，法律的効力を有さず，命令的性質を有するので，その閣議での審議決定は，憲法院の統制に服さない。

なお，閣議での審議決定後に大統領がオルドナンスへの署名を拒否できるかどうかについては，実際に第一次コアビタシオンの際に初めて大統領によるオルドナンスへの署名の拒否が行われたことを契機として，憲法学上の議論の対象となった(54)。学説の多くは，オルドナンスへの署名の拒否できるとしている(55)が，これを否定する学説(56)も根強く，現在も解決を見ていない。

② 政府提出法律案

政府提出法律案は，第39条第2項で「閣議で審議決定する」ことが要求されている。この審議決定は立法手続の一部を構成するので，憲法院の統制に服する。この点，第39条第1項は「法律案提出権は，首相及び国会議員に競合して属する」と定めており，法律案提出権を有する首相が閣議を欠席

---

(53) C.C., Décision n° 72-73 L du 29 février 1972, *Nature juridique de certaines dispositions des articles 5 et 16 de l'ordonnance, modifiée, du 17 août 1967 relative à la participation des salariés aux fruits de l'expansion des entreprises, Rec.*, p. 31. なお，コンセイユ・デタも，憲法院判決が下される以前に同様の判決を下している。C.E., 3 novembre 1961, *Damiani, Rec.*, p. 607.

(54) この問題について，詳しくは，以下の文献を参照。Anne-Marie Le Pourhiet, « Le conflit constitutionnel français sur la signature des ordonnances », in Jacky Hummel (dir.), *Les conflits constitutionnels : Le droit constitutionnel à l'épreuve de l'histoire et du politique*, PUR, 2010, pp. 135-146.

(55) 例えば，Michel Lascombe, « Les décrets délibérés en Conseil des ministres et le rapport Vedel », *LPA*, 26 avril 1993, n° 50, p. 7 ; Michel Troper, « La signature des ordonnances. Fonction d'une controverse », *Pouvoirs*, n° 41, 1987, p. 79 ; Guillaume Bacot, « La signature des ordonnances », *RA*, n° 233, 1986, p. 453 ; Dominique Turpin, *Contentieux constitutionnel*, PUF, 1986, p. 136 et 328.

(56) 例えば，Marie-Anne Cohendet, *supra* note(19), p. 378.

し，その閣議で審議決定された法律案が国会に提出され，その憲法適合性が憲法院で争われたが，この問題については第2節で詳しく検討することにしよう。

③　信任投票

第49条第1項は，「首相は，閣議で審議決定した後，その政策プログラム又は場合によっては一般政策表明につき，国民議会に対し内閣の責任をかける」ことを，第3項は，「首相は，閣議で審議決定した後，一つの政府提出の予算法律案及び社会保障財政法律案の議決につき，国民議会に対し内閣の責任をかけることができる」（第1文）こと，及び，「さらに首相は，会期ごとに別の一つの政府提出法律案又は議員提出法律案についてこの手続を用いることができる」（第3文）ことを定めている。したがって，憲法は，首相が国民議会に対しこのいわゆる信任投票に訴えるためには，閣議での審議決定を経ることを義務付けている。

まず，第1項について，政策プログラム又は一般政策表明につき内閣の責任をかけることは，義務ではなく，首相の権限である(57)。しかしながら，この審議決定は，立法手続の一部を構成しないので，憲法院の統制を受けない(58)。

次に，第3項について，一つの政府提出の予算法律案及び社会保障財政法律案の議決につき内閣の責任をかけること（第1文），及び，一会期において一度という留保の下，一つの法律案の議決につき内閣の責任をかけること（第3文）は，「できる」とある以上，当然，首相の権限である。しかしながら，これらについて内閣の責任をかけることの閣議での審議決定は，立法手続の一部を構成するので，憲法院による統制に服する。実際，2008年7月の憲法改正以前の「成案の議決につき」（旧第1文）という文言であったときに，憲法院は，内閣の責任をかけることについての閣議での審議決定があったかどうかについて審査している。この問題については，第2節で詳し

(57)　Bénédicte Dorinet, *supra* note(6), p. 421.

(58)　Michel Lascombe, « Le Premier ministre, cles de voute des institutions? L'article 49 alinéa 3 et les autres... », *RDP*, 1981, p. 153.

く検討する。

(2) 閣議で審議決定されるデクレ

憲法第13条第1項は,「大統領は，閣議で審議決定されたオルドナンス及びデクレに署名する」と規定しているが，この規定は，特定のデクレが閣議で審議決定されることを前提としている。閣議で審議決定されるデクレには，命令的性質を有するデクレ（décret règlementaire）と，個別的性質を有するデクレ（décret individuel）がある。第13条第1項が射程にしているのは，命令的性質を有する閣議で審議決定されるデクレのみであるとされる(59)が，実際には，大統領は，個別的性質を有する閣議で審議決定されるデクレにも署名している。どちらのデクレも，憲法第19条にしたがって，首相により副署される(60)。

① 命令的性質を有する閣議で審議決定されるデクレ

憲法第13条第1項が対象としている命令的性質を有する閣議で審議決定されるデクレは,「閣議を経たデクレ」と「閣議の意見を聴いた」デクレの二つに分けられる。

(i)「閣議を経たデクレ」と「閣議の意見を聴いた」デクレとの区別

特定の法律は，その施行デクレについての閣議での審議決定を要求してい

---

(59) Michel Lascombe, *supra* note(58), p. 155 ; Thierry S. Renoux et Michel de Villiers, *supra* note(38), pp. 366 − 368.

(60) Renaud Denoix de Saint Marc, *supra* note(52), p. 225.

(61) 首相が定めるデクレは，形式的には，首相が単独で定めるものについては，単純デクレ，法律又は憲法により義務的に閣議で審議決定されて制定されるデクレついては，閣議を経たデクレ，法律又は命令により義務的にコンセイユ・デタに諮問されて制定されるデクレについては，コンセイユ・デタの議を経たデクレと呼ばれる。ただし，特定の事項について，閣議で審議決定されない大統領デクレ（décret du Président de la République non délibéré en Conseil des Ministres）がある。命令的性質を有する閣議で審議決定されない大統領デクレについては，コンセイユ・デタによって，大統領の署名は,「余分な（surabondante)」ものであり，首相の副署のみが効力に関係するとされている。C.E., 27 avril 1962, *Sicard et autres*, *Rec.*, p. 280. 閣議で審議決定されない大統領デクレについて，詳しくは以下の文献を参照。Pierre Avril, « Les décrets réglementaires du Président de la République non délibérés en Conseil des Ministres », *AJDA*, 1976, pp. 116 − 121.

る。これは「閣議を経たデクレ（décret en Conseil des Ministres）」(61)と呼ばれ，義務的に閣議で審議決定されるデクレである。また，前に述べたように，憲法第36条によって閣議での審議決定の後に布告される戒厳令も，命令的性質を有するので，この「閣議を経たデクレ」に当たる。

このデクレは，形式として，「閣議了承（le Conseil des Ministres entendu）」と記載される(62)。このデクレを改正するためには，権限と形式の一致というコンセイユ・デタの判例(63)により，新たに閣議で審議決定する必要があるとされる。つまり，閣議を経たデクレは，閣議を経たデクレのみによって修正することができるのである。

これに対し，法律によって閣議での審議決定が要求されなくても，その重要性から任意に閣議で審議決定されるデクレも存在する。このデクレについては，形式として，「閣議の意見を聴いた（après avis du Conseil des Ministres）」と記載される(64)。

(ii)　大統領による署名の拒否の可否

大統領は憲法第13条第1項により閣議で審議決定されるデクレに署名するが，他方で，憲法第21条第1項第4文は，「首相は，第13条の規定の留保の下で，命令制定権を行使し，文官及び武官を任命する」ことを定めている。したがって，命令制定権が大統領と首相との間でどのように分配されているか，具体的には，大統領が命令的性質を有するデクレの署名を拒否できるかどうかが問題となる。

この点，実際上，オルドナンスとは異なりその署名が拒否された事例はないが，学説は，大統領は閣議で審議決定されたデクレに署名しなければならず，署名を拒否することができないとしている(65)。

---

(62)　Michel Lascombe, *supra* note(58), p. 159.

(63)　C.E., 10 avril 1959, *Fourre Cormeray, D.*, 1959, p. 210 ; C.E. Ass., 10 septembre 1992, *Meyet, Rec.*, p. 643.

(64)　Michel Lascombe, *supra* note(58), p. 159.

(65)　例えば，Marie-Anne Cohendet, *supra* note(19), p. 378. また，ラスコンブは，この前提に立った上で，議会多数派に依拠する首相は，実際には，閣議を経たデクレを施行デクレとして要求する法律を制定せず，さらには，そのような施行デクレを廃止することによって，第13条第1項の規定を有名無実化させることができるとしている。Michel Lascombe, *supra* note(58), p. 159.

② 個別的性質を有する閣議で審議決定されるデクレ

憲法第13条は，第2項において大統領が国の文官及び武官を任命するとした上で，第3項で，特定の公務員の任命について閣議で審議決定されることを要求している。さらに，第4項では，閣議で審議決定されて任命される他の官職を憲法附属法律(66)において定めると規定している。そして，これらの任命はデクレの形式で行われる。

また，地域共同体一般法典L第2126－6条は，市町村議会の解散は，閣議で審議決定されたデクレによって宣言することを定めている。

このような個別的性質を有するデクレが，憲法及び法律の規定に基づいて，閣議で審議決定されるのである。

この個別的性質を有するデクレは，憲法第13条第1項が対象としている命令的性質を有するデクレではないが，前述のように，実際には大統領はこれに署名している。この点，個別的性質を有するデクレについては，たとえいったん閣議で審議決定されたとしても，大統領はそのデクレの署名に拒否することができるとされる(67)。

4　閣議での審議決定の法的性質

3で列挙した事項について閣議で審議決定されるが，フランス公法において，この閣議での審議決定はいかなる法的性質を有するのか。フランス公法の代表的学説によれば，「執行的決定とは……公行政機関（autorité publique administrative）によって一方的に達成され，かつ，第三者に対して権利又は義務を創設する，法的行為（acte juridique）である」(68)。つまり，執行的決

(66)　この憲法附属法律は，憲法旧第92条第1項が「諸機関の創設に必要な立法措置及びこの設立に至るまで公権力の運営に必要な立法措置は，コンセイユ・デタの意見を聴いた後，法律の効力を持つオルドナンスにおいて定められる」ことを定めていたために，実際には，「国の文官及び武官の任命に関する憲法附属法規を定める1958年11月28日オルドナンス第1136号」である。このオルドナンス第1条において，閣議で任命される官職が規定されている。

(67)　ただし，憲法第19条により，このデクレには首相の副署が必要であるために，大統領に完全な主導権があるわけではない。Michel Lascombe, *supra* note(58), p. 160.

(68)　Jean Rivero et Jean Waline, *Droit adminisitratif*, 20e éd., Dalloz, 2004, p. 334.

定は，「法的行為」であることと，「公行政機関」によって行われる行為であることという二つの要素から成り立っている。特に，「法的行為」とは，「法的効果を生み出す意図をもってなされる行為」であり，「決定に関する行為」であることを指す(69)。閣議での審議決定は，この執行的決定なのであろうか。

(1)　オーリウの見解

①　閣議での審議決定の法的性格，つまり執行的決定であるかどうかについては，第三共和制の頃からわずかではあるが，検討されてきた。ここでは，伝統的な学説としてのモーリス・オーリウ（Maurice Hauriou）の見解を紹介する。

②　フランス公法学において，閣議での審議決定（délibération）の法的性質について最も早く検討を行ったのがオーリウである。

オーリウによれば，閣議とは，「会議（réunions）の形態で，政府（gouvernement）の主要な方策を決定するが，その政策を執行的決定（délibérations executoires）へと移し変えることはできない，大臣から構成される委員会（comité）のことである。注目すべきことに，実際，閣議又は〔実際に使われている用語によれば〕内閣（cabinet）は，原則として，それ自体で決定を行う政府機関（autorité gouvernementale）又は行政機関（autorité administrative）ではなく，決定の草案を決める政治的委員会（comité politique）にすぎないのであるが，その一方で，その後に，法的に，これらの決定の草案は，国家元首のデクレ又は担当大臣の単純な決定の形式を取ることになるだろう」(70)。

③　まず注意しなければならないのは，オーリウが閣議を内閣（Cabinet）と同一視していたことである。すでに見たように，第三共和制においては，大統領が形式的には閣議を主宰していたが，内閣の首長の名称が Président du Conseil des Minisitres であり，内閣の首長がまさしく閣議の首長であった(71)。したがって，閣議を内閣と同一視していたのである。

---

(69)　Jean Rivero et Jean Waline, *supra* note(68), pp. 334－335.

(70)　Maurice Hauriou, *Précis de droit constitutionnel*, Sirey, 1929, p. 362.

オーリウの見解の特徴は，閣議での審議決定は，決定の草案を決めることであって，決定そのものではなく，その後で，決定の草案が，法的な形式を伴った決定へと変えられる，ということである。この見解によれば，一般的な執行的決定で言うところの，「法的効果を伴う」ものでも，「決定に関する行為」でもないことになり，それゆえに「法的行為」ではなくなる。したがって，オーリウの見解によれば，閣議での審議決定は，執行的決定ではないことになる。

(2)　第五共和制における学説及び判例

第五共和制においても，この閣議決定は執行的決定ではないという図式は，学説及びコンセイユ・デタ判例上維持されることになる。ここでは，第五共和制における学説及びコンセイユ・デタ判例を検討する。

①　学説の立場

第五共和制における学説は，この閣議決定の法的性質について論じているものは少ないが，執行的決定ではないという点で一致している(72)。

例えば，ある憲法学の教科書は，「閣議は，その決定がそれ自体で法的権威（autorité juridique）を有するような決定機関（assemblée délibérante）と同一視されることはできない。閣議は，理論上，決議案（*projets de resolutions*）しか採択しないのであり，その決議案が，その後に，形式的な決定に変えられるのである」(73)としている。

---

(71)　これと関連して，第三共和制においては，公権力の組織に関する1975年2月25日法律第7条第2項は，「大統領が空位の間は，閣議が行政権の執行に任ぜられる」と定めており，閣議は，大統領職の代理を引き受けたのである。この例外的な場合には，大統領によって署名されるデクレは，閣議の名で発せられるデクレであり，閣議での審議決定は，まさしく執行的決定であった。Bénédicte Dorinet, *supra* note(6), p. 442.

(72)　閣議での審議決定が執行的決定ではないのは，その名称である「délibération」に由来するのではない。決定の名称が「délibération」であっても，執行的決定を構成することがある。例えば，市町村議会（Conseil municipal）の審議決定（délibération）が挙げられる。Jean Rivero et Jean Waline, *supra* note(68), p. 107.

(73)　Jean Giquel et Andre Hauriou, *Droit constitutionnel et institutions politiques*, 8e éd., Montchrestien, 1985, p. 795.

また，別の憲法学の教科書によれば，「閣議は二つの重要な機能を達成する。一方で，閣議は，執行権の統一性の法的表明である。……閣議は，大臣の連帯を実現する。……他方で，閣議は，決定を承認する（しかし自分では決定しない）権限を法的に付与された，唯一の政府の機関である」(74)。

さらに，閣議を体系的に検討したテーズによれば，「閣議は，法的な観点からは，最重要性を有している。というのも，その関与がなければ，政府の決定は，法的行為に変換されえないからである」(75)。

これらのいずれの見解も，閣議での審議決定は，直接の法的効果がある行為ではなく，また，決定に関する行為ではないことを強調しており，いずれの見解によっても，「法的行為」ではないことになるだろう。したがって，閣議での審議決定は，執行的決定とはならないのである。

② コンセイユ・デタ判例

コンセイユ・デタも，市民建造物及び国の宮殿の主任建築家の会社が，1977年1月1日からの市民建造物の特定の制度の廃止に関する1976年4月5日文化庁建造物局長通達の取消を求めた越権訴訟において，この問題についての結論を下している。

この事例においては，そもそも，市民建造物の制度を終わらせるための「原則的決定（décision de principe）」を行った，1975年7月15日・16日付けの閣議での審議決定の取消が争われたが，コンセイユ・デタは，「閣議での審議決定は，それ自体では，直接の法的効果のないものであり，政府の意図の単純な表明と見なされなければならない」，「したがって，閣議での審議決定について，越権訴訟を提起することはできない」と判示した(76)。コンセイユ・デタは，閣議での審議決定を「直接の法的効果のない」ものとしており，また，「政府の意図の単純な表明」としているので，決定に関する行為ではないとしている。したがって，コンセイユ・デタもまた，閣議での審議

---

(74) Chales Debbasch, Jacques Bourdon, Jean-Marie Pontie et Jean-Claude Ricci, *Droit constitutionnel et institutions politiques*, 4e éd., Economica, 2001, p. 777.

(75) Bénédicte Dorinet, *supra* note(6), p. 458.

(76) C.E., 25 novembre 1977, *Compagnie des architectes en chef des batiments civils et palais nationaux*, *Rec.*, p. 463.

決定は，執行的決定とはならないとして，解決を図っているのである(77)。

このように，伝統的学説も，第五共和制における学説及びコンセイユ・デタ判例も，閣議での審議決定は，執行的決定の要素である「法的効果のある行為」でも「決定に関する行為」でもないとして，執行的決定ではないとしているのである。したがって，その帰結として，コンセイユ・デタが判示しているように，閣議での審議決定について，越権訴訟を提起できないという帰結が導かれるのである。

5　小　括

第1節では，主にフランス第五共和制において閣議がどのような制度として位置付けられているのかを見てきた。まず1では，閣議は，内閣の構成とは異なり，大統領によって主宰され，すべての大臣，及び，所管する事項に応じて政務長官によって構成されることを明らかにした。続く2では，閣議の運営方法について，議題の決定から閣議での審議決定及びその公表までの流れを確認した。さらに3では，閣議で審議決定される事項についてその詳細を確認した。最後に4では，閣議での審議決定の法的性質を検討し，閣議での審議決定は公法上の執行的決定を構成しないことを明らかにした。

第2節　立法手続としての閣議での審議決定に対する憲法裁判的統制

第2節では，立法手続の一部である閣議での審議決定に対して，憲法院がいかなる統制を及ぼしているかを検討する。

(77)　コンセイユ・デタは，その後，鉄鋼産業に関する経済プログラムを決めた閣議決定の取消が争われた事例においても，その閣議での審議決定は，「それ自体としては，いかなる直接の法的効果をも含んでおらず」，「閣議での審議決定について，越権訴訟を提起することはできない」として，同様の判決を下している。C.E., 25 février 1987, *Commune d'Amneville, Rec.*, p. 526.

1　閣議の構成に対する憲法院の統制

まず，ここでは，閣議の構成について憲法院が統制を及ぼした1984年9月12日判決（以下，1984年判決と表記）について見ていくことにしよう。

(1)　政府提出法律案についての閣議での審議決定の問題点 ――閣議主宰者たる大統領と法律案提出権者たる首相との関係

1984年判決を検討する前に，政府提出法律案についての閣議での審議決定をめぐる法的問題について明らかにしておこう。

①　法律案提出権者たる首相の閣議への出席の要否

憲法第39条は，その第1項で，「法律案提出権は，首相と国会議員に競合して属する」と定め，政府の法律案提出権を首相に帰属させている(78)。実際，政府提出法律案は，慣行上，国会での審議に責任を負う一人又は複数の大臣の副署を伴った首相のデクレの形式で，両議院のいずれかの理事部に提出される(79)。

しかしながら，第39条は，続く第2項で「政府提出法律案は，コンセイユ・デタの意見を聴いた後に，閣議で審議決定し，両議院のいずれかの理事部に提出する」ことを定め，政府提出法律案についての閣議での審議決定を要求している。それゆえに，次のような問題が生じる。

すなわち，閣議は，憲法上，大統領によって主宰され（第9条），慣行上，すべての大臣及び所管する事項に応じて政務長官から構成されるが，場合によって，構成員は欠席することがある（例えば，構成員が外遊中であったり，病気で療養中であったりする場合である）。したがって，政府提出法律案を閣議で審議決定するとき，憲法第39条第1項により法律案提出権を付与されている首相が欠席した場合には，その閣議での審議決定は適法になされたと

(78)　なお，憲法第89条第1項は，「憲法改正の発議権（L'initiative de la révision de la Constitution）は，首相の提案に基づき大統領に，及び，国会議員に，競合して属する」ことを定めているので，政府提出の憲法改正法律案については別途検討する必要がある。

(79)　Jacques Fournier, *Le travail gouvernemental*, Presses de la Fondation nationale des sciences politiques et Dalloz, 1987, p. 60.

言えるのか，換言すれば，政府提出法律案についての閣議での審議決定に法律案提出権を有する首相は必ず参加していなければならないのかという問題が提起されるのである。

これは，すべての閣議での審議決定において生じる問題ではなく，首相が提出権を有する政府提出法律案についての閣議での審議決定において生じる問題(80)である。つまり，第9条と，第39条第1項及び第2項をどのように解釈するかの問題である。実際，首相が入院により閣議を欠席し，その閣議で政府提出法律案が審議決定され，それが法律として議会で可決されたときに，野党議員が，その閣議での審議決定の瑕疵を主張して憲法院に提訴し，その立法手続の適法性が争われた事例があり，これについて憲法院が判断を下したのが1984年判決である。

② 政府提出法律案の提出デクレの大統領による署名の可否

次に，閣議での審議決定とは直接関係のあるものではないが，政府提出法律案提出手続に関する重要な問題として，言及しておくべきことがある。それは，政府提出法律案は慣行上デクレによって国会に提出されているが，このデクレが首相によって署名されている点である(81)。

憲法第13条第1項は，「大統領は，閣議で審議決定されたオルドナンス及びデクレに署名する」と規定している。第1節で見たように，この規定は，命令的性質を有する閣議で審議決定されたデクレのみを対象としている。にもかかわらず，実際には，個別的性質を有する閣議で審議決定されたデクレも大統領によって署名されている。だとすれば，この政府提出法律案の提出デクレも，閣議で審議決定されたデクレとなって，大統領が署名することになるはずである。

(80) すでに述べたとおり，憲法第49条第3項により，首相は，閣議で審議決定した後に，法律案の議決につき内閣の責任をかけることができるのであるが，当然，責任をかける権限を有する首相がその責任をかけることについて審議決定する閣議に必ず出席しなければならないかどうかも問題になる。ただし，現在までにそのようなことが争われた事例はない。

(81) この慣行は第四共和制以来行われてきたのであり，その由来はRITG, I-b)-1である。

しかしながら，すでに述べたとおり，慣行上，首相がこの政府提出法律案の提出デクレに署名をしているのであって，大統領はこれに署名をしていない(82)。ほとんどの学説も，この慣行を支持している(83)。では，この提出デクレはいかなる性質のものか。

まず，ジャン・マソ（Jean Massot）は，憲法第13条第1項の準則は，「法律そのものである〔引用者注：提出〕デクレという極めて特別な範疇には当てはまらない」(84)とした上で，議会手続についての執行府における唯一の支配者であり，修正案（amendement）を提出することができる首相こそが政府提出法律案に責任を負い，提出デクレに署名をするのであって，大統領は提出デクレに署名することはできないとしている(85)。

また，ミシェル・ラスコンブ（Michel Lascombe）も，大統領による署名を否定する。ラスコンブは，憲法第13条第1項の準則は，命令的性質を有するデクレにのみ妥当することを確認し，そして，そもそも大統領による署名は「決定に関する行為」について行われることを強調する。彼によれば，「政府提出法律案は，それ自体としては，ある決定を含むものではなく，立法者による行為を準備するものである。政府提出法律案は，法律の可決のメカニズムにおける要素であるが，議会の決定のための準備的な提案としての法律案提出権の特別な範疇にすぎない」(86)とする。つまり，政府提出法律案は決定に関する行為ではないので，ラスコンブは大統領による署名を否定す

(82)　Bénédicte Dorinet, *supra* note(6), p. 294.

(83)　反対しているのはアラン・ブルイエである。ブルイエは，代表的な注釈書の初版において「政府提出法律案はすべて，憲法第39条第2項により，閣議で審議決定される。したがって，政府提出法律案はすべて，当然の帰結として，第13条第1項による国家元首の署名を伴う」としていた。Alain Brouillet, « Article 39, Alinéa 1 », in François Luchaire et Gérard Conac（dir.）, *La constitution de la république française*, Economica, 1979, p. 524. また，本書第二版においても，「政府提出法律案はすべて，憲法第39条第2項により，閣議で審議決定される。しかしながら，憲法第13条が想定していることに反して，政府提出法律案は，大統領によって署名されていない」として，一貫して大統領によって署名されていないことを批判している。Alain Brouillet, « Article 39, Alinéa 1 », in François Luchaire et Gérard Conac（dir.）, *La constitution de la république française*, 2e éd., Economica, 1987, p. 802. しかしながら，ブルイエは，大統領が署名すべき根拠を何ら挙げていない。

(84)　Jean Massot, *supra* note(20), p. 106.

るのである(87)。

マソもラスコンブも，この提出デクレが閣議で審議決定されるデクレであること自体を明確には否定していないように思われるが，これに対し，1958年憲法起草時に内閣事務総長であったロジェ・ブラン（Roger Belin）は，「政府提出法律案についての閣議での審議決定の後に生じるデクレは，両議院のいずれかに移送するための極めて形式的な行為である。したがって，このデクレは，立法手続において生じる移送のための他の行為にならって，首相の単純文書の形式を採用しうる。したがって，このデクレは，厳密に言えば，閣議で審議決定されるデクレではない」(88)としている。つまり，ブランによれば，そもそもこの提出デクレは閣議で審議決定されるデクレではないのであって，それゆえに，大統領の署名は不要なのである。

いずれにせよ，政府提出法律案の提出デクレに首相が署名する慣行は学説

---

(85)　Jean Massot, *supra* note(44), p. 123. さらに，マソは，以下の二点を理由に，大統領による署名拒否の意義自体を否定する。一つは，大統領が署名を拒否することができるとしても，議会多数派の信任を受けている首相は，議員提出法律案を起草させ，国会の議事日程に組み込むことも可能であるからである。もう一つは，大統領が署名を拒否して，大統領の意向に沿った政府提出法律案にしたとしても，内閣は憲法第44条第1項により修正権（droit d'amendement）を行使することができるからである。つまり，この規定は，「国会議員及び内閣は修正権をもつ」と規定するのみで，内閣の修正案の提出について，第39条第2項の規定する政府提出法律案の提出と異なり，コンセイユ・デタへの諮問手続及び閣議での審議決定を課していないので，それゆえ，内閣は，大統領の関与なく，つまり，閣議での審議決定を「省略（court-circuiter）」（この表現は，コンセイユ・デタ年次報告書によって用いられたものである。Conseil d'État, *EDCE*, n° 43, 1992, p. 38）して，修正案を提出することができるのである。Jean Massot, *supra* note(44), p. 124. なお，内閣修正案の提出にコンセイユ・デタへの諮問手続及び閣議での審議決定手続が必要かどうか実際に憲法院で争われたが，憲法院は義務的なものではないとしている。C.C., Décision n° 93-329 DC du 13 janvier 1994, *Loi relative aux conditions de l'aide aux investissements des établissements d'enseignement privés par les collectivités territoriales*, *Rec*., p. 9, Cons. 11. 詳しくは第4章第3節を参照。

(86)　Michel Lascombe, *supra* note(58), p. 156.

(87)　ラスコンブによれば，憲法第13条第1項と憲法第39条第1項とを一体的に解釈して大統領が提出デクレに署名することは，大統領に法律案提出権を付与することになってしまい，首相に法律案提出権を付与している憲法第39条第1項を冒涜することになる。Michel Lascombe, *supra* note(58), p. 155.

(88)　ブランの見解は，以下の文献により接した。Jean Massot, *supra* note(44), p. 123.

によって支持されてきたのであって，憲法院も1984年判決においてこの慣行を支持する立場を採った（判決理由3を参照）が，本章は，閣議での審議決定に対する憲法院の統制のあり方を検討することを目的するものであり，この問題についてはこの程度の言及にとどめておく。

⑵　1984年 9 月12日憲法院判決の内容と学説の評価

すでに述べたとおり，憲法院は，1984年判決において，政府提出法律案についての審議決定を行う閣議に法律案提出権を有する首相が欠席した場合に，それが憲法の定める立法手続準則に違反するかどうかについての判断を下した。すなわち，政府提出法律案についての審議決定が行われた閣議の構成に対する審査を行ったのである。ここでは，1984年判決の内容とこれに対する学説の評価について見ていくことにする。

①　判決の内容

(i)　事案の概要

ピエール・モーロワ（Pierre Mauroy）首相は，ヴァル・ド・グラース陸軍病院に入院していたために，1984年5月9日の閣議に欠席した。また，首相のいかなる代理も公的に任命されていなかった(89)。その1984年5月9日の閣議は，憲法第9条が定めるとおりにフランソワ・ミッテラン（François Mitterrand）大統領によって主宰され，「公的任務及び公共部門における定年に関する政府提出法律案」が審議決定された。政府提出法律案は，閣議で審議決定された後，慣行上，首相の署名及び所管大臣の副署を伴った首相のデクレの形式によって両議院のいずれかの理事部に提出されているが，本件においても，閣議での審議決定後，モーロワ首相は退院し，その審議決定された政府提出法律案の提出デクレに署名を行った。しかしながら，当該政府提出法律案が両議院で可決された後に，国民議会の野党議員は，当該法律は，憲法第39条第2項が定める閣議での審議決定を欠くものであり，手続上無

(89)　すでに述べたとおり，慣行上，他の大臣による首相の閣議への出席の代理は認められておらず，ここで言う代理とは，大統領によって任命される，他の大臣による首相の職務一般の代理のことである。前掲注（25）を参照。

効であるとして，憲法第61条第2項に基づいて憲法院に提訴した。

(ii)　判　旨

憲法院は，以下のことに鑑みて，当該手続につき合憲と判断した(90)。

「提訴した国民議会議員が，当該法律は，草案を採択した1984年5月9日の閣議の際に首相が欠席したことにより，そもそも手続上無効である，ということを主張している」〔Cons. 1〕。

「憲法第39条の文言によれば，『法律案提出権は，首相と国会議員に競合して属する。政府提出法律案は，コンセイユ・デタの意見を聴いた後に，閣議で審議決定し，両議院のいずれかの理事部に提出する』」〔Cons. 2〕。

「首相は，憲法第39条に由来する法律案提出権を行使し，憲法第9条に適合して大統領が主宰した閣議で1984年5月9日に審議決定された政府提出法律案を国会に提出するデクレに自身で署名した。したがって，その〔引用者注：提訴者の〕主張は受け入れることができない」〔Cons. 3〕。

②　学説の評価

学説は，本判決をどのように評価しているのであろうか。本判決の立法手続に関する部分についての評釈は少ない(91)が，ここでは，ジャン・ブルイ(Jean Boulouis)，フローランス・ローメ・ブノア（Florence Rohmer-Benoit），ルイ・ファボルー（Louis Favoreau）の見解を紹介する。

(i)　ブルイの見解

ブルイによれば，憲法院は，憲法第39条によって首相に認められる法律案提出権は，首相が政府提出法律案を議会に提出するデクレに個人的に署名する署名によって行使されると考えている。したがって，提出デクレの署名という法律案提出権の純粋に形式的な行使（exercice purement formel）こそが，閣議での審議決定が行われたことを証明するのである。ブルイは，憲法院判決をこのように解した上で，この判決を支持し，政府提出法律案が閣議で審議決定される際に首相が閣議に参加していなかったこと，及び，閣議が

(90)　内容面についても憲法院は合憲と判断したので，当該法律案は1984年9月13日法律第834号として成立した。

(91)　ここで取り上げる評釈の他，以下の評釈がある。Léo Hamon, note, *D.*, 1985, pp. 360－361 ; Pierre Avril et Jean Gicquel, Chr., *Pouvoirs*, n° 32, 1985, p. 178.

大統領によって主宰される際に首相の代理が任命されていなかったことは，少しも重要なことではないとしている(92)。

(ii)　ローメ・ブノアの見解

次に，ローメ・ブノアによれば，憲法院が，(a)政府提出法律案を審議決定した閣議が大統領によって主宰されたこと，及び，(b)憲法第39条によって首相に認められた法律案提出権が，首相が政府提出法律案の国会への提出デクレに署名を添えることによって行使されたこと，を要求していることは，憲法院が，憲法第39条に関して，第1項に基づく政府提出法律案への首相の関与と，第2項に基づく政府提出法律案についての閣議での審議決定の瞬間とを分離して解釈していることを表している(93)。

このローメ・ブノアの見解は，首相が閣議に欠席していても手続上無効とはならないことを明瞭に説明していると思われる。

(iii)　ファボルーの見解

最後に，ファボルーは，この憲法院判決が有する問題を提起する。すなわち，首相が，政府提出法律案が審議決定される閣議に欠席した場合，自身がその審議決定に参加できず，自身がその提出に納得できないときに，その提出デクレへの署名に拒否できるかどうかである。ファボルーは，法律案提出権が提出デクレの署名によって行使される以上，首相はその署名を拒否できるとしている(94)。

2　閣議での審議決定の有無に対する憲法院の統制

次に，いわゆる信任投票に関しての閣議での審議決定の有無について憲法院が統制を及ぼした1995年12月30日判決（以下，1995年判決と表記）について見ていくことにしよう。

(1)　信任投票手続と閣議での審議決定手続——特別な立法手続

1995年判決を検討する前に，前提問題として，本判決で問題となった

---

(92)　Jean Boulouis, note, *AJDA*, 1984, p. 682.

(93)　Florence Rohmer-Benoit, note, *D.*, 1986, pp. 98 – 99.

(94)　Louis Favoreau, « Le droit constitutionnel jurisprudentiel (mars 1983 - mars 1986) », *RDP*, 1986, p. 453.

1958年憲法第49条第3項の定める信任投票手続について論じておこう。

① 信任投票の沿革

(i) 第四共和制における信任投票手続

憲法第49条第3項の定める信任投票手続の淵源は，1946年憲法の規定に求められる(95)。つまり，1946年憲法第49条は，「閣議での審議決定の後でなければ，信任問題（la question de confiance）は提起できない。信任問題は，内閣総理大臣のみが提起できる」（第1項），「国民議会議員の絶対多数によらなければ，内閣に対する信任を拒否することはできない」（第3項第1文）と定めていた。

しかしながら，この規定には欠陥があった。つまり，1946年憲法第49条の文言によれば，信任は国民議会の絶対多数によってしか拒否されることができないが，信任がかけられたテキスト自体は，立法手続の通常の要件の下で採択又は否決されたのである。したがって，法律案が単純多数で否決された内閣は，法的に辞職を強制されるものではなかったが，その内閣は政治的に敗北したと考え，自発的に辞職したのである(96)。

このようなことが起こる原因は，棄権にあった。というのも，法律案への賛成（内閣不信任への反対）及び法律案への反対（内閣不信任への賛成）の投票のみが有効投票とされ，棄権は投票の数に入れられなかったからである。したがって，法律案への反対（内閣不信任への賛成）は，絶対多数ではなく，単純多数しか得られないという事態が生じたのである。さらに，棄権は，実質的には，法律案への反対，すなわち，内閣不信任への賛成と同等のものでありながら，棄権者には内閣の不信任については何らの責任を負わせること

(95) 第三共和制においても，信任投票の制度は存在したが，第四共和制のそれとは大幅に異なるものであった。まず，第三共和制において，信任投票の制度は，1875年憲法諸法律ではなく，議院規則においてのみ定められていた。さらに，「信任は，誰でも，いつでも，いかなるものについても，どちらの議院においても，求めることができたのであり，かつ，期限なく可決することができた」（傍点引用者）のである。Michel Lascombe, *Le droit constitutionnel de la Ve République*, 8e éd., L'Harmattan, 2002, p. 137.

(96) Pierre Avril et Jean Gicquel, *Droit parlementaire*, 4e éd., Montchrestien, 2010, p. 287.

もできなかった(97)。

いずれにせよ，第四共和制においては，内閣が（法的にも自発的にも辞職しないための）実質的な信任を得るためには，信任をかけた法律案について少なくとも単純多数の賛成を得ることを必要としたのであり，多数派を有していることの立証は内閣に課せられていたと言えよう(98)。

(ii)　第五共和制における信任投票手続

第四共和制におけるこのような欠陥の反省から，1958年憲法は，その解決策を不信任決議案の提出及び可決に見出した。つまり，1958年憲法旧第49条第3項（「旧」としたのは，後述のように，2008年7月の憲法改正によって第49条第3項が改正されたからである。以下，2008年7月以前の文脈においては「旧第49条第3項」，2008年7月以後の文脈においては「第49条第3項」と表記する。さらに，両者に共通する文脈においても「第49条第3項」と表記する）は，「首相は，閣議で審議決定した後，成案の議決につき，国民議会に対し内閣の責任をかけることができる」（第1文）と定めた上で，「この場合において，続く24時間以内に不信任決議案（motion de censure）が提出され，前項〔引用者注：第49条第2項〕に定められた要件で議決されない限り，その成案は可決されたものと見なされる」（第2文）と定めた。

第49条第2項第4文は，「不信任決議案に対する賛成票のみが数えられ，国民議会議員の過半数の賛成によらなければ，不信任決議案は採択されない」と定めており，したがって，旧第49条第3項の信任投票手続が用いられたときは，不信任決議案について国民議会議員の過半数の賛成がなければ，内閣がその責任をかけた法律案は可決されたものと見なされるのである。反対に，棄権者は，すべて内閣を支持するものと見なされるのであって，内閣を不信任決議することに責任を負わない。

これは，立証責任を内閣から内閣の敵対者（野党）に転換させるものであり，内閣の敵対者こそが，内閣が多数派を失ったことを証明しなければなら

(97)　Pierre Avril et Jean Gicquel, *supra* note(96), p. 287.

(98)　なお，第四共和制における信任投票手続について，詳しくは以下の文献を参照。Claude-Albert Colliard, « La pratique de la question de confiance sous la IVe République », *RDP*, 1948, pp. 220－237.

ないのであり，この証明がなされない限り，内閣が責任をかけた成案は承認されたものと見なされるのである(99)。

② 立法手続としての信任投票手続

1958年憲法旧第49条第3項の定める信任投票手続は立法手続の中で行われるので，この信任投票手続は，立法手続の一部を構成する。次に，この立法手続としての信任投票手続がどのような制度であるか，その具体的内容について見ていく。

(i) 信任投票手続を使用する段階

憲法旧第49条第3項の信任投票手続について，首相は，その使用についての閣議での審議決定があれば，立法手続において法律が可決されるまでのいかなる段階においても用いることができる(100)。通常は，一般審議が終わり，条項審議へ移行する前に使用される(101)が，首相は，それ以外の議会審議の段階で使用でき，さらには，議会審議が始まる前でも使用することができる。例えば，閣議において，政府提出法律案自体の審議決定と同時に，それを信任投票にかけることについての審議決定をも行うことができるのである(102)。

(ii) 信任投票の対象

憲法旧第49条第3項第1文は，首相は「成案の議決につき」内閣の責任をかけることができることを定めていたが，では，この「成案」には何が含まれるのか。

まず，政府提出法律案（projet de loi）であれ，議員提出法律案（proposition de loi）であれ，首相は法律案の全体又は一部について内閣の責任をかけることができる(103)。

次に，対象とする法律案の範疇については一定の制約があると解されている。つまり，憲法改正法律（loi constitutionnelle）についてはそもそも用いる

(99) Pierre Avril et Jean Gicquel, *supra* note(96), p. 287.

(100) Jean-Pierre Camby et Pierre Servent, *Le travail parlementaire sous la cinquième République*, 4e éd., Montchrestien, 2004, p. 120.

(101) Pierre Avril et Jean Gicquel, *supra* note(96), p. 277.

(102) Bénédicte Dorinet, *supra* note(6), p. 433.

ことができず，また，憲法附属法律（loi organique）については，元老院によって否決された場合には用いることはできないとされている(104)。逆に言えば，これら二つの範疇以外の法律案は，いかなる制約もなく，信任投票手続の対象とすることができるのである。

(iii)　信任投票手続使用の効果

首相がテキストの可決について内閣の責任をかけたとき，審議はただちに24時間の間中断される（国民議会規則第155条第1項）。不信任決議案は，この期間内に国民議会議長に提出することができ（第2項），国民議会議長はこの期間内にその不信任決議案の提出を法的に確認する（第3項第1文）。不信任決議案が提出されない場合には，議長は，成案の可決を法的に確認する（同項第3文）。

したがって，首相が成案について責任をかけると，立法審議が中断され，成案そのものについてはもはや審議されない。そして，不信任決議案が提出されたとしても，討議は，その不信任決議案についてのみ行われるのである。この点において，憲法第44条第3項の一括投票（vote bloqué）手続(105)は，成案についての審議自体は禁止していないのに対し，この憲法旧第49条第3項の信任投票手続は，その審議自体を禁止するので，「超一括投票（super-vote bloqué）」(106)として作用する極めて強力な手段である。

---

(103)　原案としての政府提出法律案や，内閣が提出又は同意した修正案を取り入れた政府提出法律案，あるいはすでに採択された修正案を取り入れた政府提出法律案の全体について責任をかけることが一般的であるが，一部の条項のみについて責任をかけた例（例えば，ミシェル・ロカール（Michel Rocard）首相は，1990年11月15日，一般会社保障負担税（CSG）を創設する，1991年度予算法律の第92条から第99条までの議決について内閣の責任をかけた）もある。Pierre Avril et Jean Gicquel, *supra* note(86), pp. 278－279. なお，2008年までに憲法旧第49条第3項が用いられた例を網羅的に挙げているものとして，以下の文献を参照。Jean-Claude Colliard, « Articles 49, 50 et 51 », in François Luchaire, Gérard Conac et Xaxier Prétot (dir.), *La Constitution de la République française*, 3e éd., Economica, 2008, pp. 1260－1266.

(104)　前掲注(4)を参照。

(105)　詳しくは，以下を参照。Thierry S. Renoux et Michel de Villiers, *supra* note (38), p. 356.

(106)　Pierre Avril et Jean Gicquel, *supra* note(96), p. 277.

(iv)　憲法院による統制

このように，憲法旧第49条第3項の信任投票手続は立法手続の中で行われるので，立法手続の統制を行う憲法院は，この信任投票手続を統制することになる。そして，この信任投票手続において憲法院によって統制されうる部分の一つが閣議での審議決定手続である。つまり，信任投票についての閣議での審議決定が適法に行われたかどうかを憲法院は審査するのである。

この点，第四共和制においては，1946年憲法第49条第1項が信任投票手続を用いるためには閣議での審議決定を義務付けていたにもかかわらず，実際には，憲法に違反して，閣議での審議決定を経ることなく，あるいは，白紙委任に近い形で閣議での審議決定を行い，首相が信任投票手続を用いることもあった(107)。この意味で，第五共和制において，憲法院が信任投票についての閣議での審議決定が適法に行われたかを統制することは意義を有することになる。1995年判決がまさにその具体例ということになるが，詳しくは2で検討することにしよう。

③　2008年7月憲法改正による変容

従来の第五共和制における信任投票手続はこのようなものであったが，2008年7月憲法改正(108)はこの信任投票手続に大きな制限をもたらした。

まず，憲法第49条第3項は，第1文については，「首相は，閣議で審議決定した後，一つの政府提出の予算法律案及び社会保障財政法律案〔傍点引用者〕の議決につき，国民議会に対し内閣の責任をかけることができる」と改正された。つまり，信任投票手続に関して，従来は，憲法改正法律及び憲法附属法律を除き法律案の範疇についての制限もなく，また会期における回数の制限もなかったが，この改正により，一つの予算法律案又は社会保障財政法律案に限定されたのである。

しかしながら，この二つの範疇の法律案以外の法律案について信任投票手続を用いることが全くできなくなったわけではない。というのも，「さらに

(107)　Michel Lascombe, *supra* note(58), p. 110.

(108)　憲法第49条第3項の改正経緯については，以下の文献を参照。Jean Gicquel, « Sauvegarder l'article 49, alinéa 3 ! », *LPA*, 19 decembre 2008, n° 254, pp. 90 – 92.

首相は，会期ごとに別の一つの政府提出法律案又は議員提出法律案〔傍点引用者〕ついてこの手続を用いることができる」と定める第3文が追加されたからである。したがって，会期ごとに一回という制限はあるものの，憲法改正法律及び憲法附属法律を除き法律案の範疇を問わず，首相は法律案について内閣の責任をかけることができるのである(109)。

ただし，従来と大きく異なる点がある。それは，旧第49条第3項第1文は，「成案（texte）」という文言であったのに対し，改正後の第49条第3項第1文及び第3文は，「政府提出法律案（projet de loi）」及び「議員提出法律案（proposition de loi）」という文言を用いていることである。従来は「成案」という文言であったからこそ，法律案の全体についてだけでなく，法律案の一部についても用いることが可能であったわけであるが，この文言の変更によって，この憲法改正後は，法律案の一部については用いることができず，全体について用いることが要求されるとされている(110)。

2008年7月改正によって，憲法第49条第3項の信任投票手続はこのような大幅な変容を被ったが（なお，2008年7月憲法改正後も，前述の国民議会規則については何らの改正もなされていない），いずれにせよ，改正後の信任投票手続も立法手続の中で行われることには変わりはないので，信任投票手続についての閣議での審議決定手続は，2008年7月憲法改正後も憲法院によって統制されることになろう。

(2)　1995年12月30日憲法院判決の内容と学説の評価

憲法院は，1995年判決において，旧第49条第3項(111)の信任投票手続についての閣議での審議決定が適法になされたかどうかについて審査した。具体的には，閣議での審議決定が実際になされたのかどうか，つまり，閣議での審議決定の有無について審査した。ここでは，この判決の内容(112)とこれに対する学説の評価について見ていく。

(109)　前掲注(4)を参照。

(110)　Pierre Avril et Jean Gicquel, *supra* note(96), p. 279.

①　憲法院判決の内容

(i)　事案の概要

アラン・ジュペ（Alain Juppé）首相は，1995年12月10日，憲法旧第49条第3項第1文を適用して，「憲法第38条の適用によって社会的保護（protection sociale）を改革することを政府に授権する政府提出法律案」の議決について，国民議会に対して内閣の責任をかけた。これに対して国民議会で不信任決議案が提出されたが，過半数の賛成を得ることができなかったので，12月12日，憲法第49条第3項第2文により，当該法律案は可決されたものと見なされた。元老院は異なる成案を可決したため，憲法第45条第2項により，両院協議会（comission mixte paritaire）が招集され(113)，両院協議会は一致に至らなかった部分について成案を起草した。そして，その成案は，修正されることなく，12月19日に国民議会によって可決され，次いで20日に元

(111)　憲法旧第49条第3項の信任投票手続の適法性は，これより以前にも憲法院で争われている。すなわち，当該条項は「首相」が内閣の責任をかけることができることを定めているが，当時ミシェル・ロカール首相が外遊中のために，ミッテラン大統領がデクレによって首相代理として任命したリオネル・ジョスパン（Lionel Jospin）国民教育大臣が，法律案の議決について内閣の責任をかけたことが，憲法に違反するとして争われたのである。この事例においては，大統領の任命デクレが官報で公示（1989年12月15日）される前に，ジョスパン首相代理が内閣の責任をかけたこと（同月14日）の違法性が争点となったが，憲法院は，大統領の任命デクレは制定後直ちに効力を有するとして，手続を適法なものとした〔Cons. 8〕。なお，憲法院は，法律案の議決について内閣の責任をかけることの閣議での審議決定自体は二か月以上前の10月13日に行われていたことを確認している〔Cons. 7〕（ただし，どのような方法によってそれを確認したかについては何ら言及されていない）。C.C., Décision n° 89－268 DC du 29 décembre 1989, *supra* note(25). また，首相代理であったジョスパンは，すでに内閣の責任をかけることについての閣議での審議決定が行われていた別の二つの法律案についても，国民議会に対して内閣の責任をかけたのであって，これら二つの法律についても憲法院でその手続の適法性が争われたが，法律案の議決について内閣の責任をかけることの閣議での審議決定自体はすでに行われていたことを確認した上で，前述の理由と同様の理由により憲法院はその手続を合憲とした。C.C., Décision n° 89－264 DC du 9 janvier 1990, *Loi de programmation relative à l'équipement militaire pour les années 1990－1993, Rec.*, p. 9, Cons. 4 et 5 ; C.C., Décision n° 89－269 DC du 22 janvier 1990, *Loi portant divereses dispositions relatives à la sécurité sociale et à la santé, Rec.*, p. 33, Cons. 5 et 6.

(112)　本判決においては憲法旧第49条第3項以外の立法手続の適法性についてもいくつか問題となっているが，ここではそれらの手続の適法性については検討しない。

老院によって可決され，成立した。

しかしながら，12月6日の閣議後のコミュニケ（公式声明）及びそれに続く記者会見においては，アラン・ラマスール（Alain Lamassoure）内閣報道担当大臣は，当該法律案について内閣の責任をかけることは閣議で審議決定されなかったと表明していた。したがって，野党議員は，憲法旧第49条第3項の定める手続に違反したとして，憲法第61条第2項に基づき，憲法院に提訴した。

(ii)　判　旨

憲法院は，以下のことに鑑みて，当該手続につき合憲と判断した(114)。

「閣議の決定一覧表の抄本（extrait）の提出から，閣議は，1995年12月6日の会合において，政府が社会的保護を改革することを認める政府提出法律案につき内閣の責任をかけることについて審議決定したことがわかる。したがって，この法律案の審議に関しての憲法第49条第3項の利用について，憲法により定められている諸手続は遵守された」〔Cons. 7〕。

②　学説の評価

当該手続に関する判決について学説はどのように評価しているのか。ジェローム・トレモー（Jérôme Trémeau）及びベネディクト・ドリネ（Bénédicte Dorinet）による本判決の評釈について見ていこう(115)。

(i)　トレモーの見解

トレモーは，判決が内閣報道担当大臣の公式声明に何ら言及していないことに着目する。すなわち，トレモーによれば，内閣報道担当大臣の公式声明は，本件のようにたとえ閣議での審議決定の事実を故意に隠蔽したとしても，何ら法的性質を有するものではなく，政治的なものにしかすぎないのであっ

(113)　通常は各議院で二回の読会の後に同一の法文で可決されなかったときに両院協議会が招集されるが，本件においては，内閣が緊急を宣言した（憲法旧第45条第2項）ので，各議院で一回の読会の後に両院協議会が招集された。

(114)　当該手続以外の争われた部分についても憲法院は合憲と判断したので，当該法律案は1995年12月30日法律第1348号として成立した。

(115)　当該手続に関する判決部分を扱っているものとして，他に以下の評釈が挙げられる。Bertrand Mathieu et Michel Verpeaux, Chr., *LPA*, 13 mars 1996, n° 32, pp. 7-10.

て，閣議の決定一覧表の抄本のみが法的性質を有する，つまり，閣議での審議決定があったことを法的に証明する，という憲法院の意図が読み取れるのである(116)。

しかしながら，トレモーは，閣議後に公表される公式声明が何ら法的な意味を有さないのであれば，野党議員は，審議決定の事実の有無について常に詮索しなければならず，結局，憲法院に提訴することによってしかそれを確かめることはできない，という問題点を提起している(117)。トレモーによれば，内閣と野党議員との間に常に情報格差が生じるというのである。

(ii)　ドリネの見解

ドリネによれば，本判決は，内閣にとっては重要な義務を課すものであるとしている。つまり，憲法院は，閣議の決定一覧表の抄本によって閣議での審議決定の事実を確認したのであるが，このことは，内閣に，内閣事務総局を通じて，閣議の決定一覧表を保管する義務を負わせることになるのである(118)。

③　その後の判例

なお，2004年においても同様の事例が見られた。すなわち，同年7月21日，地方公共団体の自由及び責任に関する政府提出法律案の議決について内閣の責任をかけることについて閣議での審議決定が行われたが，閣議後のコミュニケではその事実は公表されなかった(119)。そして7月23日，ジャン・ピエール・ラファラン（Jean-Pierre Raffarin）首相は，当該法律案の議決につき国民議会に対して内閣の責任をかけたのであるが，野党議員は事前の閣議での審議決定がなく違法であるとして，憲法院に提訴したのである。

この点，憲法院は，1995年判決を踏襲して，閣議での審議決定の事実を閣議の決定一覧表の抄本によって確認し，当該手続を適法とした(120)ので

(116)　Jérôme Trémeau, Chr., *RFDC*, n° 25, 1996, p. 134.

(117)　Jérôme Trémeau, *supra* note(116), p. 134.

(118)　Bénédicte Dorinet, *supra* note(6), p. 432.

(119)　1995年の事例においては，内閣報道担当大臣は閣議で審議決定されなかったと表明したのに対し，この事例においては，内閣報道担当大臣は閣議で審議決定されたことを表明しなかった点において，違いがある。

あって，この判例法理は確立された(121)。

3　検討──立法手続としての閣議での審議決定に対する統制のあり方

最後に，1及び2で見てきた憲法院判決を総合的に検討することによって，立法手続としての閣議での審議決定に対する憲法院の統制のあり方がいかなるものかを明らかにしたい。

(1)　憲法院判決の特徴

①　1984年判決の特徴

1984年判決は，政府提出法律案についての閣議での審議決定において，憲法第39条第1項が法律案提出権を首相に付与しているにもかかわらず，その閣議に出席することを憲法上の要請としていない(122)。つまり，憲法院によれば，憲法第39条第2項によって政府提出法律案の審議決定を行う閣議自体は，憲法第9条が要請する大統領による主宰のみを必要とするのであって，反対に，憲法第39条第1項が首相に法律案提出権を付与していることからは首相が提出デクレに署名することしか導かれない。したがって，憲法院は，ローメ・ブノアが分析したように，憲法第39条第1項と第2項とを分離して解釈していることになる。

②　1995年判決の特徴

1995年判決において，憲法院は，閣議の決定一覧表の抄本によって，法律案の議決につき内閣の責任をかけることについての閣議での審議決定の事実を確認しているのであって，内閣報道担当大臣が行った公式声明にはいかなる法的意味をも付与していない。そして，憲法院は，閣議において決定が

(120)　C.C., Décision n° 2004－503 DC du 12 août 2004, *Loi relative aux libertés et responsabilités locales*, *Rec.*, p. 144. この判決の評釈として，以下の文献を参照。Jean-Éric Schoettl, Chr., *LPA*, 31 août 2004, n° 174, pp. 3－14 ; Élise Carpentier, « Droit constitutionnel institutionnel - Procédure législative », *AIJC*, n° 20, 2004, p. 665 ; Michel Verpeaux, Chr., *LPA*, 13 décembre 2005, n° 247, pp. 8－15.

(121)　Bénédicte Dorinet, *supra* note(6), p. 433.

(122)　Thierry S. Renoux et Michel de Villiers, *supra* note(38), p. 357.

あったかどうかを判断する際に，大統領が作成させる閣議の議事録さえ参照しておらず，これにも法的意味を認めていない。つまり，憲法院は，審議決定の事実の確認のために，閣議の決定一覧表という極めて形式的なものに依拠しているのである。

(2)　執行府の自律権と憲法院

これら二つの憲法院判決の特徴から，憲法院が執行府の自律権を尊重しているということを引き出すことができる。

①　閣議の構成に対する憲法院の統制のあり方

まず，閣議の構成に対する統制を行った1984年判決は，憲法第39条第1項と第2項とを分離して解釈して，政府提出法律案についての閣議での審議決定手続においては，大統領が閣議を主宰することのみを課したのであって，法律案提出権者たる首相の出席を憲法上の要請としなかった。

このことは，閣議の構成は執行府の自律権に関わるものであるので，憲法院はその執行府の自律権を尊重したと捉えることができる。すなわち，憲法第39条第1項と第2項とを一体的に解釈して，政府提出法律案についての閣議での審議決定において法律案提出権者たる首相の出席を必要と理解することは，これまで慣行に委ねられてきた閣議の構成に憲法上の制約を加えることになるが，憲法院は，これを回避して，憲法が明示している大統領による主宰のみを憲法上の要請とすることによって，執行府の自律権を尊重したのである。換言すれば，大統領の主宰がないという極めて例外的な場合にしか，憲法院は立法手続としての政府提出法律案についての閣議での審議決定手続を憲法違反とすることはできないのである。

②　閣議での審議決定の有無に対する統制のあり方

次に，閣議での審議決定の有無に対する統制を行った1995年判決からも，執行府の自律権を尊重しようとする憲法院の意図を読み取ることができる。

すなわち，憲法院は，閣議で審議決定が行われたどうかを確認するために，閣議後の内閣報道担当大臣による公式声明だけでなく，閣議の議事録さえ参照しておらず，決定一覧表のみを参照しているのである。したがって，憲法院は，閣議での審議過程を問題とすることなく，その結果のみを問題としているのである。

これは，執行府が決定したものを極めて尊重する統制方法である。そして，行われた決定が公式声明で言及されないことはあるにしても（まさに2004年の事例がそうである），決定一覧表に行われた決定が記載されないことはほとんど想定されえない。したがって，このような統制方法によれば，閣議での審議決定手続が憲法違反とされるような事態はほとんどない。換言すれば，決定一覧表に決定が記載されていないという極めて例外的な場合にのみ，憲法違反ということになろう。

そして，すでに述べたとおり，2008年7月の憲法改正により憲法第49条第3項は変容を被ったが，改正後の第1文・第3文の場合を問わず，首相が法律案の議決について内閣の責任をかけるためには閣議での審議決定を必要とすることに変わりはないのであるから，この統制方法は改正後も妥当すると言えよう。

③　二つの判決の一体的理解

最後に，1984年判決においては，政府提出法律案についての審議決定を行う閣議への首相の出席の有無，1995年判決においては，信任投票についての閣議での審議決定の有無が問題となったが，当然，それぞれ逆の場合も想定される。この点，そのような場合にも二つの判決の結論は妥当するであろう。

まず，信任投票についての審議決定を行う閣議に，憲法第49条第3項により法律案の議決について国民議会に対して内閣の責任をかける権限を有する首相が欠席することが想定されるが，1984年判決の趣旨に鑑みれば，首相の内閣の責任をかける権限は国民議会への通知に帰着することになると思われる。そのように考えれば，首相がそれについて審議決定した閣議を欠席しても憲法違反とはならないことになろう。そして，憲法違反となるのは，大統領による閣議の主宰がなかったときである。

次に，政府提出法律案についての閣議での審議決定の有無が争われることも想定されるが，1995年判決の趣旨からすれば当然なことに，それは決定一覧表によって確認されることになろう。そして，憲法違反となるのは，決定一覧表にその決定が記載されていないときである。

このような二つの判決の一体的理解から，憲法第39条第2項，第49条第3項を問わず，憲法院が立法手続としての閣議での審議決定の憲法適合性の要件として課すものは，(i)大統領が閣議を主宰すること，及び，(ii)閣議で審議決定されたものを決定一覧表に記載すること，ということになる。そして，これらの要件は，憲法院が立法手続としての閣議での審議決定が憲法違反となる場合を極めて限定的に解釈していることを示しており，憲法院は，執行府の自律権を極めて尊重していると言うことができよう。このことは，第1章で見たように，憲法院が議院規則を原則として照会規範としていないことに鑑みても，妥当であろう。

おわりに

1　まとめ

冒頭で記したとおり，本章の目的は，立法手続としての閣議での審議決定が憲法院によってどのように統制されているか，そのあり方を検討することである。

本章は，1984年判決及び1995年判決の検討を通じて，憲法院は，立法手続としての閣議での審議決定については，①大統領が閣議を主宰すること，及び，②閣議で審議決定されたものを決定一覧表に記載すること，この二つを憲法上の要件としており，憲法違反になる場合を極めて限定的に解していると分析した。そして，憲法院がこれらの要件を課していること，すなわち，憲法院による立法手続としての閣議での審議決定に対する統制のあり方は，執行府の自律権を極めて尊重するものであると結論付けた。

2　執行府の自律権としての閣議運営自律権

ただし，ここで言う執行府の自律権とは，閣議運営自律権を指す。執行府の自律権と言う場合には，行政組織編制権(123)も含まれるが，行政組織編制

(123)　フランスにおける行政組織編制権については，以下を参照。上田健介「行政組織編制権」『首相権限と憲法』（成文堂，2013年）301－303頁。

については，憲法院による統制を受けない。というのも，憲法院が統制するのは，立法手続であり，行政組織編制は立法手続ではないからである。換言すれば，政府提出法律案の審議決定及び信任投票の審議決定を行う閣議は立法手続であるからこそ，憲法院による統制を受けるのであり，しかしながら，執行府に閣議運営自律権が強く認められているからこそ，その統制は緩やかなのである。

第4章
フランスにおける修正案提出手続と その裁判的統制

はじめに

1　問題の所在

「修正権は，一般的法律案提出権のコロラリィである」(1)。これは，第三共和制期に議会法に精通したウージェーヌ・ピエール（Eugène Pierre）の言葉である。このピエールの見解は，それ以来フランス憲法学において一般的な見解となった。つまり，フランスにおいては，修正権は「派生的法律案提出権」(2)と理解されるのである。

フランス1958年憲法は，第39条第1項で，「法律案提出権（initiative des lois）は，首相と国会議員に競合して属する」と定め，また，第39条第2項で，「政府提出法律案は，コンセイユ・デタの意見を聴いた後に，閣議で審議決定され，両議院のいずれかの理事部に提出される」と規定し，政府の法律案提出権を首相に帰属させつつ，政府提出法律案提出手続を規律している。

これに対して，憲法第44条第1項は「国会議員と内閣（gouvernement）は修正権（droit d'amendement）をもつ」と定めるのみであり，1958年憲法は，内閣修正案の提出手続については何ら規定していない。憲法が修正案について言及しているのは，修正案（特に国会議員提出修正案）の不受理手続についてである（第40条，第41条第1項，第44条第2項，第44条第3項，第45条第3項，第45条第4項）。すなわち，1958年憲法は，内閣修正案の提出について，コンセイユ・デタへの諮問及び閣議での審議決定を明記していない

---

(1)　Eugène Pierre, *Traite de droit politique*, 3e éd., Imprimerie Motteroz et Martinet, 1908, n° 696（p. 843).

(2)　Thierry S. Renoux et Michel de Villiers, *Code constitutionnel*, 3 éd., Litec, 2004, pp. 442－443.

のである。実際，第五共和制の慣行においても，修正案はそのような手続には付されていない。

それでは，政府提出法律案の提出については，コンセイユ・デタへの諮問及び閣議での審議決定という義務的手続が必要であり，憲法上規律されるのに対し，内閣修正案の提出については憲法上何の規律もされないのであろうか。

この点，1980年7月22日憲法院判決(3)以降，修正権の行使についての憲法適合性が憲法院で積極的に争われるようになった。すなわち，受理されて法律の一部として可決された修正案が，「憲法上の手続準則」に従って提出されたかどうかが争われるようになったのである。しかも，その憲法院で争われた修正案の多くは，内閣修正案であった。

これによって，修正権，特に内閣の修正権の行使に対して，憲法が直接明記していない準則が憲法院によって積極的に課されていくこととなったのである(4)。

2　本章の目的

本章は，フランスにおける修正権(5)，特に内閣の修正権の行使に対する憲法院による手続的統制がどのようなものであるかを検討する。

そこでまず，前提問題として，修正権のフランス憲法における位置付けを検討する（第1節）。すなわち，フランスにおける修正権の歴史的発展及び第五共和制における修正権についての制度を検討する。その上で，憲法院による修正権の統制はどのようなものであるかを検討する。すなわち，修正案一般に対する統制（第2節）及び内閣修正案の提出手続に対する統制（第3

(3)　C.C., Décision n° 80－117 DC du 22 juillet 1980, *Loi sur la protection et le contrôle des matières nucléaires*, *Rec.*, p. 42.

(4)　Valérie Sommacco, *Le droit d'amendement et le juge constitutionnel en France et en Italie*, LGDJ, 2002, p. 335.

(5)　なお，フランスにおける修正権に関する邦語文献として，福岡英明『現代フランス議会制の研究』（信山社，2001年）15－38頁，徳永貴志「フランス第五共和政における修正権と政党システム」一橋法学7巻2号（2008年）327－407頁，同「フランス憲法改正における修正案提出権の現代化」工学院大学共通過程研究論叢46－2号（2009年）63－75頁を参照。

節）をそれぞれ検討する。

3　用語の問題

なお，「修正案」とは，「両議院が付託された，かつ，憲法又は議院規則によって認められる修正権保持者によって作られた，先在するテキストについての修正の提案」(6)のことである。したがって，修正案とは，法律案に対する修正だけでなく，決議案に対する修正をも含意する。しかしながら，本章は，「派生的法律案提出権」としての修正権に対する裁判的統制の検討を目的としているので，本章における「修正案」は，法律案に対する修正案を指すものとする。

第1節　修正権のフランス憲法上の位置付け

修正案を提出する権限，すなわち，修正権について，フランスにおいては古くから議論されてきた。第1節では，まず，第五共和制以前の修正権の運用及び学説を検討し，次に，第五共和制において修正権はどのように変容したかを検討する。

1　第五共和制以前の修正権

修正権は，1958年憲法において，明示的に規定された(7)。しかしながら，修正権はそれ以前にも行使されていたのであり，その起源は革命期にまで遡る(8)。ここでは，すべての時期を検討することはせず，修正権が確立された第三共和制以降を検討する。したがって，まず，第三共和制及び第四共和制において学説が修正権をどのように捉えていたかを検討し，次に，第三共

---

(6)　Bruno Baufumé, *Le droit d'amendement et la Constitution de la Ve République*, LGDJ, 1993, pp. 11－12.

(7)　ただし，1946年憲法は，第20条第4項（制定当時の第6項）において，共和国評議会（上院）による修正を明示しており，修正権について間接的に規定していたと言える。詳しくは後述。

(8)　フランスにおける修正権の態様の歴史的区分については，以下を参照。Bruno Baufumé, *supra* note(6), pp. 18－23.

和制及び第四共和制において，実際に修正権がどのように運用されていたかを検討する。

(1)　古典的学説――法律案提出権のコロラリィ

第三共和制及び第四共和制において，学説は修正権をどのように捉えていたのか。

①　「法律案提出権のコロラリィ」としての修正権

修正権について具体的な分析を初めて行ったのは，前掲のウージェーヌ・ピエールである。ピエールは，「修正権は，一般的法律案提出権のコロラリィである。修正案は，それ自体では，新しい問題を生じさせる権限を有していない点で，議員提出法律案とは区別される。したがって，修正案は，議会がすでに付託された事項がある場合にしか生じえない」(9)と定義した。

このピエールの見解は，学説上広く支持されることになった。レオン・デュギー（Léon Duguit）は，「国会議員に帰属する法律案提出権は，当然に，修正権，すなわち，政府提出法律案又は議員提出法律案への部分的修正を提案する権限を含んでいる」(10)ことを認め，ジュリアン・ラフェリエール（Julien Laferrière）も，「修正権は，法律案提出権であるので，原則として，同じ範囲の中に存在する。つまり，法律案提出権を有する者は，修正権を有する」(11)とした。

②　伝統的学説の特徴

このように修正権を「法律案提出権のコロラリィ」として捉える学説の特徴は，修正案を「法律案提出権の特別の表明（manifestation particulière）」(12)として見なしている点にある。

---

(9)　Eugène Pierre, *supra* note(1), n° 696（p. 843）.

(10)　Léon Duguit, *Traité de droit constitutionnel*, t.4, 2e éd.,Ancienne librairie fontemoing & Cie, 1924, p. 313.

(11)　Julien Laferrière, *Manuel de droit constitutionnel*, 2e éd., Montchrestien, 1947, p. 1003.

ところが，このように修正権を捉える古典的学説は，第三共和制及び第四共和制における修正権の運用に鑑みれば，大きな矛盾を孕むものであった。

⑵　第三共和制及び第四共和制における修正権

古典的学説は，修正権を「法律案提出権のコロラリィ」として捉えていたのであるが，第三共和制及び第四共和制において，修正権は実際にどのように運用されていたのか。

①　第三共和制における修正権

第三共和制においては，1875年憲法諸法律により，法律案提出権は，国会議員及び大統領に認められていた。すなわち，元老院の組織に関する1875年２月25日法律第８条が「元老院は下院とともに法律案提出権及び法律制定権をもつ」ことを，公権力の組織に関する1875年２月25日法律第３条が「大統領は，両院の議員とともに法律案提出権をもつ」ことを定めていたのである。

これに対して，修正権，あるいは修正案は，1875年憲法諸法律には何ら規定されていなかった。しかしながら，この修正権に関する憲法諸法律の沈黙は，一つの慣行を生み出した。すなわち，修正権を，国会議員のみに認め，大統領には認めないという慣行である。

伝統的学説からすれば，法律案提出権が認められる者は，修正権も当然に認められなければならないはずである。反対に，法律案提出権が認められない者は，修正権も認められない。内閣（あるいは大臣）は法律案提出権を保持していなかったので，当然そのコロラリィである修正権を保持しない。したがって，内閣（あるいは大臣）が修正権を行使できないのは当然であった。

しかしながら，伝統的学説からすれば，法律案提出権を有する大統領は，当然に修正権を行使できなければならないはずである。それにもかかわらず，大統領は，修正権を行使できないとされたのである。

このように運用された原因として，ブルノ・ボヒュメ（Bruno Baufumé）は，大統領と国会との関係を挙げている(13)。すなわち，公権力の関係に関する

(12)　Bruno Baufumé, *supra* note(6), p. 13.

1875年7月16日憲法法律第6条第1項は「大統領は，教書により両議院と連絡する。教書は，大臣により演壇で読み上げられる」ことを定めており，両議院での審議前に提出される法律案とは異なり，審議中に提出される修正案の起草には，議会の審議状況を深く知ることが必要であるが，大統領は議会審議には参加しないので，修正案を起草することは不可能であったということである。

伝統的学説は，大統領が修正権を行使できないことについて，何ら理論的根拠を示していないが，このボヒュメの分析は，これに一定の回答を与えていると言えよう。

いずれにせよ，第三共和制を通じて，法律案提出権を有する大統領（あるいは内閣を含めた政府）には修正権の行使は認められなかった。

これに対し，国会議員の修正権は，法律案提出権のコロラリィとして認められた。この国会議員の修正権については，議院規則によってその手続が規律されることとなり，特に，修正案の受理原則として，修正案は，審議中のテキストに実効的に組み込まれる場合にしか受理されないとされた（いわゆる「関連性準則」，国民議会規則旧第84条，現在の第98条第3項）。また，国会議員の修正権は，議院規則だけでなく，議院理事部による理事部規則（instruction générale）や先例（presedents）によっても規律されていたのであり，この「関連性準則」は，もともと先例であったものを議院規則化したものである(14)。

②　第四共和制における修正権

1946年憲法体制になると，法律案提出権については，状況は一変する。すなわち，1946年憲法第14条は，「内閣総理大臣及び国会議員は法律案提出権（initiative des lois）をもつ」ことを定め，執行府における法律案提出権者を内閣総理大臣（Président du Conseil des ministres）すなわち首相としたのである。

これに対して，修正権は，憲法上明示的な規定を有せず，第20条第4項において共和国評議会（上院）による修正を認めることによって，間接的に

(13)　Bruno Baufumé, *supra* note(6), p. 22.

(14)　この受理原則を定める国民議会規則旧第84条（当時）は1935年に制定された。

修正権を規定するにすぎなかった。運用としても，第三共和制と同様に，修正権は国会議員のみに認められ，首相（内閣総理大臣）には認められなかった。

古典的学説からすれば，内閣あるいは首相（内閣総理大臣）に修正権を認めるべきであるし，先のボフュメの分析にしたがっても，国会の審議に参加する首相（内閣総理大臣）に，法律案提出権を有するにもかかわらず，修正権を認めないとする論理構造を取るのは不可能である。

この問題について，フランソワ・ゴーゲル（François Goguel）は，「内閣に修正権を認めないことは，当然に，憲法上内閣に帰属する法律案提出権の正当化できない制限を構成する」(15)として批判した。しかしながら，内閣あるいは首相（内閣総理大臣）に修正権を認めないことに関して，学説上それほど批判されることはなかった。

また，法律案提出権のコロラリィとして認められる国会議員の修正権については，第三共和制と同様，議院規則，議院理事部の理事部規則，あるいは先例によってその手続が規律されていた。

(3)　小　括

以上のように，第三共和制及び第四共和制における特徴は，修正権は憲法上規定されていないが，法律案提出権のコロラリィとして認められること，しかしながら，法律案提出権を有する大統領あるいは内閣に修正権が認められることはなかった，ということである。

2　第五共和制における修正権の制度

第五共和制において，修正権に関する劇的な変化が訪れることになる。つまり，1958年憲法は，第44条第1項で「国会議員と内閣は修正権をもつ」ことを定めたのである。したがって，修正権は，議院規則だけでなく，憲法典によっても規律されることとなったのである。重要なのは，内閣の修正権が，首相の有する法律案提出権（憲法第39条第1項）のコロラリィとして憲法上認められたことである。この点については，第3節で詳しく論じることにする。

(15)　François Goguel, « Les Méthodes du Travail Parlementaire », *RFSP*, octobre-décembre, 1954, p. 702.

ここでは，第五共和制において修正権がどのように規律されているか，その具体的な制度を見ていく。修正案一般の提出手続は憲法典に明記されていなかったために，多くが議院規則によって規律されてきた。しかし，2008年7月の憲法改正において，憲法第44条第1項に「修正権は，憲法附属法律が定める枠組みにおいて，議院規則が定める手続にしたがって本会議又は委員会で行使される」という一文が追加され，この規定に基づいて，「憲法第34-1条，第39条及び第44条の適用に関する2009年4月15日憲法附属法律第403号」(以下，2009年4月15日憲法附属法律と表記）が制定された。したがって，まず，2009年4月15日憲法附属法律及び議院規則上の規律を確認する。次に，憲法院による修正権の統制の類型にはどのようなものがあるかを見ていく。

(1)　憲法附属法律及び議院規則による修正権の規律

2008年7月の憲法改正まで，1958年憲法は，修正案の特別な不受理については定めているものの，修正権一般の提出については何も定めていなかった。したがって，修正権は，その多くが議院規則によって規律されてきたのであり，2009年4月15日憲法附属法律制定後は，これによっても規律されることとなった。

①　修正案の提出権者

憲法第44条第1項は内閣と国会議員に修正権を付与している。

しかし，国民議会規則は，この「国会議員」を個人としての国会議員に限定していない。内容を付託された委員会，意見を求めて付託された委員会も，修正案を提出することができる（国民議会規則第98条第1項)。元老院規則も，委員会が修正権を有していることを明示してはいないが，委員会が修正案を提出することを前提とした規定を置いている（元老院規則第43条第6項)。

②　修正案の形式

修正案は，書面で作成され（2009年4月15日憲法附属法律第13条第1項)，行為者の少なくとも1人によって署名され，かつ，議院の理事部又は委員会に提出される（国民議会規則第98条第2項，元老院規則第48条第2項)。

また，修正案は，簡単に提案理由が記してなければならず（2009年4月15日憲法附属法律第13条第1項），議長により，内容を付託された委員会に通知され，印刷され，配布される（国民議会規則第98条第3項，元老院規則第48条第2項）。

書面と署名の要件は，第三共和制以来厳格に適用されてきた(16)のに対し，提案理由の要件は，第五共和制においてはじめて義務的なものとされ(17)，かつ，書面と署名の要件ほど厳格に適用されていない。ただし，提案理由がない場合でも，「この修正案は，その対象とするテキストにより正当化される（Cet amendement se justifie par son texte même）」(18)という文言でよいとされるために，この提案理由の要件の意義は失われている。ただし，予算法律（及び社会保障財政法律）に関しては，排他的管轄があるために，提案理由の要件は間接的な規範的効力を有しているとされる(19)。

③　修正案の提出期限

まず，2009年4月15日憲法附属法律第13条第2項は，本会議での法律案の審議開始後は，国会議員の修正案はもはや受理されないことを定めている。

その上で，議院規則は，修正案が提出される期限に関して規律している。

国民議会規則第99条第1項は，国民議会議員による修正案は，議事協議会の反対の決定がある場合を除き，法律案の審議開始日の17時より遅くとも平日3日前に提出されなければならないことを定めている(20)。これは，原則として，国民議会で審議されるすべてのテキストについて，同一の修正案提出期限が設定されることを意味している(21)。

---

(16)　Valérie Sommacco, *supra* note(4), pp. 201－202.

(17)　この要件は，1915年，第三共和制の下で議院規則に導入されたが，任意的なものにすぎなかった。ピエールは，同じく理由が必要とされる議員提出法律案と修正案との混同を生じさせるとして，この理由の要件を批判した。Eugène Pierre, *supra* note(1), n° 707（p. 856）.

(18)　Thierry S. Renoux et Michel de Villiers, *supra* note(2), p. 953.

(19)　Lucie Tallineau, « Une annexe budgétaire en quête d'identité », *RDP*, 1987, p. 1069.

(20)　この規定は，2009年5月27日決議第292号によって改正されたものである。

ただし，内閣又は内容を付託された委員会による修正案は，この期限を過ぎても提出することができる（同条第2項）。また，再修正案（後述）には，この期限準則は適用されない（同条第3項）。

これに対し，元老院議院規則は，修正案の提出期限について，単純な規定しか有していない。すなわち，「議事協議会は，所管委員会の要求に基づいて，修正案の提出についての制限期間を定めることを決定できる」（元老院規則第50条第1文）。これは，テキストごとに修正案の提出期限を決定されること，かつ，期限が定められない場合は，審議期間のいかなるときであっても修正案の提出が可能であることを意味している(22)。期限の決定に関しては，議事協議会が決定権者ではあるが，実際には委員会がそのイニシアティブを有しているとされる(23)。ただし，この提出期限は，内閣修正案，内容を付託された委員会の修正案及び再修正案には適用されない（同条第3文）。

④　再修正案の受理原則

議院規則は，修正案の受理準則を定めており（「関連性準則」，「漏斗準則」），これについて詳しくは第2節で述べるが，ここでは，議院規則が再修正案（sous-amendement）についての受理原則をも定めていることに言及しておく。再修正案とは，修正案に対しての修正の提案である(24)。

議院規則によれば，再修正案は，修正案の意味を否定する効果を有しない場合にしか，受理されることはできない（国民議会規則第98条第3項，元老院規則第48条第3項）。

この「修正案の意味を否定する」という文言が元老院規則に導入されたのは1973年であるが，憲法第61条第1項により，その憲法適合性が憲法院で審査された。元老院決議は「再修正案は，組み込まれる修正案の精神を歪曲

(21)　同様の旧規定についてそのように解されていた。Valérie Sommacco, *supra* note (4), p. 209.

(22)　Valérie Sommacco, *supra* note (4), p. 209.

(23)　Pierre Avril, Jean Gicquel et Jean-Éric Gicquel, *Droit parlementaire*, 5e éd., Montchrestien, 2014, pp. 235－236.

(24)　Pierre Avril, Jean Gicquel et Jean-Éric Gicquel, *supra* note (23), p. 231.

する又はその意味を否定する効果を有しない場合にしか，受理されることはできない」という文言であったが，「精神を歪曲する」という部分が憲法院によって違憲とされた。

すなわち，1973年5月13日憲法院判決(25)は，「再修正権（droit de sous-amendement）は，憲法第44条第1項により国会議員又は内閣に認められる修正権と切り離すことができない」〔Cons. 5〕，「再修正案の受理の規制は，その規制が再修正権の恣意的侵害になる危険がない場合にのみ，憲法に適合すると判断される」〔Cons. 6〕とした。その上で，「精神を歪曲する」の文言については，「再修正案による修正案の精神の歪曲という概念は，極めて主観的な基準であり，非常に不明確な基準なので，憲法により国会議員及び内閣に認められる修正権の行使がまさにそれ自体によって危険にさらされることなしに，議院による再修正案の受理の判断のための根拠とすることはできない」〔Cons. 7〕と判示し，修正案の「精神を歪曲する効果」を有する再修正案の不受理は，再修正権の恣意的侵害になる危険があるとして，憲法に違反するとした。これに対して，「意味を否定する」の文言については，「そのような再修正案の提出は，現実には，その修正案に好意的でない立場を取ることに等しく，単に，その修正案が採択されることを避け，さらにはその撤回をもたらすことを目的とし，その結果，そのような再修正案の提出は，手続の濫用によって，議院の審議に付されたテキストの破棄を提案することではなく，その修正を提案することに本質がある，憲法第44条第1項により国会議員及び内閣に認められる修正権の行使の真の態様と見なされることはできない」〔Cons. 8〕と判示し，修正案の「意味を否定する効果」を有する再修正案の不受理は，再修正権の恣意的侵害になる危険がないとして，憲法に適合するとした。

このような憲法院の判断により，「修正案の意味を否定する」再修正案は受理されない。しかしながら，注意しなければならないのは，審議中のテキストを削除する修正案は，慣行上認められているということである。削除の修正案は，議院が最終的には否決するかもしれない条項の審議が無駄に続行

(25)　C.C., Décision n° 73-49 DC du 17 mai 1973, *Résolution tendant à modifier certains articles du règlement du sénat*, *Rec.*, p. 15.

されること回避する意味を持つからである。したがって，削除の修正案は，受理され，他の修正案よりも優先的に採決される(26)。

さらに，再修正案には，修正案の受理準則が適用される（国民議会規則第98条第5項，元老院規則第48条第3項の2）。この規定は1986年に元老院で導入されたが，1986年6月3日憲法院判決(27)は，先の1973年5月13日憲法院判決を踏襲し，「再修正権は，憲法第44条第1項により国会議員又は内閣に認められる修正権と切り離すことができない」〔Cons. 4〕と判示して，この規定を合憲とした。

⑵　憲法院による修正権の統制の類型

1958年憲法は，まず修正権を一般的に認め（第44条第1項），さらに，修正案の不受理に関する6つの条項（第40条，第41条第1項，第44条第2項，第44条第3項，第45条第3項，第45条第4項）を定めている。また，特定の憲法附属法律も，修正案の不受理を定めている。この憲法規範による修正権の規律はいかなる意味を持つのか。

①　憲法院による修正権に関する立法手続の統制

従来，修正権は，議院規則，議院理事部による理事部規則，あるいは先例によって規律されていた。すなわち，修正権は議院の自律権に委ねられていたのである。

しかしながら，第五共和制においては，修正権は，憲法典によって規律されることとなった。さらに，予算法律案の修正案に関しては，予算法律に関する憲法附属法律(28)によっても，社会保障財政法律案(29)の修正案に関して

---

(26)　Pierre Avril, Jean Gicquel et Jean-Éric Gicquel, *supra* note(23), p. 231.

(27)　C.C., Décision n° 86－206 DC du 3 juin 1986, *Résolution modifiant divers articles du Règlement du Sénat, Rec.*, p. 43.

(28)　第五共和制当初は，「予算法律に関する憲法附属法規を定める1959年1月2日オルドナンス第2号」であったが，現在は，「予算法律に関する2001年8月1日憲法附属法律第692号」となっている。この憲法附属法律は，2005年1月1日から施行された。

(29)　1996年2月22日憲法法律第138号によって創設された新たな法律のカテゴリーであり，憲法第34条第6項及び第47－1条によって規定されることとなった。

は，社会保障法律に関する憲法附属法律(30)によっても，規律される。このことは，修正権に関する立法手続が，そのような「憲法規範性ブロック（bloc de constitutionnalité）」(31)に適合しているかどうか，憲法院によって統制されることを意味する(32)。つまり，憲法院は，憲法第61条に基づいて，両議院で可決された憲法附属法律（第1項）又は（通常）法律（第2項）の憲法適合性を審査するのである。この審査にあたっては，憲法院は，その法律の内容の憲法適合性だけでなく，手続の憲法適合性をも審査する(33)。すなわち，憲法院は，他の立法手続と同様に，修正権に関する立法手続がその憲法諸準則に違反していないかを審査するのである。

この修正権に関する立法手続に対する憲法院による統制は二つの類型がある。

(i)　修正案の不受理に対する統制

一つは，修正案の不受理に対する統制である。憲法院は，第61条に基づいてある法律を付託されたときに，その法律案についての議院による修正案の不受理が修正権保持者のそれを侵害しているかどうか，すなわち，修正案の不受理の憲法適合性を審査するのである。この修正案の不受理は，憲法典上の不受理，憲法附属法律上の不受理，議院規則上の不受理，それ以外の不受理に分けられる（第1章第2節を参照）。この修正案の不受理に対する統制は，議員提出修正案の不受理が問題となるために，ここでは検討しない。

(ii)　受理された修正案に対する統制

もう一つは，修正案の一般的な提出手続は憲法上直接明記されていないために，憲法院が，修正案が議院に受理されて法律の一部として可決されたと

---

(30)「社会保障財政法律に関する1996年7月22日憲法附属法律第646号」は，憲法附属法律事項として社会保障法典に挿入されており，その後も何度か改正されている。

(31)　フランスにおいては，憲法典だけでなく，憲法附属法規も，憲法院による憲法適合性判断の根拠となるとされている。第1章第1節を参照。なお，「憲法規範性ブロック」の拡大については，樋口陽一『現代民主主義の憲法思想』（創文社，1977年）77－108頁を参照。

(32)　憲法典が定める立法手続一般についての憲法院による統制の意義については，大石眞『議院自律権の構造』（成文堂，1988年）135－137頁を参照。

(33)　Dominique Rousseau, *Droit du contentieux constitutionnel*, 10e éd., Montchrestien, 2013, pp. 137－139 ; Guillaume Drago, *Contentieux constitutionnel française*, 3e éd., PUF, 2011, pp. 382－385.

きに，その修正案の立法手続の憲法適合性を審査する場合である。これは，修正権の行使に「補完的」手続[34]を課すものである。憲法院は，この修正案提出手続に関する憲法準則を積極的に創設してきた。この受理された修正案に対する憲法院による統制については，第2節で検討する。

(iii)　議院規則の憲法的効力の否定

ここで，憲法院が憲法適合性の判断根拠となる「憲法規範性ブロック」がどこまで含まれるか，具体的には議院規則が含まれるかどうかの問題に触れておく[35]。憲法院は，議院規則はそれ自体では憲法的効力を有しない[36]と判断し[37]，現在においてもこの態度を取っている[38]。したがって，議院規則はそれ自体では「憲法規範性ブロック」を構成しないのであって，修正権に関する議院規則違反は，憲法院によって統制を受けないのである。

このような第61条に基づく統制が，憲法院による修正権に関する立法手続の統制の一つの類型である。

②　憲法院による修正権に関する立法手続の特別な統制

憲法院による修正権に関する立法手続の統制には，もう一つ特別な類型がある。それは，憲法規範が立法手続における憲法院の介入を特別に認めている場合である。これは，立法手続の進行中に議員提出の法律案又は修正案の所管（法律事項か命令事項か）が争われ，内閣と議院の議長との間で意見が一致しないときに，一方の求めに応じて憲法院が裁定する場合である（憲法第41条第2項）。つまり，法律が両議院で可決される前の手続であり，憲法

---

(34)　Valérie Sommacco, *supra* note(4), p.335.

(35)　第1章第1節も参照。

(36)　C.C., Décision n° 78－97 DC du 27 juillet 1978, *Loi portant réforme de la procédure pénale sur la police judiciaire et le jury d'assises*, *Rec.*, p. 31, Cons. 3.

(37)　この憲法院の判決について，すべての議院規則の憲法的効力が否定されたと解する見解もある。Loïc Philip, « La jurisprudence finencière. Les saisines du printemps 1978 », *RDP*, 1979, p. 502.

(38)　最近の判決として，C.C., Décision n° 2005－512 DC du 21 avril 2005, *Loi d'orientation et de programme pour l'avenir de l'école*, *Rec.*, p. 72, Cons. 5 ; C.C., Décision n° 2008-564 DC du 19 juin 2008, *Loi relative aux organismes génétiquement modifiés*, *Rec.*, p. 313, Cons. 5.

院による修正権に関する立法手続の特別な統制である。この手続は，これまでに11件使用されているが，1979年以降は使用されていない(39)。

③　憲法院による修正権に関する議院規則の統制

さらに，修正権が憲法規範によって規律されることは，修正権に関する議院規則そのものが「憲法規範性ブロック」に適合するかどうか，憲法院によって統制されることを意味する。憲法第61条第1項は，議院規則は施行前に憲法院に必ず付託されなければならないことを定めているが，修正権に関する議院規則を制定又は改正する議院規則（実際は，決議の形式である）は，憲法院によってその憲法適合性が審査されるのである。

実際，憲法院による議院規則の統制は，前述のように，再修正案に関する議院規則に関して見られた。

このように，修正権に関する立法手続及び議院規則が憲法院によって統制される。憲法院による修正案提出手続に対する具体的な統制については，第2節で詳しく検討する。

3　小　括

第1節では，フランス憲法における修正権の位置付けを見てきた。1では，伝統的に修正権は法律案提出権のコロラリィとして捉えられてきたが，政府又は内閣には修正権が認められなかったことを確認した。続く2では，第五共和制において，2008年7月憲法改正以前は，修正権は議院規則によって規律されてきたこと，2008年7月憲法改正以降は，修正権は憲法附属法律によっても規律されることになったこと，修正権は憲法院によって統制されるようになったことを確認した。

第2節　修正案の内容上の制約

第2節では，内閣提出であろうと，国会議員提出であろうと，およそ修正

(39)　なお，この手続に関する憲法院の判決は，「FNR（fin de non-recevoir）」と表記される。

案に対していかなる内容上の制約が課せられているのかを検討する。

1　議院規則上の制約

2008年7月改正までは，憲法典はおよそ修正案の内容上の制約については何ら定めておらず，議院規則がこれを定めてきた。

(1)「関連性準則」

国民議会規則旧第98条第5項第1文は，修正案は，「対象とするテキストに実効的に組み込まれる場合にしか，追加条項に関しては，政府提出法律案又は議員提出法律案の枠組みで提案される場合にしか，受理することはできない」ことを定め，元老院規則旧第48条3項は，「修正案は，対象とするテキストに実効的に組み込まれる場合にしか，追加条項に関しては，審議中のテキストの目的とのあらゆる関連性（lien）を奪われていない場合にしか，受理することはできない」ことを定めていた。

この受理に関する規定は，元老院規則における追加条項に関する規定が示すように，修正案にはその対象とするテキストとの関連性が必要であることを示している。いわゆる「関連性準則」である。したがって，テキストとの関連性がない修正案は受理されない。争いがある場合には，その受理の問題は，審議の前に，議院の決定に付され，修正案の起草者，反対者，委員会及び内閣は，これに関与することができる（国民議会規則旧第98条第5項第2文・第3文，元老院規則旧第48条第4項）。

このように，修正案の受理については，議院自身が審議される法律案と修正案との関連性を判断する。しかしながら，立法手続の憲法適合性を審査する憲法院は，議院規則の照会規範（norme de référence）性を否定しておきながら(40)，後述するように，修正案の提出手続の憲法適合性の判断に際して，憲法典の解釈により導き出した準則として，関連性準則を用いていくことになる。

---

(40)　C.C., Décision n° 78－97 DC du 27 juillet 1978, *supra* note(36), Cons. 3. 詳しくは，第1章第1節を参照。

⑵ 「漏斗準則」

また，議院規則は，両議院によってすでに可決されている規定はもはや再検討されることはできず，同一の文言で可決されていない規定についてのみ審議することを定めている（国民議会規則第108条第3項・第4項，元老院規則旧第42条第10項・第11項）。これによって，第一読会後に完全に新しい規定を導入する修正案（＝追加条項）及び両議院の合致した採決によって可決又は否決された規定を再検討する修正案は受理されない(41)。ただし，可決された条項との調整を確保する又は実質的な誤りを訂正する場合には，修正案は認められる（国民議会規則旧第108条第5項，元老院規則旧第42条第11項の2）。

これは，いわゆる「漏斗（entonnoir）準則」と呼ばれるもので，第五共和制以前の諸先例に由来し，第五共和制において両議院の規則において明文化されたものである(42)。

しかし，後述するように，この「漏斗準則」は，近年まで，内閣修正案に関しては，憲法院によって完全に死文化させられていた。

2　判例法上の制約の変遷

このように従来，修正案の内容上の制約は憲法典ではなく議院規則によって定められてきた。憲法院は，議院規則の照会規範性を認めなかったので，修正案の提出手続の憲法適合性の判断に際して，議院規則に違反するかどうかを審査することはなかったが，憲法典から導いた解釈として，議院規則に由来する，あるいは，独自の内容上の制約を修正案に課してきた。

⑴ 両院協議会後の「関連性準則」及び「内在する限界」の確立と「漏斗準則」の否定

① 最初の判決

修正案の内容上の制約に関する最初の判決は，1980年7月22日判決(43)

---

(41)　Pierre Avril et Jean Gicquel, *Droit parlementaire*, 4e éd., Montchrestien, 2010, p. 223.

(42)　Marc-Antoine Granger, « La rénovation du droit d'amendement », *RFDC*, n° 75, 2008, p. 597.

である。この事例では，第二読会において内閣が提出した追加条項が，憲法上「漏斗準則」を定めていると提訴者が主張する憲法第42条第2項及び第45条第1項に違反するかが争われた(44)。

憲法院は，その追加条項が国民議会及び元老院によって順次同一の文言で可決されたことから，第42条第2項及び第45条第1項は尊重された〔Cons. 3〕と判示した。つまり，本判決は，第二読会での追加条項を認めた(45)のである。

しかしながら，この判決が議院規則上の「漏斗準則」を憲法準則として取り入れることを完全に否定したかどうかは明確ではなかった。実際には，これから見ていくように，憲法院は，両院協議会（comission mixte paritaire）後の修正案の事例において，「漏斗準則」が憲法準則であることを否定していくことになる。

② 両院協議会での成案起草失敗後の「漏斗準則」の部分的否定と「関連性準則」の確立

(i) 両院協議会での成案起草失敗後の追加条項の認容

次に，両院協議会での成案起草失敗後の内閣による追加条項の導入が憲法第45条に違反するかどうかが争われた事例で，1981年12月31日判決(46)は，「両院協議会によって起草された成案がない場合……国民議会の〔新たな読会での〕審査について，憲法第45条は，修正権の行使への制限を予定していない」〔Cons. 10〕（傍点：引用者）と判示した。憲法院は，両院協議会での成案起草失敗後の読会におけるまだ同一の文言で可決されていないテキストに対する追加条項は，憲法上禁止されないことを明確にしたのである。これ

---

(43) C.C., Décision n° 80－117 DC du 22 juillet 1980, *supra* note(3).

(44) この追加条項に関しては，国民議会規則旧第98条第5項第1文が定める「関連性準則」への違反も争われたが，憲法院は，議院規則は憲法的効力を有しないことを示しながらも，この追加条項は審議中のテキストと「無関係ではなかった」と判示した〔Cons. 2〕。この判決は，「関連性準則」の憲法準則化を暗示していたと捉えられている。Marc-Antoine Granger, *supra* note(42), p. 595.

(45) Pierre Avril et Jean Gicquel, *supra* note(41), pp. 223－224.

(46) C.C., Décision n° 81－136 DC du 31 décembre 1981, *Troisième loi de finances rectificative pour* 1981, *Rec.*, p. 48.

は，議院規則上の「漏斗準則」が第二読会以降の追加条項を禁止しているにもかかわらず，両院協議会での成案起草失敗後の読会での内閣による追加条項を認めるものであった。

(ii)　両院協議会での成案起草失敗後の「関連性準則」の確立

同様に，両院協議会での成案起草失敗後の内閣による追加条項の導入が問題となった事例において，1985年7月10日判決(47)は，「憲法第45条は，両院協議会の関与後に，国民議会での最後の読会を除き，内閣の修正権に対していかなる特別の制限もしていない」，「両院協議会での成案起草失敗後の国民議会での最初の読会の間に，内閣はそれ以前の読会のときと同じ要件で修正権を行使する」，「〔当該条項は〕当該法律の他の諸規定とのあらゆる関連性を奪われていない」〔Cons. 2〕（傍点：引用者）と判示した。この判決は，1981年判決を踏襲して，両院協議会での成案起草失敗後においてもそれ以前の読会と同じ要件で修正権を行使できることを確認した上で，その段階での「関連性準則」を確立した(48)。つまり，この判決は，修正案は審議中のテキストとの関連性が必要であるという議院規則上の「関連性準則」を憲法準則として認めたのである(49)。

しかしながら，1981年12月31日判決及び1985年7月10日判決は，いずれも，両院協議会での成案起草失敗後の追加条項を認めるものであったが，両院協議会での成案起草成功後にも追加条項が認められるか，また，その成功・失敗にかかわらず，すでに両議院で同一の文言で可決された条項への修正が認められるかは明確ではなかった。

---

(47)　C.C., Décision n° 85－191 DC du 10 juillet 1985, *Loi portant diverses dispositions d'ordre économique et financier Rec.*, p. 46.

(48)　同様の事例として，C.C., Décision n° 85－198 DC du 13 décembre 1985, *Loi modifiant la loi n°* 82－652 *du* 29 *juillet* 1982 *et portant diverses dispositions relatives à la communication audiovisuell, Rec.*, p. 78 ; C.C., Décision n° 85－199 DC du 28 décembre 1985, *Loi portant amélioration de la concurrence, Rec.*, p. 83.

(49)　Valérie Sommacco, *supra* note(4), p. 351.

③　両院協議会後の「漏斗準則」の完全否定と「関連性準則」及び「内在する限界」の確立

その後すぐ，両院協議会での成案起草成功後の内閣による追加条項の事例において，1986年12月29日判決(50)は，「両院協議会による審議中の諸規定についての共通の成案の採択は，内閣が，両院協議会が作成した成案を両議院に付議して承認を求めるときに，自ら選択する修正案によってその成案を修正又は補完し，必要な場合には追加条項の形式を取ることを妨げない」，「これらの修正案は，すでに両議院により同一の文言で可決された諸規定を変更する効果を有することさえできる」，「しかし，そのように審議中のテキストになされる追加又は修正は，憲法第39条第1項及び第44条第1項に違反することはできず，そのテキストとの関連性を失うことも，その目的（objet）及び射程（portée）について，修正権の行使に内在する限界（limites inhérentes）を超えることもできない」〔Cons. 5〕（傍点：引用者）と判示した。

（i）　両院協議会後の「漏斗準則」の完全否定

まず，この判決は，両院協議会での成案起草成功後，内閣が追加条項を提出できることを認めただけでなく，すでに両議院により同一の文言で可決された規定に対する修正案をも提出できることを認めている。

この点，両院協議会での成案起草成功後は，国会議員は修正案を提出できるものの，内閣が排他的な修正権を有している（憲法第45条第3項）。そして，この場合，国会議員は，議院規則により「漏斗準則」に従わなければならない一方で，内閣は，この判決により，何の制約もなく修正案を提出することができる。したがって，この判決は，内閣にとてつもない特権を付与したのである(51)。

こうして，憲法院は，両院協議会での成案起草の成功・失敗に関わりなく，両院協議会後の内閣の修正権を保護し，修正案についての内閣への白紙委任（blanc-seing）を認めた(52)。すなわち，憲法院は，内閣に関して，両院協議会後の「漏斗準則」を完全に否定したのである(53)。

---

(50)　C.C., Décision n° 86 – 221 DC du 29 décembre 1986, *Loi de finances pour* 1987, *Rec.*, p. 179.

(51)　Pierre Avril et Jean Gicquel, « Droit d'amendement : la fin des « limites inhérentes » », *LPA*, 13 juillet 2001, n° 139, p. 5.

(ii)　両院協議会後の「関連性準則」及び「内在する限界」の確立

また，本判決は，両院協議会での成案起草成功後の修正案にも「関連性準則」が課せられることを明確にしている。したがって，およそ両院協議会後の修正案には「関連性準則」が課せられることになったのである。

しかしながら，本判決は，修正権そのものを大きく制限するものである。すなわち，両院協議会での成案起草成功後の修正案は，審議中のテキストの目的及び射程について修正権に内在する限界を超えてはならないとしたのである。つまり，修正案は，法律案との単なる形式的な関連性が必要とされるだけでなく，ある種の質的従属の関連性（un sorte de lien de subordination qualitatif）が必要なのであり(54)，それこそが修正権に内在する限界である。

ただし，この判決では，関連性は奪われておらず，かつ，目的及び射程について修正権の行使に内在する限界を超えていないので，その修正案に基づく条項の立法手続は適法とされたが，この判決の１ヶ月後に，「内在する限界」を超えるものとして，修正案に基づく条項を無効とする判決が下され，大きな物議を醸すことになる。

④　1987年1月23日判決――「内在する限界」を超えたとされる事例

1987年1月23日判決(55)も，両院協議会での成案起草成功後の内閣修正案が問題となった。憲法院は，1986年12月26日判決と同様に，両院協議会作成の成案に内閣が修正できることを認めた上で，「関連性準則」及び「内在する限界」の判断基準を示した〔Cons. 8〕。しかしながら，本判決は，

---

(52)　Pascal Binczak, « Le Conseil constitutionnel et le droit d'amendement : entre « errements » et malentendus », *RFDC*, n° 47, 2001, p. 493.

(53)　この後，1990年5月29日判決（C.C., Décision n° 90－274 DC du 29 mai 1990, *Loi visant à la mise en oeuvre du droit au logement, Rec.*, p. 61）は，両院協議会後の新たな読会において，すでに両議院によって否決されていた条項を復活させる修正案を内閣が提出することも認めた。この判決によって，両院協議会後の「漏斗準則」は，真の意味で完全に否定されたのである。

(54)　Jean-Pierre Camby, « Le droit d'amendement : un droit jurisprudentiel ? : À propos de la décision du Conseil consitutionnel du 19 juin 2001 », *RDP*, 2001, n° 4, p. 975.

(55)　C.C., Décision n° 86－225 DC du 23 janvier 1987, *Loi pourtant diverses mesures d'ordre social, Rec.*, p. 13.

「その規模（ampleur）及び重要性（importance）」を理由にして，「当該条項が，修正案の方法によって……〔当該〕政府提出法律案に導入されるのであれば，憲法第 39 条で定められる政府提出法律案及び議員提出法律案と，政府提出法律案及び議員提出法律案が憲法第 44 条第 1 項によりその対象となる修正案との明確な区別が無視されることになる」〔Cons. 11〕と判示し，当該修正案を「内在する限界」を超えるものとして，修正案に基づく当該条項を違憲無効としたのである。

1986 年判決が出された際には特に大きな反応はなかったにもかかわらず，この憲法院の違憲判決に対しては，実務及び学説から激しい反発が起こった。

実務の側からは，当該判決は内閣修正案に基づく条項を違憲無効としたにもかかわらず，憲法が認める修正権を侵害するものとして国会議員によって当該判決が多く非難された。特に異例なことに，両議院議長の共同声明によって，当該判決は批判された(56)。

さらに，学説の多くがこの判決を批判し，この判決を擁護するものはほとんど見られなかった。特に批判の対象となったのが，「内在する限界」の不明確性である。

例えば，ゴーゲルによれば，「1987 年 1 月 23 日，憲法院は，結局，自ら進んで，自身がその尊重を保障する役割を果たす憲法規範性ブロックに，新しい極めて不明確な準則を導入した。……憲法院は……その権力が通常備えている諸制限を超えてその権力を行使したいという誘惑に屈したのである」(57)。また，ギ・カルカソンヌ（Guy Carcassonne）によれば，「修正権に内在する限界から脱しての革新を拒否することは，憲法院が，その主観的選択により，国会の解釈の代わりに恣意的な解釈をすることを認めることである」(58)。

このように批判された「内在する限界」を憲法院が採用した理由について，パスカル・バンザック（Pascal Binczak）が最も説得的に分析しているように思われる。つまり，バンザックによれば，憲法院は，両院協議会後の内閣修

(56)　*Le Monde*, 25 – 26 janvier 1987.

(57)　François Goguel, « À propos du Conseil constitutionnel », *Projet*, mars-avril 1987, p. 97.

(58)　Guy Carcassonne, « À propos du droit d'amendement : les errements du Conseil constitutionnel », *Pouvoirs*, n° 41, 1987, p. 170.

正案について「漏斗準則」を課さない代わりに，内閣による修正権の濫用を防ぐために「内在する限界」という別の制限を課したのである(59)。

(2) 「関連性準則」及び「内在する限界」の一般化

さらに，憲法院は，両院協議会後の修正案に対してだけでなく，両院協議会前の修正案に対しても，この「内在する限界」を課していくことになる。

1989年1月12日判決(60)は，「法律案提出権のコロラリィである修正権は，第45条第3項・第4項で定める諸制限の留保の下で，立法手続の各段階で行使することができる」，「しかしながら，審議中のテキストになされる追加又は修正は，憲法第39条第1項及び第44条第1項に違反することはできず，そのテキストとの関連性を失うことも，その目的及び射程について，特別の手続の管轄に属する修正権の行使に内在する限界を超えることもできない」〔Cons. 4〕と判示した。

この判決の特徴は，両院協議会後の読会における修正案に用いられた「関連性準則」及び「内在する限界」を，第一読会での修正案にも適用したことにある。したがって，「関連性準則」及び「内在する限界」は，第一読会以降のすべての修正案に適用されることになったのである。ただし，この判決は，修正案が「関連性」を有せず違憲であるとしたので，「内在する限界」を超えたかどうかについては言及していない〔Cons. 6〕。

憲法院は，これ以降も一般的に，「関連性準則」と「内在する限界」の要件を課していくことになる。しかし，「関連性」を有していないとして違憲とされた事例は複数ある(61)ものの，「内在する限界」を超えたとして違憲と

(59)　Pascal Binczak, *supra* note(52), p. 493.

(60)　C.C., Décision n° 88－251 DC du 12 janvier 1989, *Loi portant diverses dispositions relatives aux collectivités territoriales, Rec.*, p. 10.

(61)　C.C., Décision n° 88－251 DC du 12 janvier 1989, *supra* note(60), Cons. 4, 6 et 8 ; C.C., Décision n° 90－287 DC du 16 janvier 1991, *Loi portant dispositions relatives à la santé publique et aux assurances sociales, Rec.*, p. 24, Cons. 4－8 ; C.C., Décision n° 92－317 DC du 21 janvier 1993, *Loi portant diverses mesures d'ordre social, Rec.*, p. 27, Cons. 3－7 ; C.C., Décision n° 93－335 DC du 21 janvier 1994, *Loi portant diverses dispositions en matière d'urbanisme et de construction, Rec.*, p. 40, Cons. 33－35.

されたことは1987年1月23日違憲判決以降一度もない。

とはいえ，両院協議会後の読会における修正案に対する統制を契機に用いられた，この主観的かつ曖昧な「内在する限界」は，憲法上の修正権を侵害するものとして，常に学説の批判に晒されてきた。

しかし，憲法院はこの後，両院協議会後の修正案に対して，「漏斗準則」という制限を課すことで，「内在する限界」を放棄することになる(62)。そして，憲法院は，第二読会以降のすべての修正案について「漏斗準則」を確立し，「内在する限界」を完全に放棄していく。

(3) 「内在する限界」の放棄と「漏斗準則」の確立

憲法院は，まず，両院協議会後の修正案について，「内在する限界」を放棄し，「漏斗準則」を憲法準則化する。次いで，両院協議会前の修正案についても「内在する限界」を放棄し，第二読会以降の修正案について「漏斗準則」を確立することになる。

① 両院協議会後の「内在する限界」の放棄と「漏斗準則」の部分的確立

1998年6月25日判決(63)は，従来の判例を変更し，画期的な判断を下した。憲法院は，「法律案提出権のコロラリィである修正権は，第45条第3項・第4項で定める諸制限の留保の下で，立法手続の各段階で行使することができる」，「しかしながら，第45条の内容から，原則として，両院協議会の会合の後に両議院の審議に付されるテキストに，追加条項を付することはできない」，「実際，これが可能だとすれば，このような追加条項から生じる新しい措置を，両院協議会の会合より以前の読会の審査の対象とすることなく，かつ，両議院が不一致の場合の憲法第45条により両院協議会に認められている調停手続に付することなく，〔両院協議会後の読会で〕可決することにな

(62)　ピエール・アブリルとジャン・ジッケルによれば，この「内在する限界」は，憲法院を，この判例を放棄し「漏斗準則」を回復することによってしか抜け出すことができない袋小路に閉じ込めてしまっていたのである。Pierre Avril et Jean Gicquel, *supra* note(51), pp. 5－6.

(63)　C.C., Décision n° 98－402 DC du 25 juin 1998, *Loi portant diverses dispositions d'ordre économique et financier, Rec.*, p. 269.

る」，「この原則に照らせば，手続のこの段階で採択される修正案は，審議中のテキストの規定との直接の関係性（relation direct）があるか，又は，国会で審議中の他のテキストとの調整（coordination）を確保する必要性が認められるものでなければならない」〔Cons. 2〕，「したがって，これらの要件のいずれかを満たしていない，両院協議会の会合の後に導入された修正案から生じた諸規定は，違法な手続によって可決されたものと見なされなければならない」〔Cons. 3〕（傍点：引用者）と判示した。

本判決により，両院協議会後の読会においては，追加条項は原則として認められず，審議中の規定と直接の関係性があるか，審議中の他のテキストとの調整が必要である場合に認められる。つまり，憲法院は，両院協議会後の読会に限っては，「内在する限界」及び「関連性準則」を放棄し，「直接の関係性」と「調整の必要性」という基準を確立したのである。実際，本判決は，当該追加条項について，「直接の関係性」も認めず，さらに，「調整の必要性」も認めず，この条項を違法な手続によって可決されたものとして違憲無効とした(64)。

もともと，「内在する限界」が持ち出されたのは，この両院協議会後の読会において，内閣修正案を制限するためであると理解されていた。本判決は，両院協議会後の修正案（追加条項）に対して「漏斗準則」という特別の制限を課すものであるために，当然なことに，「内在する限界」は不要となったのである。

しかしながら，本判決は，この準則が同一の文言で両議院によって可決された条項への修正案にも適用されるかどうかには言及していない。したがって，この判決の射程は，限定されたものであって，両院協議会後の「漏斗準則」の憲法準則化は完全には実現していなかった(65)。また，「内在する限界」の放棄が第一読会以降の修正案にも適用されるかどうかは明確ではなかった。

この二つの問題について，憲法院はすぐに回答を出すことになる。

---

(64)　その後違憲とされた同様の事例として，C.C., Décision n° 98-403 DC du 29 juillet 1998, *Loi d'orientation relative à la lutte contre les exclusions, Rec.*, p. 276.

(65)　Pascal Binczak, *supra* note(52), p. 495. ただし，アブリルとジッケルは，本判決から「漏斗準則」の完全な確立が読み取れるものとして分析している。Pierre Avril et Jean Gicquel, *supra* note(51), p. 6.

② 両院協議会後における「漏斗準則」の完全確立

まず，2000年6月29日判決(66)は，両院協議会後において，「漏斗準則」を完全に憲法準則化した。憲法院は，1998年判決を踏襲して「原則として，両院協議会の会合の後に両議院の審議に付されるテキストに，追加条項を付することはできない」とし，さらに，「第45条第2項から，両院協議会の会合の前に同一の文言で可決された諸規定は，原則として，その会合後に修正することはできない」〔Cons. 6〕，「両院協議会の会合の後に採択される修正案は，審議中の規定と直接の関係性があるか，又は，憲法を尊重し，国会で審議中の他のテキストとの調整を確保し，若しくは実質的な誤りを訂正する必要性が認められるものでなければならない」〔Cons. 7〕（傍点：引用者）と判示した。

この事例では，両院協議会後の，同一の文言で両議院によってすでに可決されていた条項への修正案が問題となったが，憲法院は，これについても原則として認めないとしたのである。したがって，両院協議会後は，すでに可決された条項への修正も原則として認められず，追加条項を含む修正案は，「直接の関係性」，「憲法尊重の必要性」，「調整の必要性」，「実質的誤りの訂正の必要性」がある場合にのみ認められるのである。

この判決は，「直接の関係性」又は「調整の必要性」という1998年判決の要件を拡大して，「憲法尊重の必要性」及び「実質的誤りの訂正の必要性」の要件を加えた。「実質的誤りの訂正の必要性」は，議院規則上の例外要件（国民議会規則旧第108条第5項，元老院規則旧第42条第11項の2）を憲法準則化したものと捉えることができるが，「憲法尊重の必要性」が要件に加えられた意義は大きいように思われる。実際，この事例においては，「平等原則への侵害を消滅させることを目的及び効果としている」〔Cons. 8〕として，「憲法尊重の必要性」の要件に該当することが認められ，当該修正案は合憲と判断されたのである。

このように，両院協議会後の修正案については，「内在する限界」が放棄

(66)　C.C., Décision n° 2000－430 DC du 29 juin 2000, *Loi organique tendant à favoriser l'égal accès des femmes et des hommes aux mandats de membre des assemblées de province et du congrès de la Nouvelle-Calédonie, de l'assemblée de la Polynésie française et de l'assemblée territoriale des îles Wallis-et-Futuna, Rec.*, p. 95.

され，「直接の関係性」，「憲法尊重の必要性」，「調整の必要性」，「実質的誤りの訂正」のいずれかの要件を満たすことが必要とされるようになった。

こうして，憲法院は，両院協議会後の修正案についてはすべて，「内在する限界」ではなく，「漏斗準則」を課したのである。つまり，両院協議会後は，内閣による追加条項及び可決された規定への修正は原則として禁止されたのである。ただし，この判例法上の「漏斗準則」は，「直接の関係性」と「憲法尊重の必要性」の要件がある分だけ，議院規則上の「漏斗準則」よりも緩和された準則であると言えよう。

③ 「内在する限界」の全面放棄

次に，2001年6月19日判決(67)によって，第一読会の修正案についても，「内在する限界」が放棄される(68)。

憲法院は，「修正権は，第45条第3項・第4項で定める諸制限の留保の下で，立法手続の各段階で行使することができる」，「しかしながら，そのように審議中のテキストになされる追加又は修正は，憲法第39条第1項及び第44条第1項から生じる諸要求に違反することはできず，国会の採決に付される政府提出法律案又は議員提出法律案の目的とのあらゆる関連性を奪われることはできない」〔Cons. 48〕と判示した。

本判決は「内在する限界」に言及していないが，多くの評釈は，本判決が憲法院によるすべての修正案についての「内在する限界」の放棄を示していると解した(69)。

---

(67)　C.C., Décision n° 2001－445 DC du 19 juin 2001, *Loi organique relative au statut des magistrats et au Conseil superieur de la magistrature*, *Rec.*, p. 63.

(68)　ただし，1998年6月15日判決及び2000年6月29日判決のすぐ後に，この判決が出されたわけではない。2000年7月27日判決は，第一読会における修正案の「内在する限界」について言及し，その限界を超えていないとしている。C.C., Décision n° 2000－433 DC du 27 juillet 2000, *Loi modifiant la loi n° 86－1067 du 30 septembre 1986 relative à la liberté de communication*, *Rec.*, p. 121.

(69)　例えば，ある評釈は，「このことから，『Séguin修正案』判例（引用者注：「内在する限界」のこと）は実際に将来にわたって暗示的に廃止されたと推論することは，不条理なことではないだろう」と記している。Jean-Éric Shoettl, note, *LPA*, 2 juillet 2001, n° 130, p. 12.

これは，修正案は，提出された法律案の限界に閉じ込められた単なる派生物とは見なされないことを意味する(70)。つまり，修正案は，もはや質的に法律案に従属しないのである(71)。

その後，憲法院はすぐに「内在する限界」の放棄を明示した。すなわち，第一読会の修正案について問題となった2001年7月11日判決(72)は，「提訴者は，修正案が，その規模について，修正権に内在する諸制限を越えていた，ということを有効に主張することはできない」〔Cons. 29〕としたのである。

また，その後，第二読会の内閣修正案の事例に関する判決(73)においても，「内在する限界」について言及されず，「関連性準則」が示された。

以上のようにして，両院協議会前の修正案には「関連性準則」を，両院協議会後の修正案には「漏斗準則」という特別の制限を課すこととなったが，憲法院は，さらに，第二読会以降の修正案すべてに対して「漏斗準則」を課すことになる。

④　第二読会以降の「漏斗準則」の確立

2006年1月19日判決(74)は，第二読会以降の修正案すべてに対して，「漏斗準則」を課した。この事例では，第一読会での修正案が問題となったが，憲法院は，「国会議員及び内閣に帰属する修正権は，両議院による政府提出法律案及び議員提出法律案の**第一読会の**間に，**十分に行使することができなければならない**」，「修正権は，この手続の段階では，議会審議の明瞭性（clarté）及び厳正性（sincérité）の要請を尊重して，受理準則及び修正案が先議院の理事部に提出されたテキストの目的とのあらゆる関連性を奪われないという必要性によってしか，制限することはできない」〔Cons. 25〕，「国民

(70)　Pierre Avril et Jean Gicquel, *supra* note (51), p. 6.

(71)　Jean-Pierre Camby, *supra* note (54), p. 980.

(72)　C.C., Décision n° 2001－450 DC du 11 juillet 2001, *Loi portant diverses dispositions d'ordre social, éducatif et culturel, Rec.*, p. 82.

(73)　C.C., Décision n° 2002－455 DC du 12 janvier 2002, *Loi de modernisation sociale, Rec.*, p. 49.

(74)　C.C., Décision n° 2005－532 DC du 19 janvier 2006, *Loi relative à la lutte contre le terrorisme et portant dispositions diverses relatives à la sécurité et aux contrôles frontaliers, Rec.*, p. 31.

議会規則及び元老院規則がそもそも想起しているように，第一読会後に国会議員及び内閣によってなされる追加又は修正は，審議中の規定との直接の関係性を有していなければならない」，「しかしながら，憲法の尊重を確保し，審議中のテキストとの調整を行い，又は実質的な誤りを訂正することを目的とする修正案については，この義務は課せられない」〔Cons. 26〕，「以上の手続とは別の手続で政府提出法律案又は議員提出法律案にもたらされた追加又は修正は，違法な手続で可決されたと見なされなければならない」〔Cons. 27〕（傍点：引用者）と判示した。

まず，本判決は，第一読会では，修正権は「関連性準則」を尊重した上で十分に行使されなければならないことを認めた。すなわち，第一読会での修正権の行使を広く認めたのである。

その上で，本判決は，両院協議会後の修正案の要件，すなわち，「直接の関係性」，「憲法尊重の必要性」，「調整の必要性」又は「実質的誤りの訂正」の要件を第二読会以降の修正案にも課した。この事例では，第一読会の修正案が問題になったにもかかわらず，憲法院は，傍論として，第二読会以降の修正案に適用される準則に言及したのである(75)。

この判決は，第二読会における追加条項の禁止について言及しているものの，同一の文言で両議院にすでに可決された条項への修正の禁止については言及していない。しかし，この判決は後者をも含意するものと解されている(76)。すなわち，この判決により，両院協議会後の修正案に関する「漏斗準則」は第二読会以降のすべての修正案に拡大されたのである(77)。

3　2008年7月憲法改正による変容

2008年憲法改正は，修正案に関する規定について大幅な変容をもたらした(78)。

---

(75)　Pierre Avril et Jean Gicquel, « Le triomphe de « l'entonnoir » », *LPA*, 15 février 2006, n° 33, p. 6. その後，実際に，2007年3月3日判決において第二読会での追加条項の合憲性が問題となったが，憲法院は2006年1月19日判決と同様の判断を示した。C.C., Décision n° 2007－553 DC du 3 mars 2007, *Loi relative à la prévention de la délinquance, Rec.*, p. 93.

(76)　Bernard Chantebout, *Droit constitutionnel*, 24e éd., Dalloz, 2007, p. 521.

(77)　Marc-Antoine Granger, *supra* note(42), p. 595.

(1)　憲法改正と「関連性準則」

①　憲法典における「関連性準則」の明記

まず，憲法改正によって，憲法第45条第1項には「……修正案は，提出又は送付された原文に間接的であれ関連性を有するものはすべて，第一読会において受理することができる」(第2文）という一文が追加された。つまり，議院規則（国民議会規則第旧98条第5項第1文，元老院規則旧第48条第3項）上の「関連性準則」及びそれに由来する判例法上の「関連性準則」を憲法典に取り込んだのである。

しかしながら，この憲法典上の「関連性準則」は，その関連性が「間接的」なものでよいことを規定している点に注目しなければならない。この「間接的な関連性」の要求は，近時において「関連性」に関して特に厳格に解釈されてきた憲法院判例(79)を転換させることを目的としているのであって，この憲法改正は，第一読会における修正案とテキストとの関連性をより

---

(78)　憲法改正により，第44条第1項に，「修正権は，憲法附属法律が定める枠組みにおいて，議院規則が定める手続にしたがって本会議又は委員会で行使される」という一文が追加され，これを受けて「憲法第34-1条，第39条及び第44条の適用に関する2009年4月15日憲法附属法律第403号」が制定された。しかし，当該憲法附属法律における修正権に関する諸規定（第13条～第19条）は，修正案の内容制約に関するものではなく，修正案の提出手続に関するものであるので，本章ではこれを検討しないが，当該諸規定の意義については以下を参照。Florence Chartiel, « La loi organique relative aux articles 34-1, 39 et 44 de la Constitution devant le conseil constitutionnel : Revalorisation du Parlement ou protection du gouvernement ? », *LPA*, 28 mai 2009, n° 106, pp. 4-6 ; Laurence Baghestani, « À propos de la loi organique n° 2009-403 du avril 2009 relative à l'application des articles 34-1, 39 et 44 de la Constitution », *LPA*, 26 juin 2009, n° 127, pp. 7-8.

(79)　C.C., Décision n° 2007-546 DC du 25 janvier 2007, *Loi ratifiant l'ordonnance n°* 2005-1040 *du* 26 *août* 2005 *relative à l'organisation de certaines professions de santé et à la répression de l'usurpation de titres et de l'exercice illégal de ces professions et modifiant le code de la santé publique, Rec.*, p. 55 ; C.C., Décision n° 2007-549 DC du 19 février 2007, *Loi portant diverses dispositions d'adaptation au droit communautaire dans le domaine du médicament, Rec.*, p. 73 ; C.C., Décision n° 2007-552 DC du 1er mars 2007, *Loi portant réforme de la protection juridique des majeurs, Rec.*, p. 90.

柔軟に判断することを憲法院に求めるものである(80)。

このように「関連性準則」は，従来よりも緩やかな準則としてではあるが憲法典の中に取り込まれたのであり，今後は，憲法典により，修正案と法律案との「間接的な関連性」が存在することが求められることになったのである。実際，憲法院はすでに，「間接的な関連性」さえも存在しない修正案を違憲無効とする判決を下している(81)。

② 憲法改正に伴う議院規則の改正

この憲法改正に伴い，議院規則の関連する条文も改正されることとなった。

まず，国民議会においては，2009年5月27日決議により，「関連性準則」を定めていた国民議会規則第98条第5項第1文は，「……修正案は，提出又は送付された原文に間接的であれ関連性を有するものはすべて，第一読会において受理することができる」と改正され，憲法第45条第1項と全く同様の文言となった。つまり，国民議会は，第一読会における「間接的な関連性」を議院規則においても規定したのである。その上で同項第2文は，「この関連性の存在は，国民議会議長によって判断される」と定め，関連性の判断を国民議会議長に委ねることとなった。

同様に，元老院においても，2009年6月2日決議によって，「関連性準則」を定めていた元老院規則第48条第3項は，「修正案は，対象とするテキストに実効的に組み込まれる場合に，又は，第一読会においては，審議中のテキストに間接的であれ関連性を有している場合に，受理することができる」と改正された。すなわち，元老院も，第一読会における「間接的な関連性」を議院規則において規定したのである。なお，関連性の判断は，元老院規則第48条第10項により，従来の手続（元老院規則旧第48条第4項）と変わりなく，

(80) Laurent Domingo, « La révision et le droit d'amendement », *LPA*, 19 décembre 2008, n° 254, p. 75 ; Jean-Éric Gicquel, « La nouvelle rédaction de l'article 45 de la Constitution », *LPA*, 19 décembre 2008, n° 254, p. 78.

(81) C.C., Décision n° 2009－589 DC du 14 octobre 2009, *Loi tendant à favoriser l'accès au crédit des petites et moyennes entreprises et à améliorer le fonctionnement des marchés financiers*, *Rec.*, p. 173, Cons. 3.

元老院に委ねられることになっている。

(2)　憲法改正と「漏斗準則」

① 憲法改正における議論

次に，「漏斗準則」に関しては，憲法改正後も憲法典に明記されてはいないが，憲法改正の審議過程において議論の対象となった。すなわち，第一読会における「関連性準則」を定める改正条項に関して，元老院における第一読会及び第二読会の二度にわたって，「あらゆる修正案は，提出又は送付されたテキストとの関連性を有しているときに，受理される」との修正案が提出され(82)，第一読会に限らずそれ以降の読会においても「関連性準則」が妥当すべきであり，従来の憲法院判例による「漏斗準則」は廃止すべきとの主張がなされたのである。

しかしながら，憲法院判例による「漏斗準則」の廃止を提案するこれらの修正案は元老院での第一読会及び第二読会のいずれにおいても否決された。したがって，「漏斗準則」は，憲法改正において，憲法制定権力によって黙示的に確立されたと見られている(83)。

② 議院規則の改正

このように憲法院判例による「漏斗準則」は憲法改正において黙示的に確立されたのであるが，これに伴い，議院規則の改正も行われている。

まず，国民議会においては，従来の規則は，第二読会以降に修正案を提出できる例外要件として，可決された条項との調整を確保する又は実質的な誤りを訂正する場合を挙げていた（国民議会規則旧第108条第5項）が，規則改正により，憲法院判例の「漏斗準則」に合わせ，憲法の尊重を確保する場合も例外要件として加えられた（国民議会規則第108条第5項）。

次に，元老院においては，「漏斗準則」に関する条文の位置が変更された上で（元老院規則旧第42条第10項・第11項・第11項の2はそれぞれ第48条第

(82)　Amendement n° 475, *JO* débats Sénat du 23 juin 2008, p. 3274 ; Amendement n° 123, *JO* débats Sénat du 16 juillet 2008, p. 4746.

(83)　Jean-Éric Gicquel, *supra* note(80), p. 78.

5項・第6項・第7項への変更），国民議会と同様に憲法院判例の「漏斗準則」に合わせ，憲法の尊重を確保する場合が例外要件として加えられた（元老院規則第48条第7項）。

これらの議院規則の改正により，議院規則上の「漏斗準則」と憲法院による判例法上の「漏斗準則」とがほぼ同様の内容となったのである。ただし，憲法院判例の「直接の関係性」という例外要件は，元老院規則には明記された（元老院規則第48条第6項）が，国民議会規則には明記されるには至っていない。

4　小　括

本節では，およそ修正案にいかなる内容上の制約が課せられるかを検討してきた。従来，議院規則によって「関連性準則」，「漏斗準則」が課せられており，さらに，立法手続の憲法適合性を審査する憲法院は，議院規則に由来する又は憲法院独自の準則を修正案に課してきた。すなわち，「関連性準則」を確立し，その上で「内在する限界」を修正案に課していたが，その後，第一読会においては「関連性準則」を，第二読会以降においては「漏斗準則」を課すようになったのである。そして，2008年憲法改正において，「関連性準則」は「間接的な関連性」という緩和された準則としてではあるが憲法典に明記され，また，「漏斗準則」も，憲法典に明記されなかったものの，「漏斗準則」を廃止する修正案が否決されたことによって，黙示的に確立された。したがって，今後は，およそ修正案の内容上の制約として，第一読会においては「間接的な関連性準則」が，第二読会以降においては「漏斗準則」が課せられていくのである。

第3節　内閣修正案の手続上の制約

1　内閣の修正権

第1節で見たように，内閣の修正権は第五共和制において初めて認められることとなったが，まず，第五共和制における内閣の修正権とはどのようなものか明らかにしておこう。

(1) 内閣修正案の提出主体と手続

憲法第39条は，第1項で「法律案提出権は，首相と国会議員に競合して属する」ことを定め，第2項で「政府提出法律案は，コンセイユ・デタの意見を聴いた後に，閣議で審議決定され，両議院のいずれかの理事部に提出される」ことを定めている。したがって，政府提出法律案の提出には，コンセイユ・デタへの諮問及び閣議での審議決定が必要である。さらに，提出権者が首相であることから，政府提出法律案は慣行上首相のデクレによって提出されてきたのであり，この慣行は，憲法院によって憲法準則化された(84)。

しかしながら，憲法第44条第1項は，「国会議員と内閣は修正権をもつ」ことしか定めておらず，政府提出法律案のようにコンセイユ・デタへの諮問及び閣議での審議決定を要求していない。この点，慣行上，コンセイユ・デタへの諮問及び閣議での審議決定は修正案には義務付けられないとされてきた。しかしながら，修正案に関して，このように政府提出法律案に課せられる手続を「省略（court-circuiter）する」ことは，コンセイユ・デタの年次報告書によって批判されている(85)。

さらに，修正権を有するのは，首相ではなく，内閣である。政府提出法律案は，国会での審議に責任を負う一人又は複数の大臣の副署を伴った首相デクレの形式で議院の理事部に提出される(86)が，内閣修正案については，内閣がその提出権を有しているので，内閣修正案は首相デクレの形式をとらず，内閣の名で提出される(87)。したがって，すべての内閣構成員が修正案を提出できる(88)が，ただし，この修正権は，属人的なものであり，内閣構成員として国会に出席している各大臣に帰属する(89)。

---

(84)　詳しくは，第3章第2節を参照。

(85)　Conseil d'État, *EDCE*, n° 43, 1992, p. 38 et s.

(86)　Jacques Fournier, *Le travail gouvernemental*, Presses de la Fondation nationale des sciences politiques et Dalloz, 1987, p. 60.

(87)　1959年7月22日付国民議会理事部規則第11条は，「審議に責任を負う大臣が，内閣の名で修正案を提出する資格を有する」ことを定めていた。なお，この規定は1969年12月4日決定により廃止されている。

(88)　Alain Brouillet, *Le droit d'amendement dans la Constitution de la Ve République*, PUF, 1973, p. 69.

(89)　Valérie Sommacco, *supra* note(4), p. 169.

⑵　内閣修正案の対象となるテキスト

内閣修正案は，政府提出法律案のみならず，議員提出法律案についてもその修正の対象とすることができる(90)。

⑶　内閣修正案と「修正文書」

また，内閣修正案と似て非なるものとして，「修正文書（lettre rectificative）」がある。

これは，内閣に修正権が認められなかった第四共和制で生み出された慣行であり(91)，政府提出法律案の議院への提出後，かつ，その審議開始前に，政府提出法律案を修正するものである。この慣行は，憲法第44条第1項が内閣に修正権を認めている第五共和制でも続行された。

「修正文書」は，首相の署名のみによって提出され，国会での審議に責任を負う大臣の副署を伴わないが，「修正文書」の提出にはコンセイユ・デタへの諮問及び閣議での審議決定が必要とされてきた。

2　内閣修正案に対する手続的統制

憲法第44条第1項は，「国会議員と内閣は修正権をもつ」と定めるのみで，内閣修正案の提出手続については何の定めもしていないが，憲法第39条第2項により政府提出法律案の提出に課せられるコンセイユ・デタへの諮問及び閣議での審議決定は，内閣修正案の提出には課せられないのか。

⑴　「修正文書」に対する憲法院の統制

まず，内閣修正案と「修正文書」は区別されているが，憲法院は「修正文書」に対してどのような規律を課しているのか見ていこう。

①　憲法院による「修正文書」の容認

そもそも，憲法上の制度ではないこの「修正文書」は容認されるのかが問

---

(90)　Michel Lascombe, *Le droit constitutionnel de la Ve République*, 8e éd., L'Harmattan, 2002, p. 134.

(91)　Bénédicte Dorinet, *Le Conseil des Ministres en France*, ANRT, 2005, p. 457.

題となる。

この点，1978年12月29日判決(92)は，「修正文書」は修正権の行使に相当するものではないことを指摘し，「修正文書」の適法性を認めた〔Cons. 10〕。とはいえ，この判決は，修正文書が法律案提出権の行使に相当するものであることまでは指摘しておらず(93)，修正文書がいかなる手続によって提出されるのか，すなわち，政府提出法律案と同様の手続で提出されるのかどうかを明確にはしなかった。

② 「修正文書」の手続上の制約

このように憲法院は「修正文書」の制度を認めたが，それでは，「修正文書」はどのような法的性質を有するのか。

1990年12月28日判決(94)は，「修正文書」が政府提出法律案と同じ手続準則に付されることを確認した。すなわち，「首相により署名された修正文書は，憲法第44条第1項の根拠に基づいて内閣が政府提出法律案にもたらす修正案ではなく，首相が憲法第39条第1項によって行使する法律案提出権の利用である」〔Cons. 5〕，「〔当該〕修正文書の国民議会理事部への提出は，コンセイユ・デタへの諮問及び閣議での審議決定の後に行われた」，「したがって，修正文書の提出は，憲法第39条第2項によって提示される要求を満たしていた」，「修正文書が副署されていなかったという事実は，修正文書自体が，憲法第39条第1項に照らして，法的な効果を生じさせるに必要なあらゆる措置を伴っている以上，その修正文書の適法性を害しない」〔Cons. 6〕。

本判決は，「修正文書」が内閣の修正権ではなく，首相の法律案提出権の行使であることを明確にしており，「修正文書」の提出手続について，政府

(92)　C.C., Décision n° 78-100 DC du 29 décembre 1978, *Dernière loi de finances rectificative pour* 1978 (*prise de participation de l'Etat dans la société A.M.D. - BA ; adaptation de la législation sur la T.V.A. à la sixième directive du Conseil des Communautés européennes*), *Rec.*, p. 38.

(93)　Bruno Baufumé, *supra* note(6), p. 15 ; Valérie Sommacco, *supra* note(4), p. 49.

(94)　C.C., Décision n° 90-285 DC du 28 décembre 1990, *Loi de finances pour* 1991, *Rec.*, p. 95.

提出法律案の提出の義務的手続であるコンセイユ・デタへの諮問と閣議での審議決定が行われたことを確認し，その提出手続の適法性を認めた。すなわち，「修正文書」の提出には，コンセイユ・デタへの諮問及び閣議での審議決定が義務付けられることを認めたのである(95)。

本判決は，「修正文書」は首相の法律案提出権の行使であるから，コンセイユ・デタへの諮問及び閣議での審議決定を経なければならないという論法を採っているが，これは，内閣の修正権の行使である内閣修正案については，コンセイユ・デタへの諮問及び閣議での審議決定を経る必要はないことを暗示していると捉えることもできる(96)。しかしながら，この判決においては，内閣修正案は政府提出法律案と同じ手続によって提出されなければならないのかは明確に判示されていないのであって，この点についてはその後の憲法院の回答を待つこととなった。

いずれにせよ，「修正文書」は，憲法第44条第1項の内閣の修正権ではなく，憲法第39条第1項の首相の法律案提出権の行使であるとされたのである。したがって，憲法院によれば，「修正文書」は修正案ではない。この判例は，その後も維持されている(97)。

(2)　内閣修正案に対する憲法院の統制

次に，憲法第44条第1項による内閣修正案は，どのような手続によって提出されるべきか。換言すれば，内閣修正案は，政府提出法律案の提出と同じように，コンセイユ・デタへの諮問及び閣議での審議決定に付されなければならないのか。

①　1994年1月13日判決

憲法院は，1994年1月13日判決(98)において，内閣修正案の提出手続に

---

(95)　Pierre Avril et Jean Gicquel, Chr., *Pouvoirs*, n° 57, 1991, p. 183.

(96)　Guillaume Drago, « Fonctions du Conseil constitutionnel et du Conseil d'État dans la confection de la loi », in Roland Drago (dir.), *La confection de la loi*, PUF, 2005, p. 76.

(97)　C.C., Décision n° 2000－433 DC du 27 juillet 2000, *supra* note(68).

関して，以下のように判示した。「以上の手続〔引用者注：「関連性準則」及び「内在する限界」〕を尊重する限りにおいて，内閣の立法提案権（l'initiative législative）は，その選択により，政府提出法律案の提出又は議院により審議されているテキストへの修正案の提出の形式を取ることができる」，「予算法律の提出及び可決に固有の諸準則を尊重する限りにおいて，いかなる規定も首相に政府提出法律案を提出することを強制していない」，「したがって，憲法39条2項の規定は，コンセイユ・デタの意見と閣議での審議決定を，政府提出法律案についてしか課しておらず，修正案については課していないので，内閣修正案の方法によっての規定の導入は，憲法39条2項の規定には違反していない」〔Cons. 11〕（傍点：引用者）。

本判決の特徴は，内閣は，国会で審議中のテキストを修正しようとする際に，コンセイユ・デタへの諮問及び閣議での審議決定を義務付けられる政府提出法律案を別に提出するか，あるいは，修正案の提出準則の尊重の下で，コンセイユ・デタへの諮問及び閣議での審議決定が義務付けられない修正案を提出するか，自由に選択できるとしたことである(99)。

本判決において初めて，憲法院は，内閣修正案の提出について，コンセイユ・デタへの諮問及び閣議での審議決定は義務付けられないことを明確にした。この点，修正案の提出についての閣議での審議決定が義務付けられないということから，大統領は修正案について全く関与することができない，という帰結が導かれる(100)。

本判決は，憲法院が修正案について一般に「内在する限界」を採用している時期の判決である(101)。しかし，「内在する限界」を放棄し，「漏斗準則」を確立した現在でも，この判例は維持されている(102)。

---

(98)　C.C., Décision n° 93－329 DC du 13 janvier 1994, *Loi relative aux conditions de l'aide aux investissements des établissements d'enseignement privés par les collectivités territoriales*, *Rec.*, p. 9.

(99)　François Luchaire, « L'abrogation de la loi Falloux devant le juge constitutionnel », *RDP*, 1994, p. 614.

(100)　François Luchaire, *Le Conseil constitutionnel*, t.3, 2e éd., Economica, 1999, p. 220.

(101)　同じ事例の判決として，C.C., Décision n° 94－357 DC du 25 janvier 1995, *Loi portant diverses dispositions d'ordre social*, *Rec.*, p. 179.

② 政治的特権としての修正権

ギヨーム・ドラゴ（Guillaume Drago）は，内閣修正案の提出についてコンセイユ・デタへの諮問を不要とする理由を次のように示している。「内閣の修正権が，政治的特権（*prérogative politique*）だからである。いかなる諮問機関であれ，たとえ諮問機関が望む場合であっても，諮問機関の考察がこの政治的特権に入り込んではならない」(103)。つまり，ドラゴによれば，修正権は諮問機関が入り込むことができない政治的特権であるが，法律案提出権はそうではないのである。

このドラゴのいう「政治的特権」は，内閣が国会に対して責任を負い（憲法第20条第3項），国会の審議に参加する，という意味で理解することができよう。法律案への修正は，まさに国会の審議中に行われるものであり，だからこそ，その審議に参加する内閣は修正権を行使できるのである。したがって，ドラゴの見解を敷衍すれば，国会に責任を負わず，国会の審議には参加しない大統領は修正権に関与できず，ましてや民主的正当性を有しない単なる諮問機関にすぎないコンセイユ・デタがこれに関与できないのは当然ということになろう。

(3) 内閣修正案に対する統制の総合的検討

① 問 題 点

内閣修正案についてコンセイユ・デタへの諮問及び閣議での審議決定が課せられないとすると，内閣による修正案の濫用が起こりうる。すなわち，憲法院判例(104)によれば，政府提出法律案を閣議で審議決定する際に，政府はコンセイユ・デタの意見によって明らかにされていない新しい問題を導入することはできず，導入する場合には改めてコンセイユ・デタへ諮問しなけれ

(102) C.C., Décision n° 2006－535 DC du 30 mars 2006, *Loi pour l'égalité des chances*, *Rec.*, p. 50, Cons. 8.

(103) Guillaume Drago, *supra* note (96), p. 76.

(104) C.C., Décision n° 2003－468 DC du 3 avril 2003, *Loi relative à l'élection des conseillers régionaux et des représentants au Parlement européen ainsi qu'à l'aide publique aux partis politiques*, *Rec.*, p. 325. この判決の位置付けについては，詳しくは第2章第3節を参照。

ばならないが，内閣はそのような新しい問題を閣議の段階では導入せず，国会での審議が始まってからそれを修正案の形式で提出することが可能となる。さらに，大統領は政府提出法律案の起草に関与することができる(105)が，内閣は大統領が反対しそうな条項を政府提出法律案の起草の段階では記載せず，それを修正案の形式で提出すること可能となるのである。

② 内閣修正案の統制に関する憲法院の解決策

しかし，憲法院は，これに対する回答を用意していた。それこそが，「内在する限界」であった。これによって，内閣による修正案の濫用を防止しようとしたのである。このように修正権が統制されることで，内閣修正案にはコンセイユ・デタへの諮問及び閣議での審議決定が課せられないとしても，実質的には政府提出法律案についてなされたコンセイユ・デタへの諮問及び閣議での審議決定は保護される(106)。すなわち，「内在する限界」は，憲法第39条第2項が定める手続の明白な逸脱を回避することを可能にしていたのである(107)。

それでも，すでに見たように，「内在する限界」は憲法院によって放棄されてしまった。とはいえ，現在では，憲法典及び憲法院判例によって，第一読会においては「間接的な関連性準則」が，第二読会以降においては「漏斗準則」が修正案に課せられる。このように修正案に内容上の制約を課すことは，政府提出法律案についてなされたコンセイユ・デタへの諮問及び閣議での審議決定を保護し，内閣による修正案の濫用を防ぐことにも資すると言えよう(108)。

3 小 括

第3節では，内閣修正案提出手続は，政府提出法律案提出手続とは異なり，

---

(105) 詳しくは第3章を参照。

(106) 「内在する限界」をコンセイユ・デタへの諮問の保護と分析するものとして，以下を参照。René Chapus, *Droit administratif général*, t.1, 15e éd., LGDJ-Montchrestien, 2001, p. 456 ; Yves Gaudemet, « La Constitution et la fonction législative du Conseil d'État », in *Mélanges Jean Foyer*, PUF, 1997, pp. 64 – 65.

(107) Pascal Binczak, *supra* note (52), p. 498.

憲法典には何ら定めがないが，憲法院は，内閣修正案にはコンセイユ・デタへの諮問及び閣議での審議決定が課せられないことを明らかにした。すなわち，内閣修正案は政府提出法律案と同様の手続上の制約には服さないのである。ただし，内閣修正案に政府提出法律案と同様の手続上の制約が課せられないとすれば，内閣による修正案の濫用が危惧されるが，およそ修正案に課せられる内容上の制約を内閣修正案にも課すことによって，これを防ぐことができるのである。

おわりに

1 まとめ

冒頭で記したとおり，本章の目的は，修正権の行使，特に内閣の修正権の行使に対して，いかなる裁判的統制が行われるかを検討することであった。

憲法院は，一方では，議院規則上の「関連性準則」を憲法規範化し，他方では，議院規則上の「漏斗準則」を否定し，「内在する限界」という憲法院独自の極めて曖昧な基準を作りだしてしまった。この「内在する限界」は，内閣による第39条第2項の手続的逸脱を防止することはできたが，その一方，曖昧な基準であるがゆえに，常に批判されてきたし，また，実際にはほとんど機能しなかった。

これに代えて，憲法院は，第一読会における修正案については「関連性準則」を課すことによって，第二読会以降の修正案については「漏斗準則」を課すことによって，内閣による修正案の手続的濫用を防止したのである。

---

(108) ただし，2009年4月15日憲法附属法律第8条によって，政府提出法律案には影響評価の添付が義務付けられるようになったが（詳しくは第1章第3節を参照），規定上，内閣修正案にはこれは義務付けられない。憲法院も，内閣が修正案によって導入する規定について影響評価を付さないことは手続的濫用ではないとしている。C.C., Décision n° 2010-618 DC du 9 décembre 2010, *Loi de réforme des collectivités territoriales, Rec.*, p. 367, Cons. 8. 内閣が，政府提出法律案に憲法附属法律第8条に適合する影響評価の添付を回避し，内閣修正案によって事後に規定を導入しようとする意図を有している場合に，それをどのように統制するかは1つの課題であると言えよう。

2　政府提出法律案の提出手続と内閣修正案の提出手続に対する憲法院の統制

このような憲法院の解決策は，政府提出法律案についての事前の手続，特に，コンセイユ・デタへの諮問手続を保護するものと捉えられる。すなわち，法律案の目的との関連性のない修正案や，まったく新しい修正案及びすでに両議院で可決された規定への修正案を排除することは，まさにコンセイユ・デタへの諮問を保護することになるのである。というのも，政府は，閣議での審議決定において，コンセイユ・デタ意見によって明らかにされていない新しい問題を創出するような修正を行うことができないのであれば，その政府提出法律案はコンセイユ・デタによってすべての問題が明らかにされているということであり，その上で「関連性準則」及び「漏斗準則」によって新しい性質を有する修正案が排除されれば，国会で審議されている問題のすべてはコンセイユ・デタによって明らかにされていることになるからである。

憲法院は，結局，政府提出法律案と内閣修正案のどちらに対しても，形式的には手続的な統制でありながら，実際には実体的な統制を行っているのである。このような憲法院による統制は，一見権力分立の観点からは行き過ぎたものに見えるかもしれない。しかしながら，このような統制は，「合理化された議院内閣制」において，政府又は内閣が議会・政府関係に関わる重要な権限の行使を逸脱することを防止し，適正な手続の下でその権限を行使することを確保するものであり，逆説的に，権力分立に資するものではないだろうか。

第5章
日本における議院の運営自律権と内閣の閣議運営自律権

はじめに

1　問題の所在

わが国の憲法学において，警察法改正無効事件以降，議事手続に司法審査が及ぶか否か，すなわち，「議事手続と司法審査」の議論が活発になった。通説は，司法審査は原則として議事手続には及ばないとする見解を採った。しかし，通説が「議事手続」として捉えていたのは，「議院での審議・議決手続」であり，法律案提出手続については検討の対象外であった。しかし，国民投票法案不受理違憲訴訟においては，これまで念頭に置かれていた「議員での審議・議決手続」ではなく，「議員提出法律案提出手続」に対する司法審査の可否が問題となったのである。

また，近年では，閣議の運営に対しての司法審査の可否も議論されるようになってきた。多くの学説は，議院の運営自律権とのバランスから，内閣の閣議運営に対する司法審査を否定している。とは言え，この問題は，実は苫米地事件においてすでに顕出していたのであるが，上告審が統治行為論によって処理してしまったために，近年まで議論がなかったのである。

2　本章の目的

本章では，まず，議事手続に対する司法審査の可否に関する学説及び警察法改正無効事件上告審を検討する。すなわち，従来の学説状況を整理し，警察法改正無効事件上告審の射程を明らかにする（第1節）。その上で，「議院での審議・議決手続」ではなく，「議員提出法律案提出手続」に対する司法審査の可否が問題となった国民投票法案不受理違憲訴訟を検討し，その意義を明らかにする（第2節）。さらに，閣議運営に対する司法審査の問題を検討する。すなわち，閣議運営に対する司法審査が問題となった苫米地事件第

1審，控訴審及び上告審を検討し，そして，近年の閣議運営に対する司法審査を否定する議論について検討する（第3節）。

第1節 「議事手続と司法審査」

第1節では，「議事手続と司法審査」に関する学説史を展望し，その上で，現在の学説状況を整理する。次に，警察法改正無効事件上告審で示された射程を明らかにする。

1 「議事手続と司法審査」に関する学説史

(1) 戦前における裁判所による法律の形式的審査権に関する学説

美濃部達吉は，「裁判所は法規を準縄として裁判を為す者であるから，其の裁判を行ふの前提として，必ず如何なる法規が有効に成立して居るかを，審査する権限を有するものでなければならぬ。……総て成文法規が有効に成立する為には，一定の形式的要件を必要とし，若し之を具備しなければ，有効なることを得ないのであるから，裁判所は総ての成文法規が其の形式的要件を備ふるや否やに付いて，審査権を有することは当然である。……例へば，法律については，その帝国議会の協賛ありたるや否や，天皇の裁可ありたるや否や，国務大臣の副署ありたるや否や，既に施行期日に達しているや否やは，当裁判所の審査し得べき所」[(1)]であると述べた[(2)]。すなわち，美濃部は，議事手続を含めたすべての立法手続に対して司法審査を認めていたのである。このように，いわゆる法律の形式的審査権については，戦前においてもこれを肯定する者が多かった[(3)]。

---

(1)　美濃部達吉『逐條憲法精義全』（有斐閣，1927年）588頁以下。

(2)　ただし，この美濃部の見解からは，協賛の有無を超えて，協賛が有効になされたかどうかについてまで裁判所の審査権を認めていたかどうかは明らかではない。すなわち，裁判所による法律の形式的審査権は認められるけれども，帝国議会における議事手続の有効性についてまで裁判所の審査権が認められるかどうかは，必ずしも議論されていたわけではなかった。

(2) 戦後初期における法律の形式的審査権

戦後初期においても，すべての立法手続に対する司法審査権，すなわち，法律（法令）の形式的審査権を認める見解は多かった。例えば，宮沢俊義は，1949年に，「裁判所がすべての法令について形式的審査権を有することはひろく承認されている」[(4)]と述べた。また，佐々木惣一も，1952年に，「法が存在するには，（一）その法を制定するの権限を有する機関の制定行為のあることを要する。又，（二）その制定機関の制定行為以外の法定の事実のあることを要することもある。裁判所は以上の行為及び事実があるかどうか，を審査すべきである。例えば，前示（一）としては，法律については，国会による議決があつたかどうか……を審査すべきである。……又，前示（二）としては，法律……についていえば，主任の国務大臣の署名，内閣総理大臣の連署があるかどうかを審査すべきである」[(5)]と述べた。このように，戦後憲法学は，当初，裁判所が法令に従って裁判を行なうにあたって，すべての法令についての形式的審査権を有していると一般的に解していたように思われる。すなわち，「議事手続」を含む立法手続全般に対する司法審査を肯定する見解が一般的であり，学説は，議院自律権の重要性にはあまり関心を払わず，漠然と院内事項である「議事手続」にも司法審査が及ぶと考えていたのである。

(3) 法令の形式的審査権と「議事手続」に対する審査権

しかしながら，宮沢俊義は，1955年に，「裁判所がすべての法令について

---

(3) ただし，法律の形式的審査権を否定する見解もあった。上杉慎吉は次のように述べていた。「裁判所は法律が議会の協賛を経て居るか，協賛は完全なりしやを審査し得るかが……論議せられるのであるが，天皇の裁可は議会の協賛ありたることを前提とし，上諭には帝国議会の協賛を経たることを記載し，親署せらるるのであるから，裁可は法律を成立せしむると共に，法律成立に至る手続の完全なりしことを，公に確認する効力あるものと為すべく，これに服従する臣民は，一々協賛の有無，その完全なりしや否やを知る義務なく，ただ裁可公布せられたる法律に服従すればよいのであって，裁判所もこれを審査するに及ばず，これを審査する権利なきものとすべきである」と。上杉慎吉『帝國憲法逐條講義』（日本評論社，1935年）163頁。

(4) 宮沢俊義『憲法〔初版〕』（有斐閣，1949年）229頁。

(5) 佐々木惣一『改訂日本国憲法論』（1952年，有斐閣）360頁。

形式的審査権を有している」と述べた後に，「もつとも，その場合でも限界がないとは限らない。たとえば，ある法律が議会で成規の多数で可決されたか，その会議には定足数の出席があったか，投票の計算にまちがいはなかつたか，その会期の召集は適法になされていたか，等々の点については，権力分立の原理の精神などからいつて，裁判所の審査権はおよばない，と解される場合が多い」(6)と述べて，「議院での審議・議決手続」としての「議事手続」に対する審査権については留保する見解を採った。すなわち，宮沢によれば，裁判所は，法令に対する形式的審査権を有しているものの，例外的に，「議事手続」の有効性に対する審査権を有してはいないのである。

このような見解は，警察法改正無効事件以降，通説的な見解となる(7)。すなわち，警察法改正無効事件後の通説は，法令の形式的審査権と「議事手続」に対する審査権とを明確に意識した上で，前者を認めつつも，後者を原則として否定するのである。

例えば，田中二郎は，「裁判所が法令に従って裁判を行なうにあたって，すべての法令について形式的審査権を有することは，一応，広く承認されている（このことは旧憲法の下でも一般に承認されていた）。ここで形式的審査権というのは，法令が形式的な有効要件を具備しているかどうかを審査する権能をいい，法律についていえば，裁判所は，当該法律が国会の議決を経て成立し，主任の国務大臣の署名と内閣総理大臣の連署のもとに，正式に法律として公布され，現に施行中のものであるかどうかについて，審査権を有するものといってよい。ところで，問題は，国会両院の議決が適法になされたかどうかという点についてまで，裁判所の審査権が及ぶかどうかにある」と述べた上で，「国会の召集が適法になされたか，会期の延長が適法になされたか，ある法律が議院で成規の多数で可決されたか，その会議に定足数の出席

(6)　宮沢俊義『日本国憲法』（日本評論新社，1955年）673頁。

(7)　これに対して，法令の形式的審査権が認められるからこそ，「議事手続」に対しても司法審査が及ぶという見解は少数説であった。例えば，鵜飼信成は，「法律が憲法に適合するかどうかという実質的な問題さえも裁判所は最終的に決定することができる……から，当然にその前提をなす国会の議決が正当に行われたか，議院は議決をなすべき法律的な状態にあったかどうかという形式的な問題を審査することは，当然裁判所の決定すべき権限に属する」と述べていた。鵜飼信成「裁判権と国会の自主性」法律時報26巻8号（1953年）23頁。

があったか，投票の計算に間違いはなかったか等々の諸点については，原則として，国会・各議院の判断に委ねるのが，法の趣旨とするところと解すべきであろう」[8]と述べた。すなわち，「議院自律権」を理由として，「議事手続」に対する司法審査を原則として否定するのである。このように解するのが1960年代の一般的な見解であった[9]。

(4) 1970年代以降の通説

以上のように，警察法改正無効事件以降の通説は，法令の形式的審査権を認めつつも，「議事手続」に対する審査権を原則として認めないという思考枠組みを採っていたが，1970年代以降，大前提としての裁判所による法令の形式的審査権に次第に言及しなくなった。すなわち，通説の「議事手続と司法審査」の議論は，立法手続のうちの「議院での審議・議決手続」のみを対象としていたのであり，それ以外の立法手続に司法審査が及ぶかどうかについては，当然の前提としていたかどうかは判然としない。しかし，この大前提の議論は少なくとも通説の議論から消えることとなったのであって，ともすれば，1970年代以降から現在に至るまでの通説は，「議事手続と司法審査」の問題を「立法手続と司法審査」の問題と同一視して議論していたと言えるのである。

2 現在の学説状況の整理

このように1970年代から現在に至るまでの通説は，裁判所による法令の形式的審査権を前提としていないことを指摘した上で，次に，「議事手続と司法審査」に関する現在の学説状況を見ていこう。

(1) 原則否定説

原則として議事手続に対して司法審査は及ばないとする否定説（A説）が

(8) 田中二郎「司法権と立法権」憲法判例百選〔初版〕(1963年) 195－196頁。

(9) このような見解を採る1960年代の学説として，例えば，原龍之助「議院の自律性」清宮四郎＝佐藤功（編）『憲法講座第3巻』（有斐閣，1964年）102－103頁，藤田晴子「議院の自律権」『日本国憲法体系第5巻』（有斐閣，1964年）447－448頁，金子宏「統治行為」『日本国憲法体系第6巻』（有斐閣，1965年）21－22頁。

通説であるが，その根拠をどこに求めるかという点で2つに大別される。宮沢俊義は，「国会の各議院における議決……には，原則として，裁判所の審査権はおよばない」とした上で，「これらの点については，各議院の自主的解釈を終局的とし，それ以上はもっぱら，主として，選挙をつうじての国民のコントロールにまかせるというのが憲法の趣旨だろう」(10)としてその根拠を国民の選挙によるコントロールに求めた。これに対して，田中二郎は，否定説を採りながらも，その根拠を「議院自律権」に求めた(11)。この点，学説上後者が一般的に支持されている。いずれにせよ，否定説の言う「原則として」を，例外的に司法審査が及びうることを含意すると解する（A_1説）のであれば，次の例外的肯定説と接近し得る。

(2)　例外的肯定説

現在の有力説である例外的肯定説（B説）は，原則として議事手続に対する司法審査を否定するが，例外的に司法審査を肯定する見解である。代表的な見解として，「裁判所は法律内容の適憲性について審査しうるのであるから，議事手続の適憲性について頭から一切判断しえないとするのは疑問である」こと，「法律制定などにつながる議事手続は，国民の権利・義務に直接関係してくる」ことから，議事手続に明白な憲法違反が認められる場合に肯定する説(12)が挙げられる。

(3)　全面的肯定説

全面的肯定説（C説）は，「憲法は，法令の実質的審査権を認めているのであるから，形式的審査権を認めていることもまた当然である」(13)として，議事手続に対する司法審査を全面的に肯定するが，少数説にとどまっている。しかし，A説の言う「原則として」を，「議会の議事録に載った記録を確定的な証拠とする議事録掲載主義」で足りるという意味に解する説（A_2説）(14)

(10)　宮沢俊義〔芦部信喜補訂〕『全訂日本国憲法』（日本評論社，1978年）596頁。
(11)　田中二郎・前掲注(8)195－196頁。
(12)　佐藤幸治『日本国憲法論』（成文堂，2011年）464頁。
(13)　橋本公亘『日本国憲法〔改訂版〕』（有斐閣，1988年）525頁。
(14)　大石眞『議会法』（有斐閣，2001年）185－186頁。

もある。A_2説は，裁判所が議事録掲載主義によって議事手続を審査することを含意するので，むしろC説として位置づけることもできよう。

(4) 全面的否定説

これに対して，全面的否定説（D説）は，完全自律権思想の立場から，議事手続に対する司法審査を一切認めないとする[(15)]が，D説も少数説である。

(5) 議事手続違反の効力の問題

A_1説，B説，C説，A_2説は，例外的又は全面的に議事手続に対する司法審査を認めるものである。したがって，一部の条項についての議事手続が問題となる場合は除き，法律全体についての議事手続が問題となる場合，議事手続が違憲・違法故に無効とされたときに，当該法律全体が無効となってしまうおそれがある。大石眞は，「法律の実質的合憲性審査の場合，通常ある法律の特定条規（またはその一部）が問題とされ，最高裁判所による違憲性の主張は，原則として，それを無効とする効果を有するにとどまるのに対して，法律制定における議事手続の違憲性の主張は，その法律の規定全体におよび，したがって，裁判所の違憲判断は，その法律そのものの無効・不存在を帰結することになる……彼比較量してみると，司法審査権が法律におよぶ以上，当然にその制定手続にもおよぶとは速断できない」[(16)]，「裁判所による違憲判断の効果を想えば……内容審査よりも手続審査の方が重大な結果を招く」[(17)]として，批判的な立場をとっている[(18)]。だからと言って，このこ

---

(15) 小嶋和司『憲法学講話』（有斐閣，1982年）107頁。

(16) 大石眞『議院自律権の構造』（成文堂，1988年）9頁。

(17) 大石眞「議院自律権」芦部信喜（編）『憲法の基本問題』（有斐閣，1988年）100頁。

(18) ただし，大石眞は，「司法裁判権は原則として否定される……というのは，一切の裁判所の介入が否定されるという趣旨ではない。それは証拠法則の問題としてみた場合に，当事者に対する尋問によって審理を行う口頭証拠主義（parole evidence rule）によることなく，議会の議事録に記録された事実を確定的だとする議事録掲載主義（journal entry rule）で足りるという意味である」としており，厳密には，司法審査権を否定する立場ではないと思われる。大石眞『憲法講義Ⅰ〔第3版〕』（有斐閣，2014年）179頁。

とがこれらの学説に対する有力な批判とはなりえない。というのも，毛利透も言うように，違憲・違法の議事手続に基づき成立した法律の効力は訴訟法的観点から別途検討すればよいからである(19)。

⑹　原則否定説（通説）及び例外的肯定説（有力説）と法令の形式的審査権との関係

通説である原則否定説と有力説である例外的肯定説は，一定の場合に「議事手続」に対して司法審査を肯定する。これは，明示してはいないものの，その背景に，裁判所による法令の形式的審査権を認める考え方があるのではないであろうか。裁判所による形式的審査権があるからこそ，一定の場合に例外的に，司法審査が「議事手続」にも及びうると考えられる。

⑺　私　見

それでは，「議事手続と司法審査」に関して，どのような見解を採るべきであろうか。

この点，当初は法令に対する形式的審査権が認められていたことに鑑みると，議事手続に対する一切の司法審査を排除してしまうのは妥当ではないであろう。しかし，すべての議事手続に対して司法審査が及ぶとなると，議院（国会）運営に対して司法の介入の度合いが強くなりすぎてしまう。したがって，明白な憲法違反がある場合にのみ議事手続に対する司法審査を認めるのが妥当であろう。この点，明白な法律違反や明白な議院規則違反の場合にも司法審査を認めるべきとの反論もありえようが，しかしながら，法律（国会法）(20)は，国会（両議院）が各議院に課したルールであり，議院規則は，各議院がそれぞれに課したルールであることに鑑みると，そのような場合には，やはり議院の自浄作用に任せるべきであり，司法権の介入を許すべきではないであろう。

---

(19)　前述の大石の立論に対して，毛利透は，「違憲判決の効果の問題は，……『一般的な法の基本原則』を加味して別途考察すべき問題であると思われる。憲法訴訟論の一分野はそのために存在するのである」として，反論を試みている。毛利透「立法手続と司法審査」憲法判例百選Ⅱ〔第５版〕（2007年）413頁。

3 警察法改正無効事件

次に，警察法改正無効事件上告審の射程を明らかにしよう。この判決については，「議事手続と司法審査」以外に関する論点も含まれているが，ここでは「議事手続と司法審査」に関する論点にのみ焦点を当てることにする。

(1) 事実の概要

① 昭和28年12月10日に召集された第19回国会では，多くの重要法案をめぐって与野党が激突していた。重要法案の1つであった，従来の市町村警察の制度を廃止し都道府県警察に組織変更する内容を含む新警察法案は，昭和29年5月15日に衆議院で可決され，参議院に送付された。しかし，3度目の会期延長（昭和33年の国会法改正前は会期延長の回数制限がなかった）の末，6月3日，会期が終了したので，内閣・与党は4度目の会期延長の方針を決定したが，衆議院での会期延長の議決に際して野党がこれに抵抗したため，議場は混乱した。議場に入れなかった議長は，議長席後方のドアを少し開いて，2本の指を挙げ，会期の2日間延長を宣言し，与党議員20～30人位が拍手をした。これによって議長は会期延長が議決されたと認定し，これを無効とする野党が以後の会議を欠席する中，6月5日に衆議院でなされた5度目の会期延長を経て，6月7日参議院は新警察法案を可決し，同法案は成立した。

② 大阪府議会は同年6月30日，新警察法に伴う警察費9億5973万余円を計上した昭和29年度追加予算を可決したが，大阪府の住民X（原告・控訴人・上告人）は，新警察法は無効であるので，これに基づく府議会による予算の議決は違法であり，したがって，その議決に基づく警察費の支出は違

---

(20) この点，そもそも国会法が違憲だとする見解がある。例えば，黒田覚は，「議院規則の内容が，一般に国会法によって大きく制約されており，これが国会運営における議院の自主性をいちじるしく阻害しており，しかも国会法による議院規則の制約が憲法の要請に基づいているとはいい得ない」（黒田覚「議院規則・先例の問題点」ジュリスト170号（1959年）27頁）と述べ，国会法の違憲性を指摘している。しかし，多くの学説は，国会法の存在を前提として国会法と議院規則の効力の優劣を論じており，筆者もこの立場を採っている。

法であるとして，当該支出の禁止を求めて地方自治法第243条の2第1項（昭和38年改正前）により府監査委員に対し監査請求をしたが，認められなかった。そこでXは同条第4項により，大阪府知事Y（被告・被控訴人・被上告人）に対して警察費の支出禁止を求めて住民訴訟を提起した。

③　Xが新警察法を無効とする理由は以下の2点である。(i)同法成立の前提であった6月3日の衆議院での会期延長の議決は，「衆議院規則にまつたく適合せず，議決としての効力をみとむべくもない」ので，6月3日の「会議は流会となり，会期は同日で終り，国会は閉会となつたとみるほかない」。したがって，6月7日の参議院の議決は無効である。(ii)「近代的機構をもつ警察をもち，これを運営することは……憲法によつて保障された市町村の権能である」のに，新警察法はこの権能を「単なる法律の改正によつて奪わんとするもの」であるので，憲法第92条に違反する。

④　第1審(21)は，地方自治法第243条の2第1項に関して，監査委員には議会の議決した予算の違法性を判断する権限がなく，したがって，議会が議決した予算に基づく警察費の支出の禁止を求める訴えは同条第4項に基づく住民訴訟の対象とはならないと判断し，Xの請求を棄却した。控訴審(22)も同じ判断をしたので，Xは上告した。

(2)　判　旨

上告棄却。

①「長その他の職員の公金の支出等は，一方において議会の議決に基くことを要するとともに，他面法令の規定に従わなければならないのは勿論であり，議会の議決があつたからというて，法令上違法な支出が適法な支出となる理由はない」。「監査委員は，議会の議決があつた場合にも，長に対し，その執行につき妥当な措置を要求することができないわけではないし，ことに訴訟においては，議決に基くものでも執行の禁止，制限等を求めることが

(21)　大阪地判昭和30年2月15日判時47号9頁。
(22)　大阪高判昭和30年8月9日民集〔参〕16巻3号472頁。

できるものとしなければならない。原判決が本件支出について大阪府議会の議決があつた一事をもつて直ちに上告人の請求を棄却すべきものとしたのは法令の解釈を誤つた違法があるといわなければならない」。

② しかし,「同法は両院において議決を経たものとされ適法な手続によつて公布されている以上,裁判所は両院の自主性を尊重すべく同法制定の議事手続に関する所論のような事実を審理してその有効無効を判断すべきでない。従つて所論のような理由によつて同法を無効とすることはできない」。

③ また,「同法が市町村警察を廃し,その事務を都道府県警察に移したからといつて,そのことが地方自治の本旨に反するものと解されないから,同法はその内容が憲法92条に反するものとして無効な法律といいえない」。

④ したがって,「地方自治法243条の2についての原判決の解釈には誤りがあるものということができるけれども,原判決が結論において上告人の請求を容れなかつたのは正当であり,結局,本件上告は理由がない」。

なお,①について斎藤悠輔裁判官による反対意見,上告を棄却すべきか破棄自判すべきかという訴訟法上の問題について奥野健一裁判官による補足意見,藤田八郎裁判官ら5人による4つの反対意見がある。

(3) 本判決の意義

本判決は,「両院の自主性」の尊重のために議事手続については「有効無効を判断すべきでない」と判示し,議事手続に対する司法審査を否定した。この点,「本来の権限事項ではあるが,その行使を自制するといったニュアンスが強い」(23)と評されるように,本来裁判所は議事手続の適法性を審査することができるものにあえてそれをしないのか,そもそも議事手続の審査は原理的に裁判所の権限外にあるのかは判然としない。しかし,いずれにせよ,その否定の根拠が「両院の自主性」の尊重,すなわち,「議院自律権」に求められることには疑いがないと言えよう。これとは対照的に,砂川事件上告

(23) 小嶋和司「議会の行為と司法審査」行政判例百選〔新版〕(1970年)214頁。

審[24]及び苫米地事件上告審[25]は，統治行為に司法審査は及ばないとする根拠を，「高度に政治性のある国家行為」に関する判断は主権者たる国民に政治的責任を負う政府・国会，最終的には国民に委ねられることに求めている。また，砂川事件上告審では，統治行為であっても，「一見極めて明白に違憲無効であると認められ」る場合には，例外的に司法審査は及びうる[26]としているが，本判決はそのような例外については何ら言及していない。

(4)　本判決の射程

本判決は，先に挙げた学説のいずれの立場を採っているのか。本判決は，C説を採るものではないことは明らかであるが，「原則として」という文言もなく，また，例外的に司法審査が及びうる場合について何ら言及していないので，A_1説及びB説を採るものと断ずることはできない。だとすると，D説又はA_2説を採用している可能性が高い。この点，「例外なく議事手続に対する裁判所の審査権を否定している」[27]としてD説を採っていると解することもできるが，しかし，「議事録は確認しているわけで，最高裁として議事録掲載主義の立場を採用し，その意味での審査はおこなうものの，それ以上に立ち入って証拠調べまでする必要はないとする趣旨を明らかにしたものとして理解できる」[28]ので，A_2説を採っていると捉えることも十分説得的である。

ただし，本件で問題となったのは，衆議院での会期延長に関する議事手続であり，新警察法案に関する議事手続そのものではないことに注意が必要である。すなわち，当該法律案そのものの議事手続ではなく，当該法律案を制定するための衆議院での会期延長の議事手続の瑕疵が問題となっているのである[29]。この点，昭和35年6月の日米安保条約の承認に関する議事手続そ

---

(24)　最大判昭和34年12月16日刑集13巻13号3225頁。

(25)　最大判昭和35年6月8日民集14巻7号1206頁。

(26)　砂川事件上告審の採用した「統治行為論」は，「変型的統治行為論」（樋口陽一『憲法〔第3版〕』（創文社，2007年）442頁）と呼ばれ，苫米地事件上告審の採用した「統治行為論」は，「純粋統治行為論」と呼ばれる。

(27)　佐々木雅寿「司法権と立法権（警察法改正無効事件）」佐藤幸治＝土井真一（編）『判例講義憲法II』（悠々社，2010年）265頁。

(28)　大石眞・前掲注(14)186頁。

のものを争った事件(30)でも本判決が引用されており，法律案の議事手続そのものの瑕疵が問題となった場合においても，本判決は妥当すると言えよう。

いずれにせよ，本判決が，「原則として」という文言を用いていないことは，通説である原則否定説（A_1説）とは決定的に異なると言えよう。

４ 小 括

第１節では，まず，戦後当初において，通説は立法手続全般に対して司法審査が及ぶと考えていたこと，警察法改正無効事件以降は，通説は例外的に議事手続に対して司法審査は原則として及ばないと考えるようになったこと，1970年代以降は，通説は，立法手続に対して司法審査が及ぶという大前提の議論に次第に言及しなくなり，「議事手続と司法審査」の問題を「立法手続と司法審査」の問題へと収斂させていた可能性があることを明らかにした。次に，「議事手続と司法審査」に関するリーディングケースである警察法改正無効事件は，通説とは異なり，「原則として」という留保を付けずに議事手続に対する司法審査を否定したことを確認した。

第２節 「議員提出法律案提出手続と司法審査」
──国民投票法案不受理違憲訴訟──

すでに述べたように，国民投票法律案不受理違憲訴訟（以下，不受理訴訟）では，従来議論されてきた「議院での審議・議決手続」としての「議事手続」ではなく，「議院での審議・議決手続以前の行為」，すなわち，「議員提出法律案提出手続」が問題となった(31)。本不受理訴訟については，評釈も少ないので，ここではこの判例について詳しく検討していく。

---

(29) 毛利透は，これについて，「いわば毒樹の果実とでもいうべき事態」と評している。毛利透・前掲注(19)413頁。

(30) 東京地判昭和38年３月28日行集14巻３号562頁，東京地判昭和40年８月９日下刑集７巻８号1603頁，東京地判昭和42年12月12日行集18巻12号1592頁。

1　事実の概要と判旨

(1)　事実の概要

①　1993（平成5）年6月14日，衆議院議員であったX（原告・控訴人・上告人）は，「国政における重要問題に関する国民投票法案」（以下，本件法律案）を，当時所属していた日本社会党に所属する衆議院議員92名の賛成者及びその他2名の提出者と連署して，衆議院事務局議事部議案課に提出した。しかしながら，衆議院事務局は，衆議院においては議員による法律案の提出にはその所属会派の「機関承認」(32)を必要とする先例（以下，本件先例）が存在し，本件法律案には日本社会党の機関承認を得ていないことを理由に，議案課は受理法律案としての取り扱いをしなかった(33)。議案課は，同日に日本社会党国会対策委員会事務局に会派としての対応を確認し，翌15日に同党として承認しない旨の回答を得た。衆議院事務局は，日本社会党及びXとも調整しつつ，議院運営委員会理事会の協議の準備を進めていたが，同月18日に内閣不信任決議案が可決されて，衆議院が解散されたので，本件法律案については受理法律案として取り扱われることなく終わった。その後，Xは，同年7月1日付で，衆議院事務総長に対し公開質問状を出したが，事務総長は，同月13日の回答書において，衆議院においては議員の法律案の発議には所属会派の機関承認を必要とし，承認のない法律案は受理できないという確立された先例が存在し，したがって，事務局の一存で法律案を受理

---

(31)　木下和朗も，本件不受理訴訟の東京地裁判決の評釈において，「議事手続の違憲性が争われる場合として，①議決や法律等の違憲事由として議事手続行為の違憲が争われる場合と②議決に至る以前の議事手続行為の違憲等が争われる場合」とが挙げられるとし，「従来の判例学説が主に念頭に置いてきたのは前者であるのに対し，本判決〔引用者注：東京地裁判決〕は後者に当たる」と分析している。木下和朗「議院自律権と司法審査――国民投票法案不受理違憲訴訟」平成8年度重要判例解説（1997年）24頁。

(32)　これは，具体的には，国会内で結成される各会派の幹事長，国会対策委員長の印により示されることが多いようである。機関承認について，詳しくは以下の文献を参照。原田一明「議会先例としての『機関承認』の意味」曽我部真裕＝赤坂幸一（編）『憲法改革の理念と展開　大石眞先生還暦記念〔上巻〕』（信山社，2012年）699-724頁。

(33)　一般に法律案が受理されると，印刷されて各議員へ配布され，国会法第56条第2項により適当の委員会に付託されるが，本件法律案については，そのような手続がとられなかった。

することはできなかった旨を回答した(34)。

② そこでＸは，衆議院事務局が国会法及び衆議院規則に定める要件の他に議員の発議権を制約する本件先例は存在せず，事務局の不受理扱いという違法違憲の行為により精神的損害を受けたとして，国家賠償法第１条に基づき，国（被告・被控訴人・被上告人）に対して損害賠償を求めて出訴した。これに対して，国は，法律案を含む議案等の提出手続は，議院の議事運営に関する事項として議院自律権の範囲内にあるとして，本件法律案の不受理の適法性は司法審査の対象とならないと主張した。

③ 本件の争点とされたのは，(A)本件訴えは，裁判所法第３条にいう「法律上の争訟」に該当するか，(B)議院事務局が本件法律案につき受理法律案としての取扱いをしなかったことの違法性の有無である。

第１審(35)は，争点(A)については，「当事者間の具体的権利義務ないし法律関係を訴訟物とする訴訟の前提問題として，議院の自律権の範囲に属する議事手続の合法・違法ないしその有用性が争点となっている本件のような場合においては，裁判所は，右争点の判断をするに当たり，その点に関する当該議院の自律的判断を尊重すべきであり，右自律的判断を前提として請求の当否の判断をすれば足りる」として，本件訴えは法律上の争訟に当たると判示し，争点(B)については，「裁判所としては，衆議院の右〔引用者注：不受理が違法でない〕自律的判断が示されている以上，これをそのまま判断の基礎として裁判せざるを得ず，右行為が国家賠償法上違法であると認めることはできない」と判示し，原告の請求を棄却した(36)。

Ｘは控訴したが，控訴審(37)は，控訴を棄却した（判決の詳細については，

(34) 2012（平成24）年４月27日，議員定数500以下の一院制を2016年までに実現する内容の憲法改正原案が，120人の賛成者を得て，民主党，自由民主党，公明党等８会派の議員と無所属議員から提出された。機関承認がないため議運理事会の協議対象となり，受理しないことが会期末に至って確認された。これによって，重い賛成者要件が規定されている憲法改正原案の提出（国会法第68条の２）にも，他の議員立法と同様に，会派による運営の統制が及ぶことが確認された。白井誠『国会法』（信山社，2013年）140－141頁。

(35) 東京地判平成８年１月19日訟月43巻４号1144頁。

⑶で述べる)。

Ｘはこれを不服として，(Ⅰ)本件先例の存在についての審理不尽及び理由不備，(Ⅱ)存在しない先例を先例と認めた法令の誤認，(Ⅲ)議員の発議権及び議院の自律権についての憲法解釈の誤りを理由として，上告した。

⑵　上告審(38)の判旨

上告棄却。「所論の点に関する原審の事実認定は，原判決挙示の証拠関係に照らして首肯するに足り，右事実関係の下においては，本件法律案が受理法律案として取り扱われなかったことにより上告人が被ったと主張する損害の賠償を求める本件請求を棄却すべきものとした原審の判断は，正当として是認することができる」。

最高裁は，このように，(Ⅰ)～(Ⅲ)までの上告理由を一括して退け，いわゆる例文判決により，原審の判断を是認し，上告を棄却している。したがって，原審たる東京高裁判決の判旨を検討することが必要となる。

⑶　東京高裁判決の判旨

①　争点(A)について

「控訴人の本訴請求は……国家賠償法に基づく損害賠償請求……であり，衆議院事務局が本件法律案について受理法律案の取扱いをしなかったことの違法性の存否，更にはその前提としての本件先例の存否及びその存在が認められる場合の本件先例そのものの違法性の存否等，前記議院の自律権能をめぐる問題は，本訴請求の前提問題であるにすぎず，これらの問題を直接の訴訟の目的とするものではない」，「右前提問題そのものについて衆議院の自律性を尊重するべき観点等から裁判所の審判権が及ばない場合においても，右前提問題に裁判所の審判権が及ばないとされる結果，当該違法性の存在について判断し得ない（当該違法性の立証がない場合と同視される。）ことを前提に請求の当否を判断すれば足りる」として，本件訴えは，裁判所法第３条にい

---

(36)　この第１審判決についての評釈として，木下和朗・前掲注(31)23－24頁。

(37)　東京高判平成９年６月18日判時1618号69頁。

(38)　最二判平成11年９月17日訟月46巻６号2292頁。

う「法律上の争訟」に当たると判示した。

② 争点(B)について

「本件先例が，遅くとも衆議院事務局において本件法律案を事実上預かった当時までに，先例として確立していた」ことを認定した上で，「裁判所としては，衆議院の右自律的判断を尊重すべきであって，本件法律案につき受理法律案としての取扱いをしなかったことについて独自に適法，違法の判断をすべきではなく，その結果，本件では国家賠償法第１条第１項にいう『違法』が認められないということになるから，控訴人の本訴請求は理由がないというべきである」と判示した。

③ Ｘのその他の主張について

Ｘは，(C)本件では，先例として確立しているとは認められず，仮に先例として存在していたとしても本件はその適用除外であること，また，(D)そのような先例は，国会法第56条第１項及び衆議院規則第28条第１項に規定する衆議院議員の議案の発議要件を超える別個の要件を課しているもので，憲法第41条，国会法第56条，衆議院規則第28条に違反する違憲・違法なものであることを主張した。これについて，東京高裁は，「議院の自律権の範囲内の問題であり，本件のような取扱いが先例として適法なものであるとの趣旨の前記衆議院の判断が示されている以上，裁判所として本件先例ないし本件先例に基づく本件取扱いの適法性の問題については，その憲法違反の有無を含めてその判断を差し控えるべきものと考える（なお，法律案の議事手続を含め，議院の自律権の範囲に属する事項についての議院の取扱いに，一見極めて明白な違憲無効事由が存在する場合には，裁判所の審判の対象とする余地があると考えるとしても，本件においては……そのような事由の存在を認めることはできない。……議事手続（本件のような議員による議案の発議手続を含む。）において議員の所属会派の意思を尊重する取扱いが先例として行われ，結果的にそれが憲法，国会法，衆議院規則等に定める衆議院議員の権限の行使に新たな要件を加え，これを一部制限するような外観を呈したとしても，そのことをもってそのような取扱いが一見明白に憲法に抵触するものとは到底言えず……議院自身の自律的判断によって解決されるべきことが憲法以下の法令の予定しているところと解される）」と判示した。

さらに，Xは，(E)「本件においては国会議員の法律発議権が衆議院事務局という事務機関によって侵害されたものであるから議院の自律権の濫用である」と主張した。これについて，東京高裁は「法律案の受理手続が衆議院における議事手続の一環であることは前述したとおりであり，衆議院事務局は衆議院議長の補助機関として議案の受理に関する事務を行っているのであるから」，本件不受理扱いが「その自律権の範囲内の事項に属することは明白」(39)であると判示した。

東京高裁は，以上のように判示して，控訴を棄却したのである。

2　判決の検討――「議員提出法律案提出手続」の司法審査

(1)　判決の特徴

①　訴えの適法性について

この問題は，「議院自律権」の問題が本訴請求の前提問題となっている本件訴えが裁判所法第3条のいう「法律上の争訟」に当たるかどうかの問題である。「法律上の争訟」に当たるのであれば，適法な訴えであり，本案判決が下される。しかし，これに当たらないとされれば，不適法な訴えとなり，本案判決が下されることなく，却下される。東京高裁判決はこれを適法な訴えとしたが，どうして「議院自律権」の問題を本訴請求の前提問題として位置づけたのであろうか。

これについて，宍戸常寿は，ある争点が「司法審査権の範囲外である」という問題は，「前提問題たる争点に裁判所の判断が及ぶか」という問題と，「前提問題に裁判所の判断が及ばないとされる結果，訴え自体が不適法却下されるべきか」という問題の二つを孕んでいることを指摘した上で，従来最高裁では，これらの二つの問題が明確に意識されておらず，「宗教問題の法

(39)　なお，当該判決部分は第1審判決からの引用（筆者注：訟月43巻4号1156頁上段13行目～同頁下段11行目）である。

(40)　この用語は，石川健治によって用いられたものである。水島朝穂＝石川健治＝蟻川恒正＝長谷部恭男「憲法学の可能性を探る」法律時報69巻6号（1997年）57頁。

(41)　宍戸常寿「行政判例研究・衆議院事務局による議員提出法律案の不受理」自治研究75巻2号93－95頁。

理」[40]の生成過程においてはじめて，両者が違う問題として意識されてきた，と評価している[41]。そうだとすれば，本件不受理訴訟においてその訴えの適法性が争点となったのは，このような問題が明確に意識された結果であると言える。

② 不受理扱いの違法性・違憲性の判断について

それでは，訴えを適法なものとした上で，「裁判所としては，衆議院の右自律的判断を尊重すべきであって，本件法律案につき受理法律案としての取扱いをしなかったことについて独自に適法，違法の判断をすべきではなく，その結果，本件では国家賠償法第１条第１項にいう『違法』が認められない」，「議院の自律権の範囲内の問題であり，本件のような取扱いが先例として適法なものであるとの趣旨の前記衆議院の判断が示されている以上，裁判所として本件先例ないし本件先例に基づく本件取扱いの適法性の問題については，その憲法違反の有無を含めてその判断を差し控えるべき」と判示した本判決はどのように捉えるべきか。この問題は，「議員提出法律案提出手続」という「議院での審議・議決手続以前の立法手続」が，警察法改正無効事件以降「議事手続」とされてきた「議院での審議・議決手続」と同様に扱うことができるかどうかの問題である。

この点，高裁判決は，「議院の自律権の範囲に属する事項について議院の行った判断については，他の国家機関が干渉し，介入することは許されず，当該議院の自主性を尊重すべきものと解するのが相当」であり，「最高裁判所が，当該法律が『両院において議決を経たものとされ適法な手続によって公布されている以上，裁判所は両院の自主性を尊重すべく同法制定の議事手続に関する所論のような事実を審理してその有効無効を判断すべきでない』と判示したのは（最高裁判所昭和 37 年３月７日大法廷判決，民集 16 巻３号 445 頁参照），まさにこの趣旨を示したものというべきであり，この理は，衆議院における議員の発議にかかる法律案の受理手続の適法性が争われている本件にも妥当するものというべき」であると判示している。したがって，高裁判決は，「議員提出法律案提出手続」を，従来「議事手続」の前提とされてきた「議院での審議・議決手続」と同様に扱ったのである。つまり，「議員提出法律案提出手続」を，裁判所の審査を及ぼすことができない議院自律権に関わる「議事手続」に組み込んだのである。これは，裁判所の形式的審査権を縮小し，議院自律権の範囲を広げたことを意味する。

こうして，「議事手続」を「議員提出法律案提出手続」へと拡大し，「議員提出法律案提出手続」も議院自律権に関わるものとして裁判所の審査権を否定したわけである。しかしながら，警察法改正無効事件上告審は，単に「議事手続」には審査が及ばないとしており，例外が認められるかどうかについては言及していないのに対し，本件の高裁判決は，「法律案の議事手続を含め，議院の自律権の範囲に属する事項についての議院の取扱いに，一見極めて明白な違憲無効事由が存在する場合には，裁判所の審判の対象とする余地があるとしても，本件においては……そのような事由の存在を認めることはできない」と判示している。これは，高裁は「議事手続」に一見極めて明白な違憲無効事由が存在する場合の裁判所による審査を排除していないと解される(42)。というのも，高裁が完全自律権思想に基づく全面否定説に立つのならば，このような余地を仮定することは何の意味も持たないからである。

⑵　判決の妥当性及び問題点

①　訴えの適法性について

まず，議院自律権に関わる訴えの適法性が意識されるとしても，本件のようにその訴えを適法な訴えとすることは妥当であろうか。反対に，その訴えを不適法とすべきか(43)(44)。

これについて，宍戸は，「国民に憲法上裁判を受ける権利が保障されることの反面として，裁判所は国民の訴えに応答する義務があり，可及的に本案判決を下すべきであり，紛争の終局的解決の観点から見てもそれが望ましい。従って，裁判所の判断が前提問題に及ばないからといって，直ちに訴えが不適法となるのではなく，むしろ却下を正当化する格段の事情が必要」(45)と評している。この見解は，議院自律権と国民の裁判を受ける権利との調和を図

(42)　東京地裁は先例が本当に存在していたかどうかを認定しておらず，ただ議院の「先例が存在していた」という判断を尊重しただけであったのに対して，東京高裁は先例の存在を認定しており，全く根拠のない「自律的判断」を尊重しているわけではないことから，宍戸常寿は，「裁判所は明白な違憲違法行為を放置することはできない」という思考が働いていることを指摘する。宍戸常寿・前掲注(41)98頁。

るものである。「議院自律権」が前提問題であること自体で不適法とされることは，確かに国民の裁判を受ける権利を著しく害することになろう。したがって，このように解することは妥当であると言える。

さらに，後述するように，高裁判決は，一見明白な憲法違反の場合に裁判所の審査を認める余地があることを示唆しており，そのような場合についても，「議院自律権」が前提問題であることを理由に即不適法とされるのは，問題があろう。

(43) この点，本件不受理訴訟の地裁判決及び高裁判決の直前に，議事手続の違法等を理由として衆議院決議の無効確認を求める訴えにつき，「法律上の争訟」に当たらないとした地裁判決（東京地判平成７年７月20日判時1543号127頁）が存在する。これは，1995（平成７）年６月９日に衆議院で行われた「歴史を教訓に平和への決意を新たにする決議」，いわゆる戦後50年決議について，国会議員であるＸ（原告）らが，当該決議は，その成立に際し，①与野党間の協議，調整等が十分に行われず，衆議院において十分な討議がなされた事実がないこと，②国会決議をするに際しては過半数議員の出席が確保された状態で行うという不文律ないし憲法慣習に反して，法定議席数の過半数を超える与野党議員が欠席する中で採決されたものであり，その決議の成立過程には重大明白な瑕疵があることなどを主張して，その無効確認を求めた事案である。これについて，地裁判決は，「議院が政治的又は道義的な見地から自ら決すべき事柄であって，裁判所が法律の適用によって終局的に解決し得べき事柄ではないから，裁判所法３条に定める法律上の争訟に当たらない」として，その訴えを不適法として却下したのである（この地裁判決の論理構成の基は，同様に国会の決議の無効が争われた憲法違背是正請求事件についての最高裁判決（最三判昭和28年11月17日行集４巻11号2760頁）に見られる。この事件は，1948（昭和23）年６月19日に，衆議院及び参議院は「教育ニ関スル勅語」，いわゆる教育勅語が憲法に違反し失効していることを確認する旨の決議をしたが，Ｘ（原告・控訴人・上告人）は，(i)教育勅語が憲法に違背するものでないことの確認，(ii)両議院における当該教育勅語失効決議の取消決議をなすべきことを求めて出訴したものである。この事例では，その決議についての議事手続の違法性などは争われていなかったが，最高裁は，「衆参両院が専ら道義的又は政治的な見地から自ら決すべき事柄であって，裁判所が法律の適用によって終局的に解決し得べき事柄ではなく……裁判所の権限に属するものと認めることはできない」と判示して，その訴えを不適法なものとした)。この決議無効確認訴訟は決議の無効確認を求めているのに対して，本件不受理訴訟は損害賠償を請求している点で異なっており，いずれも前提問題として「議院自律権」が問題となっているとしても，パラレルに論じることはできない。この点，大石眞は，「司法作用の核心が『法律上の争訟』の裁判にあることに疑いはない……衆議院が行ったいわゆる戦後50年国会決議の無効を求める訴えが『法律上の争訟』に当たらないとして却下されたのは，その意味で当然である」としている。大石眞「憲法判例の動き」平成７年度重要判例解説（1996年）２頁。

以上のことから，その訴えが前提問題として議院自律権に関わるものが問題となるとしても，それを適法なものとした本判決は妥当なものと言える。

② 不受理の違法性・違憲性について

次に，高裁判決は，議院自律権の範囲を拡大しつつも，それらの事項についての裁判所による例外的な審査の可能性を示したと捉えられるが，このように，「議員提出法律案提出手続」から「議院での審議・議決手続」までを含んだ「議事手続」について明白な違憲無効事由がある場合に裁判所の審査権を認める，という解釈は妥当であろうか。

従来の「議事手続」の前提とされた「議院での審議・議決手続」については，国会法や議院規則あるいは先例によって規律されているだけでなく，憲法典の多くの規定によっても規律されている。したがって，「議院での審議・議決手続」違反については，その行為が，国会法の規定や議院規則の規定に違反(46)したり，あるいは，先例に違反したりする場合と，憲法典の規定に違反する場合とがある。それゆえに，「議院での審議・議決手続」についての明白な憲法（典）違反は，当事者適格や訴えの利益などの要件を満たせば，国民が当事者となって争うことができる。

---

(44) 前掲注（43）の「歴史を教訓に平和への決意を新たにする決議」をめぐっては，その違法性を理由に，国に対して損害賠償を求める訴えも提起されている。この事例は，X（原告・控訴人）が，決議の内容が憲法第19条で認められる国民の思想・良心の自由を侵害する違法なものであり，精神的苦痛を被ったとして，国（被告・被控訴人）に対し，国家賠償法第1条第1項に基づき，100万円の損害賠償を求めたものであるが，東京高裁（東京高判平成7年11月22日訟月43巻5号1277頁）は，訴えを不適法とすることなく，立法行為に関する国会議員の免責特権を認めた判例（最一判昭和60年11月21日民集39巻7号1512頁）を引用して，「国会決議は，国会議員が主体となり，衆議院の意思表明としてなされたものである点で国会議員の立法行為と共通するから，決議の内容が，憲法の一義的な文言に違反しているにもかかわらず国会があえて当該決議を行うというごとき容易に想定し難いような例外的な場合でない限り，国家賠償法1条1項の適用上，違法の評価をうけない」と判示した。

(45) 宍戸常寿・前掲注(41)96頁。宍戸は「宗教問題の法理」がまさにその正当化の法理として考えることができるとしている。

(46) この点，警察法改正無効事件では，客観訴訟たる住民訴訟において，衆議院での会期延長の議事手続が衆議院規則違反に当たるかどうかが，国民（厳密には住民）によって争われた。

反対に,「議員提出法律案提出手続」については，国会法や議院規則あるいは先例によってのみ規律されており，憲法典によっては規律されていない。国会議員の法律案提出権は憲法上認められると解するのが一般的ではある(47)が，そもそも，日本国憲法は国会議員の法律案提出権について定めていない。したがって,「議員提出法律案提出手続」については，その違反行為自体は，国会法違反や議院規則違反あるいは先例違反にはなるが，憲法典の定める手続規定の違反にはなりえない。「議員提出法律案提出手続」について憲法違反が想定されるのは，国会法や議院規則あるいは先例に基づいて議員に対して行われた行為又はそれらの規範そのものが，憲法上認められた議員の法律案提出権を侵害する場合に限られる。それゆえに,「議員提出法律案提出手続」(実際には，議員提出法律案の不受理）についての明白な憲法違反は，国会議員のみが当事者となって争うことができるのであって，国民が当事者となって争うことはできない(48)。そしてこの場合には，制定した法律を争うことは想定されない。本件不受理訴訟において国会議員であるＸが主張した不受理取扱いの憲法違反が，まさにこれに該当する。

このように解すると，本件において高裁判決が「そのような取扱いが一見明白に憲法に抵触するものとは到底言え」ないと判示しているように，憲法典によって多く規律されている「議院での審議・議決手続」ついては憲法違反の危険性が多く存在するのに対し，憲法典によって規律されていない「議員提出法律案提出手続」については憲法違反の危険性はあまり存在しないことになるだろう。したがって,「議員提出法律案提出手続」の方が,「議院での審議・議決手続」よりも，裁判所によって憲法違反とされることが少ないことになる。換言すれば,「議員提出法律案提出手続」の方が,「議院での審議・議決手続」に比べて，議院自律権がより広く認められることになるので

(47) 比較法的に見ても，議員の法律案提出権を憲法上認めない例は見当たらない。大石眞によれば，国会議員の法律案提出権及び修正権は,「憲法第 41 条などから当然認められる権能である」。大石眞・前掲注(18)139 頁。

(48) ただし，第三者の憲法上の権利の主張適格の問題が存在するので，国民が第三者である国会議員の法律案提出権を侵害していることを理由に,「議員提出法律案提出手続」(実際には，議員提出法律案の不受理）を憲法違反として争うこともできるかもしれない。

ある。地裁判決が，「一見極めて明白な違憲無効事由が存在する場合には，裁判所の審判の対象とする余地がある」ことには言及していないが，「議院の自律権の範囲に属する事項について議院の行った判断については，他の国家機関が干渉し，介入することは許されず，当該議院の自主性を尊重すべき」という理〔引用者注：警察法改正無効事件上告審判旨〕は，「衆議院における議員の発議にかかる法律案の受理手続の適法性が争われている本件には，より一層妥当するものというべき」（傍点引用者）と判示していたのは，このような意味で理解することができる(49)。

それにもかかわらず，高裁判決は，上記の理は，「本件にも妥当するものというべき」と判示しているだけで，地裁判決の「より一層」の文言を外している。したがって，高裁判決によれば，従来の「議院での審議・議決手続」も「議員提出法律案提出手続」も，同等の議院自律権が認められることになる(α)。しかしながら，明白な憲法違反の場合の審査の余地を認めている(β)以上，前述のように，憲法違反の可能性について両者間にグラデーションが生じてしまう。

議院自律権が認められる程度についての両者の同等性を強調する(α)のであれば，(i)「議院での審議・議決手続」と「議員提出法律案提出手続」とを含めた「議事手続」について司法審査を認めないとするか，あるいは，(ii)「議院での審議・議決手続」と「議員提出法律案提出手続」とを含めた「議事手続」についての，一見明白な憲法違反の場合だけではなく，一見明白な法律違反，議院規則違反あるいは先例違反の場合にも，あるいは，少なくとも一見明白な法律違反の場合にも，司法審査を認めなければならないはずである。後者の場合は，議員提出法律案が，議院によって手続上適法なものとして受理され，国会の議決を経て法律として制定されても，当該法律の「提出手続」の適法性を争うことが可能となる。すなわち，警察法改正無効事件と同様の問題となる。これによってまさに，「議院での審議・議決手続」はもちろんのこと，国会法，議院規則及び先例によって規律される「議員提出法律案提出手続」についても，その違反行為を，国民も争うことができる（もちろん，「法律上の争訟」該当性などの訴訟要件を満たす場合(50)である）のであっ

(49)　なお，地裁判決は，「より一層妥当する」根拠を全く示していない。

て，両者に同等の議院自律権が認められることになる。

反対に，「議事手続」についての一見明白な憲法違反の場合にのみ裁判所の審査を認めることを強調する(β)のであれば，「議員提出法律案提出手続」についての議院自律権を広く認めることが必要となる。この場合には，明白な憲法違反は，国会議員の法律案提出権を侵害する場合に限られるので，国会議員のみが「議員提出法律案提出手続」（実際には，議員提出法律案の不受理）を争うことができるのであって，国民が国会法，議院規則及び先例の規律する「議員提出法律案提出手続」の違反行為について争うことはありえないことになろう。

以上のことから，本件不受理訴訟の高裁判決は矛盾を孕んでいると言える。したがって，「議員提出法律案提出手続」を「議院での審議・議決手続」と同等に見なすことには問題があるように思われる。

(3) 私　見

それでは，「議員提出法律案提出手続」をどのように捉えるべきであろうか。すなわち，(α)と(β)のどちらの論理を強調すべきか。やはり，(β)の論理，すなわち，「議院での審議・議決手続」のみが憲法典によって規律されており，「議員提出法律案提出手続」については憲法典によって規律されていないことを重視すべきように思われる。そうであれば，「議員提出法律案提出手続」についての議院自律権を広く認め，明白な憲法違反を国会議員の法律案提出権を侵害する場合に限定し，国会議員のみが「議員提出法律案提出手続」（実際には，議員提出法律案の不受理）を争うことができ，国民が直接事後的に国会法や議院規則，先例の規律する「議員提出法律案提出手続」について争うことはありえないと解するべきであろう。換言すれば，国会議員の法律案提出権を侵害することが明白な場合に限って，国会議員が提起したその訴訟において裁判所は司法審査を及ぼすべきと解すべきであろう。

---

(50) 戸松秀典は，「裁判所法3条1項後段には，『その他法律において特に定める権限』をも有すると規定されており，『法律上の争訟』に属さない憲法訴訟についても裁判所の裁判が予定されている」ことを指摘しており，客観訴訟として争う可能性も完全に否定することはできないように思われる。戸松秀典『憲法訴訟〔第2版〕』（有斐閣，2008年）68頁。

3　小　括

第2節では，従来議論の前提であった「議院での審議・議決手続」ではなく，「議員提出法律案提出手続」が問題となった国民投票法案不受理違憲訴訟の検討を行った。「議員提出法律案提出手続」については，明白な憲法違反を国会議員の法律案提出権を侵害する場合に限定すべきと解すべきであって，国会議員のみが「議員提出法律案提出手続」(実際には，議員提出法律案の不受理）を争うことができ，国民が法律制定後に国会法や議院規則，先例によって規律される「議員提出法律案提出手続」違反を争うことはありえないと結論付けた。

第3節　「閣議と司法審査」

1　憲法と閣議

日本国憲法は，内閣の意思決定方法については，国会や裁判所とは異なり，何らの規定もしていない。これに対し，内閣法第4条は「内閣がその職権を行うのは，閣議によるものとする」(第1項）と規定している。閣議とは「合議体としての内閣が意思決定をおこなう会議体」(51)を指すが，憲法附属法(52)たる内閣法が，内閣は閣議によって職権を行使すべきことを定めている。

内閣法第4条は，続けて，「閣議は，内閣総理大臣がこれを主宰する」(第2項前段）こと，「各大臣は，案件の如何を問わず，内閣総理大臣に提出して，閣議を求めることができる」(第3項）ことを定めている。しかしながら，内閣法における閣議に関する規定はこれだけであり，閣議の運営は，明治憲法以来の慣行に委ねられており，主に秘密性と全員一致性によって特徴付けられている(53)。また，閣議に付されるべき案件は，明治憲法下においては内閣官制第5条において明示されていたが，日本国憲法下における内閣法は

(51)　大石眞・前掲注(18)201頁。
(52)　憲法附属法とは，「国政の組織と運営に必要な規範，すなわち，実質的意味の憲法に属する法規範であって，憲法典を補充する意味をもつ規範又はそれを内容とする議会制定法」をいう。大石眞「憲法典と憲法附属法」『憲法秩序への展望』(有斐閣，2008年）9頁。
(53)　佐藤幸治『憲法〔第3版〕』(青林書院，1995年）227頁。

これについて何らの規定も有していない。

このように実定法上の規定が少ない閣議については，日本の憲法学は，伝統的に，主として閣議の議決方法について議論してきた。すなわち，慣行では，閣議の議決は全員一致によるものとされているが，学説上は，全員一致によらなければならないと解する見解と，反対に，多数決も許されると解する見解とが対立している。前者の全員一致説が通説であり，例えば，清宮四郎は，「比較的少数の構成員からなる団体であって，それらの構成員の間にかなり高度の，いわゆる利害の『同質性』が存在し，しかも，一人の反対者をも認めることができないほどの高度の統一性が要請される団体の場合」には全員一致性が要請され，「閣員はすべて，一体として，統一的な行動をとる必要がある」(54)としている。これに対して，後者の多数決説は少数説にとどまっているが，例えば，有倉遼吉は，憲法第66条第3項が要求する内閣の「連帯責任の原理」からは閣議の議決方法としての全員一致が当然に導かれるわけではなく，多数決により決定した方針に基づいて対外的に統一的行動を取ることは可能である(55)としている。

2　苫米地事件

そして，このような閣議の議決方法を初めとした閣議の運営に対して司法審査が及ぶかどうかについては，昭和28年8月28日の衆議院の解散の効力が争われた苫米地事件において問題となった。ここでは，第1審及び控訴審の論理と，上告審の論理を検討していく。

---

(54)　清宮四郎『憲法I〔第3版〕』(有斐閣，1979年) 328頁。清宮によれば，憲法第68条第2項が内閣総理大臣に大臣を罷免する権能を認めているのは，閣内の不一致を解消する手段を保障するためである。

(55)　有倉遼吉「内閣の運営──多数決と全会一致──」清水睦(編)『議会制民主主義(文献選集日本国憲法第10巻)』(三省堂，1977年) 234－246頁。また，近年では，「議事が秘密であることを前提とすれば，議事に関するルールを課すこと自体，あまり意味のないことである」として，このような議論自体の有益性を疑問視する学説も現れた。野中俊彦＝中村睦男＝高橋和之＝高見勝利『憲法II〔第5版〕』(有斐閣，2012年) 219頁〔高橋和之執筆部分〕。

(1) 事実の概要

1952（昭和27）年8月28日，第3次吉田内閣は，召集されたばかりの第14回国会において，衆議院を解散した（以下，本件解散）。これまでの衆議院解散は，憲法第69条に基づく衆議院による内閣不信任決議への対抗措置として行われていたが，本件解散は，憲法第7条に基づくものであった。さらに，8月26日の持ち回り閣議で解散詔書案につき一部閣僚の賛成の署名を得ただけで，直ちに天皇に送付されてその裁可を受け，8月28日の臨時閣議で解散詔書の即日公布を決定した。したがって，本件解散は，「抜き打ち解散」と呼ばれた。

衆議院議員であったX（原告・被控訴人・上告人）は，本件解散は違憲無効であるとして，国（被告・控訴人・被上告人）に対して，衆議院議員の地位確認及び解散の翌日分から衆議院議員の任期が満了するはずであった翌年1月分までの議員歳費の支払いを求める訴訟を提起した。Xの主張は，①「本件の解散に際っては衆議院において内閣の不信任案の可決も信任案の否決もなされては居なかったのであ」り，「憲法第7条のみに基いてなされた本件衆議院解散は憲法に違反するものであること」，②天皇の国事行為には「内閣の助言と承認と二つながら必要である」が，「本件解散については，これを天皇に助言する旨の全閣僚一致の閣議決定とこれに基く天皇に対する助言，天皇の本件の解散詔書発布行為についての内閣の承認が，いづれも認められない」ことを理由に，本件解散は違憲無効とするものであった。

(2) 第1審(56)の判旨

Xの請求を認容。

まず，①の点について以下のように述べてXの主張を退けた。「如何なる場合に解散ができるかの点については旧憲法におけると同様現行憲法には何等の規定もない。衆議院解散とは，存立して居る衆議院が，国の内外の問題につき国民の抱懐して居る意思を適正に反映具現するに適する構成になつて居るか否かを国民に問ふ制度である。議員の任期中は選挙を通しての国民の意思が代表されて居るものと見るのが法制上の建前であるが，右解散の制度

(56)　東京地判昭和28年10月19日行集4巻10号2540頁。

はかかる法制上の建前に合致しきらない変遷する政治情勢に対処する為のものである。従つて解散は変遷する事態を政治的に判断してなさるべきものであることは明らかであり，その解散権の行使は法規により一義的に拘束するには不適当な事柄であると言はなくてはなら」ない。「現行憲法が如何なる場合に解散を為し得るかの要件について何等の規定も設けて居ないのは如何なる事態の下に解散を為すべきやの判断を全く政治的裁量に委ねたものであると解すべきであり，その解散が妥当であつたか否かの如きは固より裁判所の判断の対象となるものではない」。したがって，「衆議院で内閣の不信任決議案の可決も信任決議案の否決もないのに本件解散が行はれたからと言つて本件解散が憲法に違反するものとは言へない」。

しかしながら，②の点について以下のように述べて，Xの請求を認容した。「内閣法第4条によれば内閣がその職権を行ふのは閣議によるものとされて居り，その決定方法については何等の規定もないのであるから，閣議決定は内閣を構成する全閣僚の一致を要するものであることは明らかである。従つて内閣の助言があると言ひ得る為には当該行為を天皇に助言する旨の全閣僚一致の閣議決定が為され，これに基く天皇に対する助言行為が為されねばならないわけである」。「一部閣僚の賛成のみでは適法な閣議決定があつたものと言ふことができ」ない。したがって，「本件解散については内閣の助言があつたものとは言へないので本件解散は内閣の承認の有無について判断する迄もなく憲法第7条に違反するものと言はなくてはならない」。

これに対して，国が控訴した。

(3) 控訴審(57)の判旨

原判決を取り消し，Xの請求を棄却。

まず，①の点について，以下のように述べて原判決を支持した。「解散権の所在並に解散権行使の要件についての当裁判所の法律上の見解は，原判決がその理由に於て……説示するところと同様である」。

しかしながら，②の点について，以下のように述べて原判決を取り消した。「牽連する一連の事実から考えれば，本件解散については，天皇の解散の詔

(57) 東京高判昭和29年9月22日行集5巻9号2181頁。

書発布前たる昭和27年8月22日内閣に於て，天皇に対し助言する旨の閣議決定が行われ（尤も……書類が完備したのは……同月28日ではあるが，右は既に成立した同月22日の閣議決定を再確認し，持廻り閣議の方法により，書類の形式を整備したに留まるものと認める），……天皇に対する吉田総理大臣の上奏……となり，これによつて，内閣より天皇に対する助言がなされ，天皇は右助言により解散の詔書を発布し，内閣はその後これを承認したものであると解するを相当とする」。

これに対して，Xが上告した。

(4)　上告審[58]の判旨

上告棄却。

「わが憲法の三権分立の制度の下においても，司法権の行使についておのずからある限度の制約は免れないのであって，あらゆる国家行為が無制限に司法審査の対象となるものと即断すべきではない」。衆議院の解散のように，「直接国家統治の基本に関する高度に政治性のある国家行為のごときはたとえそれが法律上の争訟となり，これに対する有効無効の判断が法律上可能である場合であっても，かかる統治行為は裁判所の審査権の外にあり，その判断は主権者たる国民に対して政治的責任を負うところの政府，国会等の政治部門の判断に……委ねられているものと解すべきである」。

(5)　検　討

①　第1審及び控訴審の論理

第1審及び控訴審は，本件解散についての助言と承認を決定した閣議の運営に踏み込んで審査し，天皇に対するその助言と承認について適法な閣議決定があったかどうかを判断したが，第1審は，助言についての適法な閣議決定があったとはいえないとし，反対に，控訴審は，助言と承認についての適法な閣議決定があったとした。このように下級審は，適法な助言と承認があったかどうかについての判断こそ分かれたものの，閣議の運営そのものに司法審査を及ぼした点では一致していたのである。すなわち，下級審によれ

(58)　最大判昭和35年6月8日民集14巻7号1206頁。

ば，内閣の閣議運営自律権は司法審査に対しては後退し，閣議運営に対して司法審査は及ぶのである。

② 上告審の論理

上告審は，統治行為である解散行為には司法審査は及ばず，それゆえに，解散行為の一部である天皇に対するその助言と承認についての閣議決定が適法になされたかどうかについて判断しなかったのである。

学説も，この事件及び砂川事件上告審(59)を契機にして，このような統治行為についての議論を始め，統治行為を肯定する見解と否定する見解とに大きく分かれたが，前者が一般的な見解となっている(60)。

しかしながら，苫米地事件における最高裁判決は，統治行為である解散行為に司法審査は及ばないこと，それゆえに，その助言と承認についての閣議決定に司法審査は及ばないことは明確にしたが，およそ閣議の運営に対して司法審査が及ぶかどうかについては何ら言及していない。

③ 学説の評価

学説も，苫米地事件以前には，天皇に対する解散の助言と承認についての閣議決定に限らず，およそ閣議の運営に司法審査が及ぶかどうかについて，明確に議論してきたわけではない。それでも，例えば，小嶋和司は，苫米地事件上告審に対して，「閣議のあり方は，その決定事項如何にかかわりなく司法審査になじまないとすべきであった。議事公開を原則とする議院運営ですら自主的運営の尊重が承認される……こととのバランスからも当然であ

(59) 最大判昭和34年12月16日刑集13巻13号3225頁。なお，この砂川事件の最高裁判決は，安保条約が「一見極めて明白に違憲無効であると認められない限りは，裁判所の司法審査権の範囲外」とした上で，「一見極めて明白に違憲無効」かどうかを詳しく判断しているのに対し，苫米地事件の最高裁判決は，統治行為に該当する国家行為は一切判断しないとしている点で違いがある。これらの違いについては，さしあたって以下を参照。渡邊賢「政治問題の法理」大石眞＝石川健治（編）『憲法の争点』（有斐閣，2009年）255頁。

(60) ここでは，統治行為論に関する各学説を詳しく検討することができないが，さしあたって以下を参照。大林文敏「統治行為」憲法判例百選II〔第5版〕(2007年) 437頁。

る」[61]として，このような統治行為論を持ち出すべきではなく，むしろ内閣の閣議運営自律権との関係で処理すべきであったと評している。すなわち，司法審査との関係では，内閣の閣議運営自律権が優位し，閣議運営には司法審査は及ばないというのである。

3　「閣議と司法審査」と立法手続

(1)　近年の学説

前述の小嶋の見解のように，議院の運営自律権とのバランスから内閣の閣議運営自律権も認めるのかどうかは必ずしも明らかではないが，閣議の運営に対する司法審査を内閣の運営自律権を理由に否定する学説が近年多く見られる。

例えば，佐藤幸治は，「閣議のあり方については司法審査は及ばないと解される。すなわち，内閣の職権行使のあり方は内閣自らの自律的運営に委ねられ，他律的規範の拘束にはなじまず，憲法が職権行使の方法について明示的規定をおいていないのもその趣旨の現われと解される」[62]と述べている。

また，高橋和之は，「閣議の方式は，ほとんどが自主的判断に委ねられるべきことであるから，司法審査の対象にもならない」[63]と述べている。

さらに，大石眞は，「内閣総理大臣は，その閣議主宰権の行使として，いろいろなかたちの閣議を行うことができると考えられ，しかも閣議の議事通則のほとんどについて，内閣の運営自律権に由来する慣習が形成されている。したがって，その運営方法については，他律的な審査は及ばず，司法裁判権も認められない，と考えられる」[64]としている。

したがって，およそ閣議の運営については，明確に議論されてきているわけではないとしても，内閣の閣議運営自律権との関係から司法審査は及ばないとするのが有力な見解となりつつあると言ってよいであろう。しかしながら，このように，いかなる閣議の運営に対しても司法審査は及ばないと解するのは妥当であろうか。司法審査が及ぶ余地はないのであろうか。

(61)　小嶋和司『憲法概説』(信山社，2004年) 462頁。
(62)　佐藤幸治・前掲注(12)496頁。
(63)　野中俊彦ほか・前掲注(55)220頁〔高橋和之執筆部分〕。
(64)　大石眞・前掲注(18)204頁。

(2)　「立法手続としての閣議決定と司法審査」

内閣が閣議決定する事項は，衆議院の解散についての天皇に対する助言や承認，内閣提出法律案，政令，憲法解釈(65)など様々である。この点，内閣提出法律案の閣議決定は，立法手続，特に内閣提出法律案提出手続を構成している。

ところで，佐藤幸治は，「議事手続」に対する司法審査については，「法律の制定などにつながる議事手続は，国民の権利・義務に直接関係してくる」ことを理由に「法律の制定などに至った場合において，その議事手続に明白な憲法違反が認められる場合には司法判断は可能と解すべきであろう」(66)としている。その一方で，「閣議の運営」に対する司法審査については，前述のとおり，否定的に解している。つまり，佐藤によれば，日本国憲法は議事手続については規定しており，その規定に明白に違反することは想定されるのであって，そのような場合には司法審査は可能である。反対に，日本国憲法は閣議の運営については何らの規定も有しておらず，明白な「憲法」違反というのはありえないのであって，それゆえに，閣議の運営に司法審査は一切及ばないのである(67)。

しかしながら，閣議の運営は，若干ではあるが，憲法附属法たる内閣法によって規定されている以上，閣議の運営が明白に内閣法に違反するような事態は当然想定される。この点，「国民の権利・義務に直接関係してくる」法律の制定につながる立法手続としての閣議決定に明白な内閣法違反がある場合にも司法審査を一切認めないとするのは妥当ではなく，議院の運営自律権とのバランス，及び，内閣法は国会が内閣に課した準則でありかつ憲法附属法としての性質をもつことに鑑みれば，このような場合には司法審査を認め

---

(65)　近年では，2014年7月1日の集団的自衛権行使のための憲法解釈変更の閣議決定がある。この問題に関して，詳しくは以下の文献を参照。森英樹（編）『集団的自衛権行使容認とその先にあるもの』（日本評論社，2015年）。この点，内閣の憲法解釈権については検討の必要がある。これに関する文献として，間柴泰治「政治部門の憲法解釈行為の検討」岡田信弘＝笹田栄司＝長谷部恭男（編）『憲法の基底と憲法論　高見勝利先生古稀記念』（信山社，2015年）1135－1154頁。

(66)　佐藤幸治・前掲注(53)195頁。

(67)　以下も参照。佐藤幸治『憲法訴訟と司法権』（日本評論社，1984年）57－58頁。

るのがむしろ自然である。佐藤の見解をこのように「修正」(68)することによって，内閣の閣議運営自律権にも一定の限界があると構成することも可能であろう。

(3) 「閣議と司法審査」に関する見解の整理

「閣議と司法審査」に関する見解として，①苫米地事件の第１審及び控訴審のように，閣議に対する司法審査を全面的に肯定する説，②近年の有力な学説のように，内閣の閣議運営自律権を理由として閣議に対する司法審査を否定する説，③前述の佐藤幸治の見解に対する分析のように，原則として否定しながらも，明白な内閣法違反の場合にのみ例外的に閣議に対する司法審査を肯定する説，が挙げられよう。すなわち，「議事手続と司法審査」に関して，原則否定説（例外的肯定説），全面的肯定説，全面的否定説があったように，「閣議と司法審査」に関しても，①全面的肯定説，②否定説，③例外的肯定説があるのである。ただし，近年の有力学説である②否定説が，全面的否定説なのか，原則否定説なのかは判然としない。

(4) 私　見

閣議のあり方について憲法典は一切規律していない。内閣法がわずかに規律するのみである。しかし，内閣法という法律が，国会が内閣に課したルールであること(69)に鑑みれば，権力分立の観点からは，司法権が閣議の運営に内閣法違反があったか否かについて判断するべきであり，一切の司法審査を排除してしまうのは妥当ではないであろう。したがって，明白な内閣法違反があった場合に司法審査を認めるべきと解すべきであろう。

4　小　括

第３節では，閣議に対する司法審査の可否についての検討を行った。閣議

(68)　ただし，佐藤は，前掲注(53)及び(67)の文献において，閣議運営の「内閣法違反」に対する司法審査の可能性を明確には否定していない。もし佐藤がこのような可能性を想定しているのであれば，「修正」ではなく「補足」と言うべきであろう。

(69)　国会が法律によって閣議運営について定めること自体が，内閣の閣議運営自律権を侵害するという問題があるが，これについては，第６章で詳しく検討する。

で決定するべき事項は多様であるが，立法手続の一部をなす内閣提出法律案の閣議決定については，国民の権利・義務に関わることがありうるので，明白な内閣法違反の場合に限って司法審査を及ぼすべきと結論付けた。

おわりに

1 まとめ

本章では，まず，「議院での審議・議決手続」である「議事手続」に司法審査が及ぶのかどうかについて，戦後当初の憲法学は裁判所に法令の形式的審査権を認めていたことから，一切これを排除するのではなく，明白な憲法違反の場合に「議事手続」に司法審査を及ぼすべきであると結論付けた。次に，「議院での審議・議決手続」以前の手続である「議員提出法律案提出手続」に対して司法審査を及ぼすべきかどうかを，不受理訴訟控訴審を素材に検討したが，国会議員の法律案提出権を侵害するような明白な憲法違反がある場合には司法審査を及ぼすべきであると結論付けた。さらに，閣議運営に対して司法審査が及ぶべきか否かについては，閣議決定する事項には様々なものがあるが，内閣提出法律案の閣議決定については，立法手続の一部を構成するので，国民の権利・義務に関わる場合には，明白な内閣法違反の場合に限って司法審査を及ぼすべきであると結論付けた。

2 「内閣提出法律案提出手続と司法審査」の検討の必要性

「議事手続と司法審査」，「議員提出法律案提出手続と司法審査」，「閣議と司法審査」の問題についてそれぞれ検討してきたが，これらのコロラリィとして，「内閣提出法律案提出手続と司法審査」の検討が必要となる。「内閣提出法律案提出手続」については，閣議請議，内閣法制局の審査，閣議決定が法律（内閣法，内閣法制局設置法）で定められており，また，「内閣修正」についても法律（国会法）で定められている。この法定化された「内閣提出法律案提出手続」について，司法審査が及ぶべきか否かを次章で検討する。

第6章
日本における「内閣提出法律案提出手続と司法審査」

はじめに

1　問題の所在

⑴「内閣提出法律案提出手続と司法審査」

国民投票法案不受理違憲訴訟では，従来「議事手続と司法審査」の議論の前提とされてきた「議院での審議・議決手続」ではなく，「議院での審議・議決手続以前の手続」，具体的には「議員提出法律案提出手続」が問題となったわけであるが，このことは，もう一つの課題を提示する。

言うまでもなく，法律案は，提出主体によって二つに区別される。すなわち，議員提出法律案と内閣提出法律案である。本件不受理訴訟では，「議院での審議・議決手続以前の手続」としての「議員提出法律案提出手続」の司法審査の可否が問題となったが，このことから，当然，同じ「議院での審議・議決手続以前の手続」である「内閣提出法律案提出手続」について司法審査が及ぶかどうか，という問題も生じてくる。

⑵　内閣の法律案提出権の問題

内閣の法律案提出権が日本国憲法上規定されてはおらず，内閣法第5条によって規定されている[(1)]ことは周知の通りであり，内閣の法律案提出権が憲法上認められるどうか，内閣法第5条は違憲かどうかの議論は古くからある。

現在，内閣の法律案提出権を肯定する見解が支配的見解であり，内閣の法

⑴　厳密には，内閣法第5条が法律案提出権を認めているのは内閣ではなく，内閣総理大臣である。これについては，大石眞が，「一般に『内閣』というかたちで議論されるが，適切ではない」として，指摘している。大石眞「憲法問題としての『国会』制度」『憲法秩序への展望』（有斐閣，2008年）149頁。

律案提出権を規定する内閣法第５条を合憲とするのが一般的である。実際，日本国憲法施行以来，この見解に立脚して運用されてきたし，議員提出法律案に比べて，内閣提出法律案の提出数・成立数が圧倒的に多いのみならず，その内容についても，内閣提出法律案の方がその重要性が高い(2)。

肯定説は，内閣の法律案提出権を憲法上要請されると捉えるか，憲法上許容されると捉えるか，大きく２つに分けられる。前者は，①議院内閣制の建前からいって，内閣にも法律案提出権を認めるのが妥当であること(3)，②憲法第72条の「議案」提出権の中にも法律案も含まれていること(4)，③すでに慣習法になっていること(5)などから，内閣の法律案提出権が憲法上認められているとするのである。この場合，内閣法第５条は，確認規定にすぎないことになる。これに対して，後者は，④憲法第73条第１号の「国務を総理すること」から，立法部たる国会が「総理」作用のあり方の一つとして内閣に立法の提案を期待することができる(6)とする。この場合，内閣法第５条は，創設規定となる。

この点，否定説も有力ではある。否定説の代表的論者である佐々木惣一は，「法律を制定することは……ただ国会のみの権限に属する作用であり，そして，法律案の提出は法律を制定する作用に属するものであるからである。一の作用についての提案は，実際上の意味において，その作用の中，最も有力なはたらきを為すものであるから，本来その作用を為すの権限を有しないものが，その作用について提案する，ということは矛盾である」(7)として，内閣の法律案提出権を否定する。しかしながら，内閣の法律案提出権を否定することは今日もはや現実的ではない。したがって，本書は肯定説に立脚する。

このように肯定説に立つ場合に，「内閣提出法律案提出手続」の適法性を裁判所が審査できるかどうかが問題となる。この点，野中俊彦は，肯定説に立ちながらも，内閣の法律案提出権容認のもたらす波及的効果をたえず警戒

(2)　この点につき，中島誠『立法学〔新版〕』（法律文化社，2007年）67－70頁が詳しい。
(3)　清宮四郎『憲法Ⅰ〔第３版〕』（有斐閣，1979年）417頁。
(4)　佐藤功『憲法〔新版〕下』（有斐閣，1984年）870－871頁。
(5)　宮沢俊義＝芦部信喜補訂『全訂日本国憲法』（日本評論社，1978年）553頁。
(6)　小嶋和司『憲法概説』（信山社，2004年）370－371頁。
(7)　佐々木惣一『改訂日本国憲法論』（有斐閣，1954年）270頁。

しておく必要があり，今日の問題は，内閣の法律案ありやなしやの点から，法案提出のあり方や議員発案との関係をどう考えるべきかの点に移らざるをえない[8]として，内閣提出法律案に対する統制の必要性を示唆している[9]。裁判所による「内閣提出法律案提出手続」に対する審査もその統制の一つとして位置付けられよう。

それでは，「内閣提出法律案提出手続」の司法審査は可能であろうか。

(3)「内閣提出法律案提出手続」に関する解釈論の展開の必要性

さらに，わが国においては，「内閣提出法律案提出手続と司法審査」の可能性についての議論がなされてこなかったことに起因しているのかは定かではないが，「内閣提出法律案提出手続」に関する解釈論は展開されてこなかった。

まず，わが国においては，「内閣提出法律案提出手続」については主要なものだけが規定されており，そのほとんどが慣行に委ねられている。

内閣提出法律案の国会提出までの基本的な流れは，①各省による原案作成（作成においては，省内審査，内閣法制局予備審査，各省協議，さらには与党審査が平行して行われる），②閣議請議，③内閣法制局本審査，④次官連絡会議（以前の事務次官等会議，各府省連絡会議に当たるもの），⑤閣議決定である。

ところで，フランス1958年憲法第39条は，第1項で「法律案提出権は，首相及び国会議員に競合して属する」と定めた上で，第2項で「政府提出法律案は，コンセイユ・デタの意見を聴いた後に，閣議で審議決定され，両議院のいずれかの理事部に提出する」と定めている。つまり，政府提出法律案

(8) 野中俊彦「内閣の法律案提出権」小嶋和司（編）『憲法の争点〔新版〕』（有斐閣，1985年）159頁。

(9) 新正幸は，「わが国における内閣提出法律案についての前立法過程の法的規制のあり方は，主要な手続を除いてそのほとんどが慣行にゆだねられている……今日の内閣発案独占主義的傾向にみられる内閣による法律発案の圧倒的重要性にかんがみるなら，この辺で，政府内部の内部的前立法手続（審議会の諮問手続をも含めて）について……たとえば内閣職務規則や各省職務通則により或る程度の統一的な成文の法制化が必要な時期にきている」として，内閣提出法律案に対する統制の一つとして，主要な手続以外の手続の法制化を提起している。新正幸『憲法と立法過程』（創文社，1988年）233－234頁。

のコンセイユ・デタへの諮問及び閣議での審議決定が憲法上要請されており，これらの政府提出法律案提出手続は憲法院によって統制され，これらの提出手続についての解釈論が展開されている。

日本でも，内閣法第5条が「内閣総理大臣は，内閣を代表して内閣提出の法律案，予算その他の議案を国会に提出し，一般国務及び外交関係について国会に報告する」ことを定めた上で，内閣法制局設置法第3条第1号は，内閣法制局が「閣議に附される法律案，政令案及び条約案を審査し，これに意見を附し，及び所要の修正を加えて，内閣に上申すること」ことを定め，また，内閣法第4条が「内閣がその職権を行うのは，閣議によるものとする」（第1項），「閣議は，内閣総理大臣がこれを主宰する」（第2項）と定めており，内閣提出法律案の内閣法制局による審査及び内閣総理大臣の主宰による閣議での決定を要請しているように思われる。これらの手続の規範的意味についてどのように解すべきか。

また，フランスの議論では，「法律案提出権」は，本質的法律案提出権（initiative principale）と，派生的法律案提出権（initiative dérivée）とに分けられる(10)。前者は，議院で審議される前の原案としての政府提出法律案又は議員提出法律案の提出権のことであり，1958年憲法第39条に規定されているものである。後者は，議院で審議されている法律案に対する修正案の提出権，すなわち，修正権のことであり，1958年憲法第44条第1項に規定されているものである。この条項は，「国会議員と内閣は修正権をもつ」と規定するのみで，その提出手続について何ら規定されていない。

日本でも，国会法第59条は「内閣が，各議院の会議又は委員会において議題となつた議案を修正し，又は撤回するには，その院の承諾を要する。但し，一の議院で議決した後は，修正し，又は撤回することはできない」と規定し，内閣による法律案の修正が認められている。この手続の規範的意味をどのように解すべきか。例えば，この内閣修正に，内閣法や内閣法制局設置法の手続規定は及ぶのか，あるいはその他の制限はあるのか。

---

(10)　Thierry S. Renoux et Michel de Villiers, *Code constitutionnel*, 3e éd., Litec, 2004, pp. 442－443.

２　本章の目的

以上のような問題意識に立った上で，本章では，まず，現行の「内閣提出法律案提出手続」を概観し（第１節），次に，「内閣提出法律案提出手続」を国会の法律によって規律することの問題を検討し（第２節），その上で，「内閣提出法律案提出手続」に対して司法審査が及ぶと解することができるかを検討し（第３節），さらに，「個々の内閣提出法律案提出手続」に対する司法審査の可否を検討した上で，個々の提出手続に関する解釈試論を提示したい（第４節）。

第１節　現行の「内閣提出法律案提出手続」

まず，現行の「内閣提出法律案提出手続」について概観しよう。

１　基本的な流れ

現行の「内閣提出法律案提出手続」は，制定法において規律されている部分と，慣行に委ねられている部分とがある。その基本的な流れ(11)は，すでに見たように，①各省による原案作成，②閣議請議，③内閣法制局本審査，④次官連絡会議，⑤閣議決定である。このうち慣行に委ねられているのは①及び④である。

２　制定法による規律

制定法が規律しているのは②，③及び⑤である。まず，②に関し，国家行政組織法第 11 条は，「各省大臣は，主任の行政事務について，法律……の制定，改正又は廃止を必要と認めるときは，案をそなえて，内閣総理大臣に提出して，閣議を求めなければならない」と規定し，所管大臣が法律案を閣議請議することを求めている(12)。次に，③について，内閣法制局設置法第３

(11)　詳細については，中島誠・前掲注(2)72－114 頁を参照。

(12)　内閣府の主任の大臣としての内閣総理大臣による法律案の閣議請議については，別に内閣府設置法第７条第２項が定めている。これは国家行政組織法第 11 条と同様の規定なので，以下では，国家行政組織法第 11 条の議論において，内閣府設置法第７条第２項を含めて検討するものとする。

条第1号は，内閣法制局が「閣議に附される法律案……を審査し，これに意見を附し，及び所要の修正を加えて，内閣に上申すること」ことを定めており，大臣によって閣議請議され，閣議に附される法律案を内閣法制局が審査しなければならない。さらに，⑤について，内閣法第4条は，「内閣がその職権を行うのは，閣議によるものとする」（第1項），「閣議は，内閣総理大臣がこれを主宰する」（第2項）と定めており，内閣法制局によって審査された法律案を内閣総理大臣が主宰する閣議において決定しなければならない。このように，「内閣提出法律案提出手続」は，制定法によって規律されている。しかしながら，それは，憲法典によって規律されているではなく，もっぱら国会の定める法律によって規律されているのである。

第2節　「内閣提出法律案提出手続」の法定化の問題点

次に，このように国会が「内閣提出法律案提出手続」を法定化することについて，権力分立の観点からいかなる問題点があるのかを検討しよう。

1　内閣の活動方法全般の法定化

これを検討するための前提問題として，そもそも，内閣の活動方法全般を国会が法定化することができるのかどうかが問題となる。この点については，従来学説において十分に論じられてきたとは言い難いものの，例えば，大石眞は，「内閣の組織について憲法第66条が『法律の定めるところにより』と定めたこと……から単に内閣組織のあり方のみならず，内閣の活動方法全般にわたって法定すべきことを要請する趣旨を読み取るのはむずかしく，国会両議院や最高裁判所という他の二権がもつ運営自律権とのバランスからしても，やはり無理があろう」(13)としている。大石の論理からすれば，憲法は内閣の活動方法全般を国会が法定することを要請しているのではなく，許容しているということになろう。

ただし，そこに限界がないわけではない。例えば，小嶋和司が，「内閣の職権行使は，その主宰者たる総理を中心とする自主的運営にゆだねられて，

(13)　大石眞「内閣制度の展開」前掲注(1)201頁。

他律的規範の拘束に服せしめられていない」(14)としているように，内閣の職権行使方法としての閣議の運営については，国会は法定化することはできないと解される。ここで，内閣法第4条第2項は「閣議は，内閣総理大臣がこれを主宰する」ことを定めており，閣議の運営方法を法定化しているので，内閣の閣議運営自律権を侵害しているのではないかという疑念が生じるが，この規定は，内閣総理大臣が合議体である内閣の首長であることから，小嶋によれば「当然と考えられる」(15)規定であると言える。

2 内閣の法律案提出権をめぐる議論

このような議論を前提として，国会が「内閣提出法律案提出手続」を法定化することの問題点を検討しよう。

内閣の法律案提出権に関しては，憲法典は沈黙しているが，内閣法第5条が内閣に法律案提出権を付与している。内閣の法律案提出権が憲法上認められるかどうかについて，学説は肯定説と否定説に分かれ，否定説によれば内閣法第5条は憲法違反ということになるが，肯定説が我が国における支配的見解であり，また，実務上も肯定説に立脚して運用されている(16)。しかしながら，肯定説においても，すでに見たように，内閣の法律案提出権が憲法上要請されているという見解(17)と，法律で付与することを憲法上許容するにとどまるという見解(18)とがある。まず，許容説に立つ場合には，内閣法第5条は創設規定ということになる。すなわち，内閣の法律案提出権を国会が法律によって初めて創設した，ということである。これに対して，要請説に立つ場合，内閣法第5条は確認規定ということになる。すなわち，憲法上

(14) 小嶋和司・前掲注(6)461頁。
(15) 小嶋和司・前掲注(6)461頁。
(16) 否定説は今でも根強く残っている。最近の文献として，杉原泰雄「政府と立法――政府による法律案に焦点を合せて」浦田一郎＝只野雅人（編）『議会の役割と憲法原理』（信山社，2008年）187－193頁。
(17) 前掲注(3)ないし(5)を参照。
(18) 代表的論者である小嶋和司は，すでに見たように，憲法第73条第1号の「国務を総理すること」から，立法部たる国会が「総理」作用のあり方の一つとして内閣に立法の提案を期待することができる，という立場を採っている。小嶋和司・前掲注(6)370－371頁。

の権限である内閣の法律案提出権を国会が内閣法5条によって確認のために規定した，ということである。このように，いずれに解釈するかによって，内閣法第5条の位置づけは異なり，その結果，以下に分析するように，「内閣提出法律案提出手続」の法定化の問題点の様相は異なることになる。

(1)　許容説に立つ場合

まず，許容説に立つ場合は，国会が内閣法第5条によって内閣の法律案提出権を初めて創設したのであるから，当然，国会は「内閣提出法律案提出手続」を法律によって規律することができると解される。したがって，国会が「内閣提出法律案提出手続」を法定化することに問題は生じないと思われる(19)。

(2)　要請説に立つ場合

これに対して，要請説に立つ場合，内閣の法律案提出権は憲法典によって認められた権限なのであるから，国会が「内閣提出法律案提出手続」を法律によって定めることは，内閣がその憲法上の権限を行使する手続を国会が規律することになる。そこで，内閣の憲法上の権限の行使方法を国会が規律することができるのか，それは内閣の憲法上の権限としての法律案提出権を侵害するのではないか，という問題が生じる。

①　二つの解釈の可能性

この問題について二通りの考え方がありうる。

まず，一つは，内閣の法律案提出権が憲法上要請されている権限であることを重視して，国会が法律によって「内閣提出法律案提出手続」を規律するのは許されないという考え方である。この考え方によれば，国会による「内閣提出法律案提出手続」の法定化は内閣の法律案提出権を侵害し，憲法違反となる。

もう一つは，「内閣提出法律案提出手続」は「法律事項」であって，国会

(19)　ただし，国会が内閣の法律案提出権を創出したと解したとしても，そこに限界があると解する余地がないわけではない。すなわち，その権限自体を国会が創設するとしても，その権限行使の方法については，国会が自由に規律することはできないという考え方もありうるかもしれない。

がこれを法律で規律するという考え方である。この考え方によれば，国会による「内閣提出法律案提出手続」の法定化は憲法違反ではないということになる。

② 「内閣提出法律案提出手続」と「法律事項」

従来，憲法第41条の「立法」の意味は，「『実質的意味での立法』を『形式的意味での法律』によって行うこと」[(20)]であるとされ，そこで，「実質的意味の立法」とは何かが憲法学において従来議論されてきたのは周知のとおりである。つまり，伝統的には，国民の権利義務を規律する法規範とする説と，一般的抽象的法規範とする説[(21)]の二つに大別されてきたのである[(22)]。

後説に立てば，当然，「内閣提出法律案提出手続」の法定化は肯定される。

これに対して，前説に立てば，一見，国会が「内閣提出法律案提出手続」を法定化することを正当化できないように思われる。しかし，佐藤幸治は，「行政各部の組織は，国民の権利を制限し，義務を課す存在であることに鑑み，憲法第41条の『立法』概念に含まれると解することも十分可能である」[(23)]としており，前説に立ちながらも行政組織法定主義を説明している。佐藤の見解を敷衍すれば，行政組織の編成も，広い意味で国民の権利義務に関するものであり，それゆえに法律によって規律しなければならないということであろう。この佐藤の見解によれば，「内閣提出法律案提出手続」も，まさに国民の権利義務を規律する法規範を制定するための手続なのであるから，国民の権利義務に関する法規範と捉えることができ，したがって，「内閣提出法律案提出手続」を「法律事項」として国会が法定化することは正当

(20) 佐藤幸治『日本国憲法論』(成文堂，2011年) 432頁。

(21) 例えば，芦部信喜〔高橋和之補訂〕『憲法〔第5版〕』(岩波書店，2011年) 286頁。

(22) なお，近時，高橋和之によって，新たな視点も提示されている。高橋によれば，「国会は，憲法の下において，いかなる事項についてであれ，まず最初に法的規律を行う権限」を有しており，「憲法の下において始原的規律を行う最高位の法規範が法律であり……立法とはかかる意味での法律を制定することなのである」。高橋和之『立憲主義と日本国憲法〔第3版〕』(有斐閣，2013年) 346頁。なお，以下の文献も参照。毛利透「戦前憲法学における二重法律概念と法治行政」『統治構造の憲法論』(岩波書店，2014年) 259－277頁。

(23) 佐藤幸治・前掲注(20)433頁。

化される，という見解を導くことができよう。

3　小　括

このように，許容説に立った場合においては当然のごとく，また，要請説に立った場合においても，「内閣提出法律案提出手続」が「法律事項」(24)であると考えることによって，「実質的意味の立法」を一般的抽象的規範と捉える見解からはもちろん，国民の権利義務を規律する法規範とする見解からも，「内閣提出法律案提出手続」の法定化を正当化することができる(25)。すなわち，いずれの説に立った場合でも，「内閣提出法律案提出手続」を国会が法律で定めることは憲法違反ではないと導くことが可能である。

第3節　「内閣提出法律案提出手続と司法審査」
――総論――

このような前提の下，次に，司法権の限界としての政治部門の運営自律権に関しての従来の思考枠組みを明らかにし，「内閣提出法律案提出手続と司法審査」は従来の思考枠組みによって処理できるのかを検討する。その上で，法定化された「内閣提出法律案提出手続」に対して司法審査が及ぶのか，試

(24)　村西良太が指摘するように（村西良太『執政機関としての議会――権力分立論の日独比較研究』（有斐閣，2011年）257頁以下），我が国において「法律事項」に関して，「必要的法律事項」と「任意的法律事項」とを区別して厳密に議論されてきたわけではない。しかしながら，近年この区別を主張する学説が見られるようになってきている。例えば，赤坂正浩「立法の概念」公法研究67号（2005年）155頁，安西文雄＝巻美矢紀＝宍戸常寿『憲法学読本』（有斐閣，2011年）264－265頁〔安西文雄執筆部分〕。この点，「内閣提出法律案提出手続」が「必要的法律事項」に含まれると捉えるのであれば，国会は「内閣提出法律案提出手続」を法定化しなければならないと解すことになるが，その場合，「内閣提出法律案提出手続」をどこまで規律しなければならないのか，また，現行の法定手続が規律すべき対象であるのかを検討しなければならない，という問題が生じる。しかし，「任意的法律事項」に含まれると捉えるのであれば，国会は「内閣提出法律案提出手続」を法定化することができると解することになるので，前記のような問題は生じないであろう。

(25)　ただし，これはあくまでも一つの解釈であって，他の理由による正当化を排除しない。例えば，憲法第41条に規定される国会の「国権の最高機関」性に現れる国会中心主義などによっても正当化することも可能かもしれない。

論を提示したい。

1 司法審査の二つの可能性

「内閣提出法律案提出手続」の司法審査の可否を検討する前に，まず，「内閣提出法律案提出手続」の司法審査には，どのような場合が考えられるであろうか。「内閣提出法律案提出手続」の司法審査には，二つの可能性が考えられる。

一つは，国民投票法案不受理違憲訴訟で問題となったように，内閣提出法律案が議院によってその手続上の不備を理由に不受理とされたときに，その適法性を裁判所が審査する場合である。しかしながら，この場合は，法律案提出権を有する内閣（厳密には内閣総理大臣）が当事者ということになり，現在のところそのような訴訟は想定されえない(26)であろう。

もう一つは，内閣提出法律案が議院によって適法なものとして受理され，国会の議決を経て法律として制定されたにもかかわらず，当該法律の「提出手続」の適法性を裁判所が審査する場合である。この場合は，警察法改正無効事件と同様に，国民（「法律上の争訟」該当性などの訴訟要件を満たす場合である）が当該法律の手続の適法性を争うものとなる。とはいえ，この場合は，「内閣提出法律案提出手続」については憲法上何ら規定されていないのであるから，当然，その手続の違憲性を争うことはできない。したがって，「内閣提出法律案提出手続」を定める法律等の違反を争うことになる。

ここで，もう一度「議事手続と司法審査」の議論を想起されたい。従来考えられてきた「議院での審議・議決手続」については，司法審査は原則として及ばないと考えるか，あるいは，例外的に一見明白な憲法違反の場合にのみ及ぶと考え，「議院での審議・議決手続」の法律違反，議院規則違反あるいは先例違反に司法審査は及ばないと考えるのが判例及び学説の一般的な見解であった。そして，国民投票法案不受理違憲訴訟を通じて，「議員提出法律案提出手続」は「議院での審議・議決手続」と同様に「議院自律権」に関

---

(26) 日本国憲法は，国会と内閣との間に生じた紛争を調停する機関を設けていない。行政事件訴訟法第６条が定める機関訴訟は，行政機関相互間の権限紛争を対象としているにすぎない。

わるものとされることが明らかにされたのである。そして，このことから，「議員提出法律案提出手続」について司法審査が及ぶのは，国会議員の法律案提出権を侵害しているような明白な憲法違反（議員提出法律案の憲法違反的不受理）に限られ，国民が訴訟を提起して「議員提出法律案提出手続」の法律違反，議院規則違反あるいは先例違反を争うことはありえない（つまり，法律制定後の国民による訴訟提起は不可能）と結論付けた。だとすれば，「内閣提出法律案提出手続」についても，議院によって手続上適法なものとして受理された以上，議院自律権に関わるものとして司法審査は及ばず，さらに一見明白な憲法違反（内閣提出法律案の憲法違反的不受理及び憲法典の規定に違反する「内閣提出法律案提出手続」）は想起されえないために，いかなる場合にも審査は不可能となるのか。すなわち，法律の定める「内閣提出法律案提出手続」違反を争うことは不可能であろうか。

2　司法権の限界としての政治部門の運営自律権

司法権の限界の一つとして政治部門の運営自律権が挙げられることは周知のとおりである。

(1)　議院の運営自律権

まず，日本国憲法は，国会の権能行使のあり方について多くの規定を置き，また，国会法も同様である。他方，憲法典によって各議院には運営自律権[27]が保障されている。これにより，各議院には規則制定権が認められ，この議院規則も各議院の権能行使について規定している。そこで，特に前述の警察法改正無効事件を契機として，具体的事件の訴訟において当事者が議院運営の違法性を主張したとき，裁判所の審査権は及ぶかどうかが学説上論じられるようになった。判例は否定説を採っており[28]，通説も原則否定説を採り，明白に憲法違反があった場合に限定する説[29]，明白に法律違反が

(27)　日本国憲法下における議院の運営自律権の詳細な研究として，藤田晴子「議院の自律権」『日本国憲法体系第5巻 統治の機構Ⅱ』（有斐閣，1964年）447－477頁，大石眞『議院自律権の構造』3－15頁，279－351頁。

(28)　この点，警察法改正無効事件上告審が原則否定説及び全面的否定説のいずれかを採っているかは必ずしも明確ではない。第5章第1節を参照。

あった場合に限定する説[30]，全面的肯定説[31]及び全面的否定説[32]は少数説にとどまっている[33]。

(2) 内閣の閣議運営自律権

また，日本国憲法は，内閣の権能行使のあり方については，内閣総理大臣を代表とすること以外は定めておらず，内閣法第4条が，職権行使の方法として閣議について簡短に定めるのみである。これにより，閣議は内閣の自主的運営に委ねられ，内閣に閣議の運営自律権が保障されると考えられている[34]。ここでも，具体的訴訟において内閣の閣議運営の違法性が主張されるとき，裁判所の審査権が及ぶかどうかが問題となる。この点につき，学説上必ずしも議論が蓄積されているとは言い難いが，閣議運営に対する司法審査を否定する見解[35]が多く，肯定する見解は見当たらない。最近では，毛利透が，「憲法上行政組織のトップに位置付けられ，国会と並んで国政上の高度な責任を担う機関である内閣にも，組織運営について独自の判断権を保障すべきであり，特に裁判所による事後的な，証拠調べなどを伴う審査は避けるべきだという解釈も十分可能であろう……内閣の自らの職権行使についての判断の是非は，政治的責任を負う国会との関係に委ねる」[36]と述べており，内閣の閣議運営自律権も保障されるとの主張がなされている。

なお，苫米地事件上告審[37]において，原告は衆議院解散に関しての内閣

---

(29) 例えば，佐藤幸治・前掲注(20)464頁。

(30) 例えば，有倉遼吉「司法権と立法権」憲法判例百選〔第3版〕(1974年) 224頁。

(31) 例えば，橋本公亘『日本国憲法〔改訂版〕』(有斐閣，1988年) 525頁。

(32) 例えば，小嶋和司『憲法学講話』(有斐閣，1982年) 107頁。

(33) ただし，原則否定説の言う「原則として」を，例外的に司法審査が及びうることを含意すると解すれば，限定的な場合に司法審査を認める説（例外的肯定説）と接近することになる。毛利透「立法手続と司法審査」憲法判例百選II〔第5版〕(2007年) 412－413頁参照。第5章第1節も参照。

(34) 佐藤幸治・前掲注(20)495－496頁。

(35) 例えば，野中俊彦＝中村睦男＝高橋和之＝高見勝利『憲法II〔第5版〕』(有斐閣，2012年)〔高橋和之執筆部分〕220頁，佐藤幸治・前掲注(20)496頁，大石眞『憲法講義I〔第3版〕』(有斐閣，2014年) 204頁。

(36) 毛利透「統治機構を支える自律と統治機構の自律性」憲法問題24 (2013年) 16－17頁。

(37) 最大判昭和35年6月8日民集14巻7号1206頁。

の閣議運営の違法性を主張したが，最高裁はいわゆる統治行為論で原告の主張を退けた(38)。

3 「内閣提出法律案提出手続」の特殊性

このように，司法権の限界としての議院の運営自律権及び内閣の閣議運営自律権の問題，あるいは，「議事手続と司法審査」及び「閣議と司法審査」の問題は，従来，議院と裁判所，内閣と裁判所といったように，いずれも二者間構造で論じられてきた。それでは，「内閣提出法律案提出手続と司法審査」の問題は，こうした二者間構造で処理しうるのだろうか。

法定化された「内閣提出法律案提出手続」は，国会が内閣に課した手続準則である。したがって，内閣がその手続を遵守しなかった場合，それは，議院の内部事項の問題ではなく，また，すべて閣議の内部事項の問題であるわけではない。すなわち，「内閣提出法律案提出手続と司法審査」は，議院と裁判所，あるいは内閣と裁判所といったように，２つの機関が関わる問題ではなく，国会，内閣及び裁判所という３つの機関が関わる問題なのである。したがって，「内閣提出法律案提出手続と司法審査」の問題は，従来の二者間構造ではなく，三者間構造として検討しなければならないのである。

4 内閣による「議事手続」違反と司法審査

同じような三者間構造の問題として，内閣が「議事手続」に違反した場合，司法審査が及ぶかという問題がありうる。

憲法の定める「議事手続」は，大山礼子によれば，「すべて国会主導で行うべきものと解釈するほかない」(39)ものとなっており，内閣は「国会の審議にお任せする」というような傍観者的態度をとらざるをえない(40)。これに

---

(38) 小嶋和司は，苫米地事件の最高裁判決に対して，「閣議のあり方は，その決定事項如何にかかわりなく司法審査になじまないとすべきであった。議事公開を原則とする議院運営ですら自主的運営の尊重が承認される……こととのバランスからも当然である」と述べている。小嶋和司・前掲注(6)462頁。また，同旨として，野坂泰司「衆議院の解散の効力と裁判所の審査権の限界――苫米地事件判決」『憲法基本判例を読み直す』（有斐閣，2011年）54－56頁。

(39) 大山礼子「議事手続再考――『ねじれ国会』における審議の実質化をめざして――」駒澤法学27巻3号（2008年）46頁。

対して，国会法と議院規則は，「議事手続」における内閣の行動を規律している。しかし，内閣がこれに違反することがあっても，従来の通説の考え方によれば，それはやはり議院自律権の問題と言える。というのも，内閣が「議事手続」に違反したかどうかは議院が判断すればよいのであり，事後的に具体的訴訟において内閣による「議事手続」違反が問題となったとしても，「議事手続」においてなされた議院の判断を尊重し，裁判所が判断する必要はないからである。換言すれば，内閣による「議事手続」違反は，従来の二者間構造で処理することができるのである。

5 内閣による「内閣提出法律案提出手続」違反と司法審査

⑴ 「議院の運営自律権」，「内閣の閣議運営自律権」，「統治行為論」？

しかしながら，「内閣提出法律案提出手続」を法定化することは，憲法上要請又は許容されている内閣の法律案提出権の行使を国会が法律によって規律することである。その法定化された「内閣提出法律案提出手続」に内閣が違反した場合，司法審査は及ぶのか。

内閣による「議事手続」違反と同様，議院の運営自律権を理由として，司法審査を否定するという考え方もありえなくはない。つまり，法律可決後，具体的訴訟の中で「内閣提出法律案提出手続」違反が主張されるときに，議院が「内閣提出法律案提出手続」を適法と判断して受理したのだからそれを尊重して裁判所は審査しない，という考え方である。しかしながら，議院が立法過程において内閣の内部手続として実際に行われている「内閣提出法律案提出手続」をすべて把握することはできず，また，憲法典によって認められる議院運営自律権の一環としてそれが議院に期待されていると解することはできない。したがって，議院の判断を尊重して司法審査は及ばないと解するのは妥当ではない。つまり，議院の運営自律権の問題として司法審査を否定することはできないと言えよう。

また，内閣の運営自律権は，閣議運営自律権を意味するのであるから，「内閣提出法律案提出手続」に対する司法審査は，閣議運営に関わるものは除き，閣議運営自律権の問題として否定することもできない。

---

(40) 大山礼子『国会学入門〔第２版〕』（三省堂，2003年）148頁。

それではこの問題にどのような観点から処理すればよいであろうか。もちろん，「内閣提出法律案提出手続」は国会が内閣に対して課した準則であるとはいえ，広く政治部門の問題として，政治部門の運営自律権の観点からこれに対する司法審査を否定する考え方も十分あり得る。また，「国会・内閣の相互関係に関する事項」(41)に該当するとして，統治行為論によって司法審査を否定する考え方もあろう(42)。

しかし，これらとは異なる観点から，司法審査を肯定することはでないであろうか。ここで，フランス法の議論が示唆に富むように思われる。

(2)　フランス法の視点

第1章で述べた通り，フランス1958年憲法は，立法手続一般に関する準則を多く定めている。それゆえに，法律の公布前に憲法適合性統制を行う憲法院は，法律を付託されたとき(43)に，内容審査だけでなく，手続審査をも行う(44)。

実際，憲法院は，以下の立法手続についての統制を行っている。すなわち，

---

(41)　これを統治行為に挙げる文献として，例えば，戸波江二『憲法〔新版〕』（ぎょうせい，1998年）434頁。

(42)　周知のとおり，統治行為論自体は，学説上も認められてきたが，統治行為の範囲については，対立がある。すなわち，「①国家全体の運命に関わる重要事項（国家の承認，条約の締結その他の外交活動や国家の安全保障にかかわるもの），②政治部門の組織・運営に関する基本事項（意思決定手続，議員の懲罰など），③政治部門の相互関係（衆議院の解散など），④政治部門の政治的・裁量的判断に委ねられた事項」（佐藤幸治・前掲注(20)644頁）などを広義説は統治行為として挙げており，これに対して，狭義説は自律権や自由裁量行為などの他の理由によって説明できるものは除外する。「内閣提出法律案提出手続」の法定化は，国会が内閣に課す準則であるので，政治部門の相互関係であると言えるかもしれない。だとすれば，いずれの説に立ったとしても，統治行為として「内閣提出法律案提出手続」に対する司法審査を否定することはできよう。しかし，近年，統治行為論そのものに対して懐疑的な考え方（例えば，宍戸常寿「統治行為論について」浦田一郎＝加藤一彦＝阪口正二郎＝只野雅人＝松田浩（編）『立憲平和主義と憲法理論　山内敏弘先生古稀記念論文集』（法律文化社，2010年）237－253頁）も有力になりつつあるので，この論法は必ずしも妥当ではないと言えよう。

(43)　1958年憲法第61条第1項及び第2項。なお，憲法院による法律の審査は事前審査のみであったが，2008年7月の憲法改正により，事後審査が可能となった（第61－1条）。

国会議員の表決権（第27条第2項）(45)，臨時会期（第29条第1項）(46)，政府提出法律案についてのコンセイユ・デタへの諮問（第39条第2項）(47)，政府提出法律案についての閣議での審議決定（第39条第2項）(48)，議員提出法律案及び修正案の不受理（第40条及び第41条）(49)，内閣及び国会議員の修正権の行使（第44条第1項）(50)，両院協議会（第45条）(51)，議事日程（第48条第1項）(52)，政府提出の予算法律案及び社会保障財政法律案についての内閣の信任投票（第49条第3項）(53)，特定の法律案についての経済社会環境評議会への諮問（第70条）(54)，海外領土に関する法律案についての海外領土議会への諮問（第74条）(55)の手続について，憲法院が統制しているのである。

---

(44) Dominique Rousseau, *Droit du contentieux constitutionnel*, 10e éd., Montchrestien, 2013, pp. 137－139 ; Guillaume Drago, *Contentieux constitutionnel français*, 3e éd., PUF, 2011, pp. 382－385.

(45) C.C., Décision n° 86－225 DC du 23 janvier 1987, *Loi portant diverses mesures d'ordre social*, *Rec.*, p. 13.

(46) C.C., Décision n° 81－129 DC du 31 octobre 1981, *Loi portant dérogation au monopole d'État de la radiodiffusion*, *Rec.*, p. 35.

(47) C.C., Décision n° 2003－468 DC du 3 avril 2003, *Loi relative à l'élection des conseillers régionaux et des représentants au Parlement européen ainsi qu'à l'aide publique aux partis politiques*, *Rec.*, p. 325.

(48) C.C., Décision n° 84－179 DC du 12 septembre 1984, *Loi relative à la limite d'âge dans la fonction publique et le secteur public*, *Rec.*, p. 73.

(49) 最近のものとして，C.C., Décision n° 99－419 DC du 9 novembre 1999, *Loi relative au pacte civil de solidarité*, *Rec.*, p. 116.

(50) 修正権に関する憲法院の判例は極めて多く，その内容も変遷している。重要な分岐点となった判例として，C.C., Décision n° 86－225 DC du 23 janvier 1987, *Loi portant diverses mesures d'ordre social*, *Rec.* p. 13 ; C.C., Décision n° 2001－445 DC du 19 juin 2001, *Loi organique relative au statut des magistrats et au Conseil supérieur de la magistrature*, *Rec.*, p. 63 ; C.C., Décision n° 2005－532 DC du 19 janvier 2006, *Loi relative à la lutte contre le terrorisme et portant dispositions diverses relatives à la sécurité et aux contrôles frontaliers*, *Rec.*, p. 31.

(51) C.C., Décision n° 2004－501 DC du 5 août 2004, *Service public de l'électricité et du gaz et entreprises électriques et gazières*, Rec., p. 134.

(52) C.C., Décision n° 81－129 DC du 31 octobre 1981, *supra* note(46).

(53) 2008年7月憲法改正以前，旧第49条第3項はすべての法律案の議決について内閣の責任をかけることができた。この手続についての判例として，C.C., n° 2004－503 DC du 12 août 2004, *Loi relative aux libertés et responsabilités locales*, *Rec.*, p. 144.

さらに，憲法院は，憲法附属法律（loi organique）及び憲法附属オルドナンス（ordonnance organique）(56)が定める手続についても統制を行っている(57)ことが注目される。これは，憲法附属法規が，憲法院によって憲法適合性の判断根拠となる「憲法規範性ブロック（bloc de constitutionnalité）」によって組み込まれているからである。

これに対して，憲法院は，議院規則のみが定めている手続についての違反は，それ自体では，立法手続を憲法違反とするためには十分ではないと判示しており(58)，議院規則違反については，憲法院が完全には統制していない。

したがって，法律が憲法典及び憲法附属法律の定める手続に反して可決された場合に，憲法に違反する手続によって可決されたものとして，憲法院によって無効とされるのである。これが憲法院による立法手続に対する一般的な統制の枠組みである。

ここで注目すべきは，「政府提出法律案提出手続」が，憲法典，具体的には憲法第39条第2項によって規律されていることである。また，2008年7月の憲法改正により，「政府提出法律案は，憲法附属法律が定める手続にしたがって，国民議会又は元老院に提出する」と定める第3項が追加され，憲法附属法律によっても規律されることとなった(59)。反対に，「議員提出法律

(54)　代表的なものとして，C.C., Décision n° 86－207 du 26 juin 1986, *Loi autorisant le Gouvernement à prendre diverses mesures d'ordre économique et social, Rec.*, p. 61.

(55)　代表的なものとして，C.C., Décision n° 80－122 DC du 22 juillet 1980, *Loi rendant applicable le code de procédure pénale et certaines dispositions législatives dans les territoires d'outre-mer, Rec.*, p. 49.

(56)　1958年憲法旧第92条第1項は，制度の設置のために，ただちに法律としての効力を有するオルドナンスを発することができることを定めており，憲法附属オルドナンスは，本項に基づくものである。なお，旧第92条は，1995年8月4日憲法法律第880号によって削除された。

(57)　代表的なものとして，C.C., Décision n° 79－110 DC du 24 décembre 1979, *Loi de finances pour* 1980, *Rec.*, p. 36 ; C.C., Décision n° 2003－478 DC du 30 juillet 2003, *Loi organique relative à l'expérimentation par les collectivités territoriales, Rec.*, p. 406 ; C.C., Décision n° 2003－482 DC du 30 juillet 2003, *Loi organique relative au référendum local, Rec.*, p. 414 ; C.C., Décision n° 2004－500 DC du 29 juillet 2004, *Loi organique relative à l'autonomie financière des collectivités territoriales, Rec.*, p. 116.

(58)　C.C., Décision n° 78－97 DC du 27 juillet 1978, *Loi portant réforme de la procédure pénale sur la police judiciaire et le jury d'assises, Rec.*, p. 31, Cons. 3.

案提出手続」については，憲法典及び憲法附属法律によって何ら規定されていない(60)。したがって，「法律案提出手続」については，すべての政府提出法律案が憲法院によるその統制を受ける一方で，議員提出法律案は，憲法上の特別の不受理の場合を除いては，憲法院による統制を受けないのである。

このように，政府提出法律案は，その「提出手続」が憲法典又は憲法附属法律に適合するかどうか憲法院による審査に服するのに対して，議員提出法律案は，その「提出手続」について憲法典及び憲法附属法律によって規定されていない以上，憲法院による審査には服さないとする，フランスの「法律案提出手続」の裁判的統制のあり方は，国会議員の法律案提出権を尊重し，政府の法律案提出権を統制しようとするものである。国会の権限が強化された2008年7月の憲法改正の中で，「政府提出法律案提出手続」についての規定が追加されたのは，その表れであると捉えることができる。

いずれにせよ，憲法院は，立法手続審査において，憲法典及び憲法附属法律を照会規範（norme de référence）としており，場合によっては議院規則も照会規範となりうる。このように憲法院が立法手続を統制するのは，立法手続においては，内閣と国会をはじめ，様々な機関が関わり合うからである。つまり，憲法院は，それらの機関による立法手続違反を裁定することを求められているのであり，立法手続における裁定機関としての役割を果たしているのである。

(3) 日本法への示唆
──「内閣提出法律案提出手続」に対する司法審査の可能性

このようなフランス法のあり方は，日本法への示唆があるように思われる。

---

(59) 第1章第3節を参照。

(60) 2008年7月の憲法改正により，第39条に「法律の定める要件にしたがって，議院の議長は，その議院の議員が提出した法律案につき，委員会での審査の前に，当該議員が反対する場合を除いて，コンセイユ・デタに意見を求めることができる」と定める第5項が追加されたが，これは任意的なものであり，さらにその手続は，憲法附属法律ではなく，通常法律によって規律されるために，従来の憲法院の考え方によれば，その手続に違反した場合でも，憲法違反とはされないであろう。

①　フランス法と日本法の類似点と相違点

日本においても,「内閣提出法律案提出手続」については，憲法典によって規定されていないものの，フランスにおける憲法附属法律に当たる法令，例えば内閣法や内閣法制局設置法によって規定されているのに対し,「議員提出法律案提出手続」については，国会法第56条の人数要件による発議の制約はあるが，フランスにおける憲法附属法律に当たる国会法によっては何ら規定されておらず，議院規則によって規定されている。したがって，フランスと日本の「法律案提出手続」についての基本構造は，ほぼ同じと言える。ただし，決定的に違うのは，フランスでは「政府提出法律案提出手続」が憲法典及び憲法附属法律によって規定されているのに対し，日本では,「内閣提出法律案提出手続」は内閣法などの憲法附属法という「法律」のみによって規定されていることである。

②　「裁定者」としての憲法院

この点，日本の裁判所とフランスの憲法院とではその性格が異なるのは周知のとおりであるが,「内閣提出法律案提出手続と司法審査」の問題を考えるにあたって，前述の憲法院の裁定者としての役割を参考にすることはできないだろうか。フランスにおいては,「議院での審議・議決手続」であれ,「法律案提出手続」であれ，憲法及び憲法附属法律が定める立法手続は，内閣と国会，あるいは，議院と国会議員，実際には与党と野党のそれぞれの権限に関わるものだからこそ，それらの権限を裁定することが憲法院に求められた。これについて,「議院での審議・議決手続」に関しても,「法律案提出手続」に関しても，たとえ個別の手続が純粋な議会又は政府の内部行為である場合があるとしても，憲法及び憲法附属法律が定める立法手続全体としては，純粋な議会又は政府の内部行為ではなく，様々な機関が関わる行為であって，それゆえに憲法院がそれを裁定したと捉えることができよう。すなわち，憲法院は，権力分立における裁定者としての役割を有しているのである。このようなフランスの視点からすれば，わが国における「内閣提出法律案提出手続」の法定化は，国会が法律によって内閣に内部手続準則を課すものである以上，内閣がこれに違反した場合には裁判所はそれを裁定する必要性があるのではないか。すなわち，裁判所が，国会と内閣との間の裁定者として機能し得るのではないか。このような考え方に立てば，「内閣提出法律案提出手続」に対して司法審査が及ぶと解することもできるのではないか。

③ 司法審査による内閣の法律案提出権の統制

しかしながら，日本では，憲法違反か法律違反の違いが明確に区別されるのであって，憲法附属法に反した場合は法律違反にしかすぎない。これに対し，前述のように，フランスでは憲法附属法律に違反する場合であっても，「憲法」違反になり，違憲の立法手続で可決されたと見なされる。このような違いはあるものの，「内閣提出法律案提出手続」についての憲法附属法への適合性を裁判所が審査できるという構造を取ることは，内閣の法律案提出権を統制することを可能とし，それによって，内閣の法律案の独占主義的傾向に一定の歯止めとして機能しうる可能性を有している。

④ 判決の効力の問題

ただし，フランスでの憲法院による立法手続の統制は，法律の審署・公布前に行われるために(61)，憲法院によって法律全体を無効とされても問題は生じないが，日本の場合には公布・施行された法律を争うことになるので，確かに，従来の「議事手続と司法審査」の議論の文脈で大石眞が指摘しているように，「法律制定における議事手続の違憲性の主張は，その法律の規定全体におよび，したがって，裁判所の違憲判断は，その法律そのものの無効・不存在を帰結することになる法律全体が無効となる」(62)という不具合が生じてしまうと思われるかもしれない。しかしながら，毛利透が大石眞に対して反論しているように，違憲判決の効果の問題は，別途考察すべき問題であって(63)，「内閣提出法律案提出手続」についての裁判所の審査を否定する有効な根拠とはなりえないであろう。

---

(61) なお，2008年７月の憲法改正によって憲法院による事後審査が可能となったが，この事後審査は，憲法が保障する権利や自由を侵害すると思われる場合に破毀院やコンセイユ・デタによって付託されるものである。詳しくは第１章おわりにを参照。

(62) 大石眞・前掲注(27)9頁。

(63) 毛利透・前掲注(33)413頁。

6　小　括

以上のことから，少なくとも，「内閣提出法律案提出手続」についての司法審査を認めることは，有益であると思われる。しかしながら，「個々の内閣提出法律案提出手続」に対して司法審査が及ぶかは別途検討しなければならない。また，わが国においては，「内閣提出法律案提出手続」をめぐる解釈論は非常に乏しい。そこで，次節では，「個々の内閣提出法律案提出手続」について司法審査が及ぶかを検討し，憲法院によって「政府提出法律案提出手続」が統制されているフランス法の知見を活かしながら，「個々の内閣提出法律案提出手続」に関する解釈論，すなわち，司法審査が可能であればどのような場合に立法手続違反となるのか，その試論を提示することとしたい。

第4節　「内閣提出法律案提出手続と司法審査」——各論——

以上のとおり，法定化された「内閣提出法律案提出手続」に対する司法審査は，閣議運営自律権に関するものは除いて，肯定されうると解釈できるとして，次に，法定化されている現在の「内閣提出法律案提出手続」すべてに対して司法審査が及ぶのかを検討する必要がある。そして，司法審査が及ぶとすれば，どのような場合に違法となるのか，その具体的な解釈試論を提示したい。

1　法律案の閣議請議

第一に，国家行政組織法第11条の定める各省大臣による法律案の閣議請議に司法審査が及ぶかどうかについて検討する(64)。

まず，内閣法第4条第3項は「各大臣は，案件の如何を問わず，内閣総理大臣に提出して，閣議を求めることができる」と定めており，所管大臣以外

(64)　前掲注(12)で示したとおり，内閣府設置法第7条第2項の定める内閣府の長としての内閣総理大臣による法律案の閣議請議に対する司法審査も同様に検討されることになる。

の大臣が法律案を閣議請議することも認められる(65)。そうすると，国家行政組織法第11条に関しては，閣議請議の態様に瑕疵があった場合に司法審査が認められるかという問題に収斂する。閣議請議の態様については，法律は何ら規律しておらず，慣行に委ねられている。閣議請議の態様については，内閣の閣議運営自律権の及ぶ範囲であり，国会がこれを法定することは許されないと解される。その上で，閣議請議の態様に対する司法審査は，内閣の閣議運営自律権によって否定されることになろう(66)。

2 内閣法制局による法律案の審査

第二に，内閣法制局が「閣議に附される法律案，政令案及び条約案を審査し，これに意見を附し，及び所要の修正を加えて，内閣に上申すること」ことを定めている内閣法制局設置法（以下，設置法と表記）第3条第1号の定める内閣法制局による法律案の審査についてはどうであろうか。

この内閣法制局の審査手続については，内閣の閣議運営自律権とは無関係であるので，司法審査は及ぶと解される。では，どのような場合に手続違反となるであろうか。これを具体的に検討する。

この点，内閣法制局の審査の機能については，近年検討され始め，その重要性が指摘されている(67)が，その審査の法的性質についてはほとんど検討されていない。その機能の重要性に鑑みれば，その法的性質を検討することは極めて重要な課題である。

---

(65) 小谷宏三「内閣法逐条解説（下）」警察学論集37巻6号（1984年）139頁。ただし，「これは法律によるものである以上，他律的なものである」ことは看過されてはならない。上田健介「内閣の運営に関する権限」『首相権限と憲法』（成文堂，2013年）172頁。

(66) 松井茂記は，さらに踏み込んで次のように述べている。「各国務大臣は，内閣総理大臣が示した政策課題を実施するための政策実施補助者であり，閣議の最終的決定権は内閣総理大臣にあると考えるべきである。閣議の議題の決定権も内閣総理大臣にあると考えるべきである（それゆえ，各大臣がいつでも案件を示して閣議にかけることができると規定する内閣法の規定には違憲の疑いがある）」。松井茂記「『行政権』と内閣総理大臣の権限および地位──政治プロセスのあり方を考え直す──」多胡圭一（編）『21世紀の法と政治　大阪大学法学部50周年記念論文集』（有斐閣，2002年）57頁。

(1) 内閣法制局の本審査と予備審査
——設置法第 3 条第 1 号の射程

内閣法制局による法律案の審査は，本来，所管大臣による閣議請議書を内閣官房によって送付されてから開始される（本審査）が，昭和36年の内閣官房長官通達(68)によって，各省による法律案の原案作成の段階で行う予備審査が導入されている(69)。

予備審査の手順は読会制が採られており，内閣法制局の担当参事官は，所管省庁担当者から法律案の説明を受け，憲法及び他の現行法制との関係，法律案の骨子，大綱，条文配列の構成や，用語などの細部にわたって審査が行われる。そして，閣議請議後の本審査においては，予備審査の結果とも照らし合わしつつ，最終的な審査を行う(70)。

しかし，設置法第3条第1号は，「閣議に附される法律案」の審査と規定しているために，予備審査をその射程にしてはおらず，閣議に附される法律案の審査を行う本審査のみをその射程に置いていると言ってよい。したがって，以下では，「審査」は本審査を指すものとする。

(2) 内閣法制局の審査の回避可能性

現在の慣行では，すべての内閣提出法律案は内閣法制局の審査に附されているが，設置法第3条第1号は，内閣法制局がすべての内閣提出法律案を審査することを要求しているのか。すなわち，この規定は，内閣法制局の権限

---

(67) 内閣法制局の審査機能に関する研究として，平岡秀夫「政府における内閣法制局の役割」中村睦男＝前田英昭（編）『立法過程の研究』（信山社，1997年）282－303頁，西川伸一「内閣法制局による法案審査過程——『政策形成過程の機能不全』の一断面として」政経論叢72巻6号（2004年）259－309頁，金子仁洋「内閣法制局の未解決問題」都市問題96巻5号（2005年）4－8頁，佐藤岩夫「違憲審査制と内閣法制局」社会科学研究56巻5･6合併号（2005年）81－108頁，大石眞「内閣法制局の国政秩序形成機能」公共政策研究6号（2006年）7－16頁，山本庸幸「内閣法制局の審査」大森政輔＝鎌田薫（編）『立法学講義〔補遺〕』（商事法務，2011年）87－101頁。

(68) 昭和36年7月14日内閣閣甲第43号。

(69) 内閣法制局百年史編集委員会『内閣法制局百年史』（大蔵省印刷局，1985年）221頁。

(70) 内閣法制局百年史編集委員会・前掲注(69)223－226頁。

を規定するものであるが，内閣にその審査手続を強制するものであるのか。

この点，内閣法第5条が，内閣総理大臣が内閣を代表して法律案を提出することを定めており，内閣法第4条第1項が，内閣が閣議によってその職権を行使することを定めている以上，すべての内閣提出法律案が閣議で決定されると解される。だとすれば，設置法第3条第1項が，内閣法制局が閣議に附される法律案を審査することを求めている以上，内閣法制局がすべての内閣提出法律案を審査しなければならないと解することができる。

フランスにおいても，憲法第39条第2項は，すべての政府提出法律案とはしていないが，第2章で検討したように，コンセイユ・デタは，法律の内容（通常法律，憲法附属法律，予算法律，社会保障財政法律，憲法改正法律）(71)及び制定手続（国会制定法律，国民投票法律）に関わりなく，すべての政府提出法律案に及ぶと解されていることから見ても，妥当であると言える。

(3) 内閣と内閣法制局との関係

① 内閣の総合調整機能

言うまでもなく，憲法第65条の「行政権」概念について学説の対立がある。しかしながら，その内容をいかに定義するかに関わりなく，憲法第73条は，内閣の専任的事務を定め，また，第72条及び第74条は，内閣総理大臣の指揮監督に服すべき「行政各部」と「主任の大臣」の存在を予定している。このことから，判例(72)は，「内閣の職権には……自ら直接に具体的な行政事務を行う職権と行政事務を分掌する行政各部を統轄する職権とが存する」としている。大石眞によれば，「国会行政組織の統轄に関する事務は，内閣が専任的におこなう『一般行政事務』（憲法第73条柱書）の代表的なものと考えられる。その働きは，それらの組織・編成（法制），予算，人事及び指揮監督を通じて行政組織の統合を図ること，要するに，いわゆる総合調整機能というものに帰着する」(73)。したがって，内閣は，総合調整機能，す

(71) なお，憲法改正法律案については，実際はコンセイユ・デタへの諮問に付されているが，学説上は，その諮問の義務をめぐって争いがある。詳しくは，第2章第1節を参照。

(72) 東京高判昭和33年2月11日判時139号5頁。

(73) 大石眞「内閣制度の展開」前掲注(1)194頁。

なわち，「法制管理」「組織管理」「財務管理」「人事管理」という「行政管理」[74]を専任的に担うのである。換言すれば，内閣にのみ，この総合調整機能が帰属しなければならないことになる。だとすれば，「法制管理」たる内閣提出法律案の審査は，「内閣」にのみ帰属しなければならない。

② 「狭義の内閣」と「広義の内閣」

一般的に，「内閣」には，内閣総理大臣及び国務大臣から構成される「狭義の内閣」と，「狭義の内閣」の事務を助ける内閣の「補助部局」をも含めた「広義の内閣」とに分けられる[75]。この補助部局は，「内閣に置かれる」機関であり，一次的には，「内閣に，内閣官房を置く」と定める内閣法第12条第1項によって設置される内閣官房，二次的には，「内閣官房の外，内閣に，別に法律の定めるところにより，必要な機関を置き，内閣の事務を助けしめることができる」と定める内閣法第12条第4項に基づいて設置された，内閣府（内閣府設置法第2条），内閣法制局（内閣法制局設置法第1条），国家安全保障会議（国家安全保障会議設置法第1条）が挙げられる。また，「内閣に置かれる」機関ではないが，「内閣の所轄の下に置かれる」機関として人事院（国家公務員法第3条）が挙げられ，これも補助部局的な機能を果たしているとされる[76]。したがって，上記の「行政管理」についてはこれらの補助部局を含む「広義の内閣」が行うことになり，「法制管理」については内閣法制局が実際にこれを行うのである[77]。

---

(74)　藤田宙靖『行政組織法』（有斐閣，2005年）101頁。

(75)　藤田宙靖・前掲注(74)118頁。

(76)　藤田宙靖・前掲注(74)118頁。藤田の人事院理解に対する批判として，森田寛二『行政機関と内閣府』（良書普及会，2000年）8－9頁を参照。

(77)　他の「行政管理」についてはどうであろうか。「財務管理」については従来旧大蔵省によって行われていたが，2001年の省庁再編により，「内閣に置かれる」内閣府に経済財政諮問会議が置かれ，「財務管理」を所掌することとなった（内閣府設置法第18条・第19条第1号）。また，「人事管理」については人事院が掌ることとされている（国家公務員法第3条第2項等）。しかしながら，「組織管理」については，総務省が行っており（総務省設置法第4条第10号・第11号等），「内閣に置かれる」機関ではない行政機関が「組織管理」を担当している。したがって，「組織管理」については，内閣の専任的事務から離れ，総務大臣が分担管理していることになる。これは憲法違反と言えるのではなかろうか。

③ 憲法第66条第1項の射程

ところで，憲法第66条第1項は，「内閣は，法律の定めるところにより，その首長たる内閣総理大臣及びその他の国務大臣でこれを組織する」ことを定めているが，これについて，従来は，「狭義の内閣」を法律で定めることを意味し，この規定を受けて，内閣法第2条は，内閣が内閣総理大臣と国務大臣から構成されること（第1項），国務大臣の数は14人以内とされること（第2項）を定めていると解されてきた(78)。しかしながら，憲法第66条第1項から，「狭義の内閣」だけが法律で定めなければならないという解釈は妥当であろうか。明治憲法下においても日本国憲法下においても，内閣は，「狭義の内閣」だけで「内閣」の事務を行ってきたのではなく，「広義の内閣」でその事務を行ってきた。したがって，憲法は，このような内閣の補助部局を当然に存在するものと見なしているのではなかろうか。だとすれば，憲法第66条第1項から，「狭義の内閣」だけではなく，「広義の内閣」をも法律によって定めることが要請されていると解するべきであろう。この場合，第66条第1項の「内閣」を「広義の内閣」と解するか，あるいは，「狭義の内閣」が法律によって定められるのであるから，「広義の内閣」を構成する「補助部局」も法律によって定められることが類推されると解することができる。いずれにせよ，憲法第66条第1項から，内閣の補助部局も法律で定めることが要請されると解するべきであろう（ただし，国家行政組織法が対象とする行政機関，すなわち，内閣の統轄の下にある行政機関については，「広義の内閣」を構成するものではないので，本項の射程ではない）(79)。このように解すれば，憲法第66条第1項によって，内閣法第12条第1項及び第4項が定められたということになる。

このような論理構成を採用すれば，内閣の補助部局である内閣法制局が「法制管理」として内閣提出法律案を審査することは，まさに憲法上予定されていることになろう。

---

(78) 樋口陽一＝佐藤幸治＝中村睦男＝浦部法穂『憲法 III（第41条～第75条）』（青林書院，1998年）〔中村睦男執筆部分〕194頁。

(4)　内閣法制局審査と閣議決定

それでは，設置法第3条第1号は，法律案を「審査し，これに意見を附し，及び所要の修正を加えて，内閣に上申する」ことを定めているが，その上申は内閣の閣議決定を拘束するのか。

① 内閣法制局の上申の慣行

内閣法制局の上申は，慣行上次にように行われる。つまり，内閣法制局の審査後，閣議請議書の上に，「別紙○○大臣請議○○法律案を審査したが，右は請議のように閣議決定の上，国会に提出してよいと思われる」という表書き（いわゆる青紙）が付けられて，内閣官房に回付される。この文言の後には，原案に対して何も修正しない場合は，「提案のとおり」，反対に，原案に修正を行った場合は，「提案附せんのとおり」という文言が追加される。そして，閣議に提出された法律案は，陪席する内閣法制局長官からその概要の説明が行われ，閣議決定の際に，その表書き（青紙）に各大臣が花押又は押印する(80)。なお，苫米地事件における控訴審判決(81)によれば，閣議決定

(79)　したがって，内閣の統轄の下にある行政機関を法律で定めなければならないかどうか，すなわち，行政組織法定主義が問題となる。通説は，①憲法第41条の「立法」は，「国民の権利・義務を定める規範を重要な構成要素とするが……国家と機関との関係に関する法規範をも包摂する」こと（佐藤幸治『憲法〔第3版〕』（青林書院，1995年）144頁），②憲法第66条第1項から，「国務大臣の定数は当然に法律で定めなければならないが，その定数をいかに分担せしめるかはその国務大臣にいかなる所掌事務を分担せしめるかと不可分に結びつく。そしてその所掌事務をいかに分担せしめるかは，いわゆる国務大臣・行政長官同一人制をとる限り，いかなる省を設けるかの問題にほかならない」こと（佐藤功『行政組織法〔新版・増補〕』（有斐閣，1985年）141頁），③憲法第73条第4号から，官吏に関する事項が法律事項とされていることは，行政組織が法律事項たることを類推させること（小嶋和司『憲法と政治機構』（木鐸社，1988年）247頁），④憲法第41条に定める国会の最高機関性に現れる国会中心主義（渋谷秀樹＝赤坂正浩『憲法2〔第3版〕』（有斐閣，2007年）62頁）などを根拠として，これを肯定している。この通説への比較法的観点からの反論として，上田健介「行政組織編成権」『首相権限と憲法』（成文堂，2013年）293－321頁。また，「国権の最高機関」を強調するものとして，村西良太「憲法学からみた行政組織法の位置づけ──協働執政理論の一断面──」法政研究75巻2号（2008年）335－412頁。

(80)　内閣法制局百年史編集委員会・前掲注(69)226－227頁。

(81)　東京高判昭和29年9月22日行集4巻10号2540頁。

は要式行為ではないので，大臣全員の署名がなくても，閣議決定であることを妨げない（これについて詳しくは，後述）。

このように，内閣法制局の上申に関する慣行には二つの特徴がある。すなわち，内閣法制局は，その原案に対して修正をするかしないかのどちらかであり，原案の条項に対して意見を附することはないこと，閣議は形骸化しており，法律案の閣議決定においては，事実上，内閣法制局によって上申された法律案に対して修正を行うことはない，ということである(82)。

ここで，内閣は，閣議決定において，内閣法制局によって上申された法律案に修正を行うことは法的に可能であるのか，可能であるとすれば，その修正にはどのような規律があるか，という問題が提起される。

② 閣議決定における修正の可否

まず，閣議決定における修正の可否については，内閣は，内閣法制局の上申には法的に拘束されず，修正できることが可能であると解するべきである。というのも，内閣法制局は，内閣に置かれる機関（設置法第１条），すなわち，内閣の補助部局(83)にすぎないのであって，内閣がその補助部局の意見に従う必要はないからである。実際，内閣法制局の「主任の大臣」（内閣法第３条第１項）(84)は，内閣総理大臣である（設置法第12条）。

また，内閣の意見事務としての国会答弁に関して，内閣法制局の解釈（特に憲法解釈）がよく問題とされるが，この場合は「上申」という文言は使用されてはいないが，その内閣法制局の憲法解釈に内閣及び国会が従う必要はないと解するのが一般的である(85)ことの均衡からも，内閣が内閣法制局の

(82) 毛利透は，閣議の形骸化について，「閣議で決定しなければならない事項は，いちいち議論して決めていくにはあまりにも多い。国会では法律案の実質審議はいくつもの委員会に分担されているが，そのほとんどを占める内閣提出法案は，すべて閣議で決定される。……閣議の参加者が，中身の分からない案件に次から次へと署名するだけで精一杯となるのは，現実的に考えて必然としか言いようがない」としている。毛利透「官僚制の位置と機能」『統治構造の憲法論』（岩波書店，2014年）344頁。

(83) 藤田宙靖・前掲注(74)118頁。

(84) 内閣法第３条の「主任の大臣」の意味については，森田寛二・前掲注(76) 50－54頁を参照。

意見に従わなければならないとするのは不合理であろう。

③　閣議決定における修正に対する規律——フランス法からの示唆

次に，閣議決定における修正に対する規律については，フランス法の議論を参考にしたい。

フランスにおいても，政府提出法律案を提出するためには，憲法上，政府の諮問機関であるコンセイユ・デタに諮問することが要求される。コンセイユ・デタの長官は首相である。コンセイユ・デタは，政府提出法律案に対して意見を答申し，政府は，閣議での審議決定において，原案を維持するか，コンセイユ・デタの意見に基づいて原案に修正を行う。しかし，憲法院判決によれば，政府が行える修正は，コンセイユ・デタの意見が明らかにした範囲にのみ限定され，問題の性質を修正するような修正を行う場合には，新たにコンセイユ・デタに諮問しなければならない(86)。第2章では，このような解釈の理論的根拠は，コンセイユ・デタが政府提出法律案の提出についての政府との共同行為者であるからではなく，コンセイユ・デタが政府提出法律案のすべての問題への意見付与者であるからだと結論付けた。つまり，問題の性質についての修正は，もはや新たな政府提出法律案と見なされるのであって，コンセイユ・デタにはすべての政府提出法律案について諮問しなければならない以上，そのような修正について，コンセイユ・デタに諮問しなければならないのである。

日本においては，すでに述べたように，内閣提出法律案は内閣総理大臣が代表して提出するが，内閣は閣議によって職権を行使しなければならない以上，すべての内閣提出法律案が閣議に附されなければならず，したがって，閣議に附される法律案について上申する内閣法制局は，すべての内閣提出法律案について上申しなければならない。だとすれば，内閣法制局によって原案そのままが修正なく上申されたのならば，問題の性質を変更するような原案への修正はもはや別の法律案と見なされることになるので，内閣はそのよ

(85)　国会での議論については，第156回国会憲法調査会統治機構のあり方に関する調査小委員会第3号の議事録を参照。

(86)　第2章第3節を参照。

うな修正を閣議決定することはできず，修正を行いたい場合は，改めて内閣法制局の審査を経なければならない。また，内閣法制局によって修正案が上申された場合には，原案及び内閣法制局の修正案以外の，問題の性質を修正するような第三案を採用することはもはや別の法律案となるので，内閣がそのような第三案を採用したい場合は，改めて内閣法制局の審査を経なければならない。これに反する場合は，司法審査が可能である場合，立法手続違反となろう。

いかなる修正も認められるのであれば，設置法第3条第1項の意義が失われる可能性があるから，このように解することは妥当ではないであろうか。

3 法律案の閣議決定

次に，内閣法第5条は「内閣総理大臣は，内閣を代表して内閣提出の法律案，予算その他の議案を国会に提出し，一般国務及び外交関係について国会に報告する」ことを定めた上で，第4条は，「内閣がその職権を行うのは，閣議によるものとする」（第1項），「閣議は，内閣総理大臣がこれを主宰する」（第2項）と定めており，内閣提出法律案の閣議決定を要請しているように思われるが，この立法手続について司法審査は及ぶのか，また及ぶとすれば，いかなる場合に手続違反となると解すべきか。

(1) 閣議の運営方法に関する従来の議論

一般的な閣議での運営方法に関しては，従来，憲法学はその検討の対象としてきた。

慣行上，明治憲法下より閣議の議事は秘密とされてきた。これについて学説は，「多くの高度に政治的な判断を行う場であるから，当然のことである」[87]して，これを認めてきた[88]。しかし，2014年3月28日閣議決定に基づき，2014年4月から閣議の議事録の作成及び公表が行われるようになった[89]。この点，法律により閣議の議事録の作成及び公表が義務付けられる

(87) 野中俊彦ほか・前掲注(35)〔高橋和之執筆部分〕210頁。
(88) これに対する批判として，毛利透・前掲注(82)344頁。
(89) http://www.kantei.go.jp/jp/kakugi/index.html

こととなれば，国会による内閣の閣議運営自律権の侵害となるであろう。
その他，特に学説が検討してきたのは，閣議の議決方法である。

① 内閣総理大臣による閣議の主宰について

閣議を主宰するとは，閣議を招集し，議長となることを意味する(90)。しかし，事実上の議事進行は，内閣総理大臣の委任を受けて内閣官房長官が行うが，これを禁止するものではないと解されている(91)。

② 全会一致について

慣行では，閣議の議決は全員一致によるものとされるが，それが憲法上の要請か，それとも多数決も許されるのかという問題である。全員一致説は，「比較的少数の構成員からなる団体であって，それらの構成員の間にかなり高度の，いわゆる利害の『同質性』が存在し，しかも，一人の反対者をも認めることができないほどの高度の統一性が要請される団体の場合」には全員一致性が要請され，「閣員はすべて，一体として，統一的な行動をとる必要があ」り，憲法はそのために内閣総理大臣に，大臣を罷免する権能を認めて閣内の不一致を解消する手段を保障しているとする(92)。これに対して，多数決説は，内閣の一体性と閣議の議決方法との関係を切断し，対外的な問題である連帯責任から内部的意思決定手続としての全員一致は当然には帰結しないので，内閣の機動性確保のためにも，合議体の通常の議決方法である多数決を用いるべきとする(93)。

しかし，近年では，「議事が秘密であることを前提とすれば，議事に関するルールを課すこと自体，あまり意味のないことである」(94)として，このような議論自体の有益性を疑問視する学説も現れてきた。

---

(90) 大石眞によれば，議案を提出できることをも含めるという意味である。詳しくは，大石眞「内閣制度の展開」前掲注(1)200頁。
(91) 野中俊彦ほか・前掲注(35)〔高橋和之執筆部分〕210頁。
(92) 清宮四郎・前掲注(3)328頁。
(93) 有倉遼吉「内閣の運営――多数決と全会一致――」清水睦（編）『議会制民主主義（文献選集日本国憲法第10巻）』（三省堂，1977年）。
(94) 野中俊彦ほか・前掲注(35)〔高橋和之執筆部分〕210頁。

③ 持ち回り閣議について

また，慣行上，会議の形式によらず，内閣官房の事務当局が，関係書類を各大臣の居場所に持ちまわって意見の表示を求め，それをもって閣議決定とすることがある。いわゆる持ち回り閣議である。これについては，「閣議とは，一般には，内閣構成員が会合し，議論を経て議決することを意味するが，会合し議論すること（会議）だけを意味することもあるし，内閣の議決ということのみを意味することもある。〔内閣法第4条第〕1項の『閣議』は，後者の例で，したがって，会合しないで文書を大臣間に持ち回って署名を得る『持回り閣議』を排除するものではない」(95)として，学説の多くはこれを認めている。

④ 要式行為性の否定

さらに，閣議決定は，正規の用紙をもって文書の形に整えられるのが古くからの例であり，その用紙には，各国務大臣の押印欄が設けられていて，各大臣がこれに押印することによって，書類は完結する(96)。内閣提出法律案については，すでに見たように，いわゆる青紙のことである。

しかし，慣行上，これは単なる形の上での整備と考えられ，閣議決定の成立要件ではないものとされている。つまり，閣議決定は要式行為ではないのである。したがって，欠席のため押印しない大臣がいても，閣議決定は成立したものとして扱われる。これは，すでに見たように，苫米地事件で問題となったが，控訴審判決は，その要式行為性を否定しており，学説もこの判例を支持している。また，内閣総理大臣が欠席したような場合には，別段の指示のない限り，その押印があったときに，閣議の結果があったものとして扱われるようである(97)。

---

(95) 野中俊彦ほか・前掲注(35)〔高橋和之執筆部分〕210頁。
(96) 佐藤達夫「閣議の決定の方法と効力」法学教室〔第1期〕1号（1961年）17頁。
(97) 佐藤達夫・前掲注(96)17頁。

⑵　閣議運営についての司法審査の可能性とその解釈論の展開

①　立法手続としての閣議決定

内閣法第4条自体は，内閣の職権行使方法を一般的に定めたものであるが，この規定により，当然，法律案を閣議決定するためには，内閣総理大臣が閣議を主宰し，その閣議において法律案を議決することが必要とされる。

すでに見たように，学説上内閣の閣議運営方法についての議論がなされてきたわけだが，しかしながら，内閣の閣議運営方法については，他律的な審査は及ばず，司法裁判権も認められないとするのが学説上一般的である。これに対して，苫米地事件第1審及び控訴審は，閣議運営に対する司法審査を肯定した。しかし，上告審は，統治行為論を理由に，これを否定した（第5章第3節を参照）。

しかしながら，苫米地事件については，衆議院の解散についての閣議決定が問題となったのであるが，立法手続としての内閣提出法律案についての閣議決定について，その司法審査は及ぶのか及ばないのか。

②　フランス法の視点

フランスにおいては，1958年憲法第9条が，「大統領は，閣議を主宰する」と定めた上で，第39条第2項によって，政府提出法律案が閣議で審議決定されることを定めている。第2章及び第3章ですでに見たように，閣議で審議決定する内容については，コンセイユ・デタ意見との関係では内容上の制約があるが，閣議の構成や運営方法については，フランス憲法は何ら定めておらず，慣行や首相通達によって定められている。したがって，日本との類似性が見られる。すなわち，閣議の主宰者を定めるのみで，その運営方法については，憲法規範上何ら定めていないのである。

ただし，注意しなければならないのは，フランスにおいては，閣議の主宰者は大統領であるが，法律案提出権を有するのは首相である。したがって，法律案提出権を有する首相が欠席して，大統領によって閣議が主宰され，政府提出法律案について審議決定されることがある。実際，1984年にそのように審議決定された政府提出法律案の立法手続の適法性が争われた。これについて，憲法院判決は，憲法第39条第1項により付与される首相の法律案提出権は，法律案の提出デクレへの署名により証明され，一方で，第39条第2項の政府提出法律案の閣議での審議決定は，大統領によってその閣議が主宰されたことのみが認められればよく，首相の欠席は閣議での審議決定に対して違法性を付与するものではないとした(98)。結局，憲法院は，憲法に明示されている大統領による閣議の主宰のみを憲法準則として認めたのであり，慣習によって規律されている運営方法については憲法的効力を有しないとしたのである。このような執行府の自律性を配慮することは，合理的である。

③ 内閣総理大臣による閣議の「主宰」

まず，閣議を主宰するとは，閣議を招集し，議題を決め，議案を提出し，議事の進行をはかり，閉会を宣することなどを意味する。しかし，実際の議事進行は内閣総理大臣の委任を受けて内閣官房長官が行っている(99)。しかも，すでに見たように，内閣総理大臣が欠席した場合であっても，事後的に内閣総理大臣の押印によって閣議の結果が得られたものとして扱われる。また，慣行上，いわゆる持ち回り閣議によっても，内閣総理大臣による主宰があったとものとして扱われている。

すでに述べたとおり，内閣総理大臣による閣議の「主宰」を定める内閣法第4条第2項自体は，当然の規定であり，内閣の閣議運営自律権を侵害することにはならない。しかしながら，閣議の「主宰」態様については，法律は何ら規定していないのであるが，そこに司法審査は及ぶのか。考え方は2つある。

1つは，(i)内閣の閣議運営自律権はその「主宰」態様についても及び，これに対する司法審査を否定する考え方である。

もう1つは，国会が内閣総理大臣による「主宰」を法定化していることを重視して，内閣の運営自律権はその「主宰」態様には及ばず，これに対する司法審査を肯定する考え方である。この考え方に立ったとき，裁定者としての裁判所はいかなる場合に手続違反となるかを判断するのかということが問題となる。つまり，裁定者としての裁判所が「主宰」の文言解釈を行い，(ii)

(98) 第3章第2節を参照。
(99) 野中俊彦ほか・前掲注(35)〔高橋和之執筆部分〕188－189頁。

内閣に有利に解釈するか，あるいは，(iii)国会に有利に解釈するか，ということである。

(ii)の場合，裁判所は，「主宰」態様を広く認め，手続違反となる場合を限定的に解釈することになる。例えば，持ち回り閣議の場合，あるいは，内閣総理大臣が欠席したときにも事後的に内閣総理大臣の押印があれば「主宰」は認められる，ということになろう。これは，前述のフランス法の論理構成に近い。内閣総理大臣の押印がない場合はほとんど想定できないが，逆に言うと，そのような明確な違反があったような場合には，裁判所によって違法とされることになる。このように解することは，裁判所は形式的審査権を有するという当初の学説に適合するものであろう。

反対に，(iii)の場合，裁判所は，「主宰」態様を限定的に捉え，手続違反となる場合を広く認めるという解釈を行うことになる。例えば，持ち回り閣議が行われたとき，あるいは，内閣総理大臣が欠席したとき，内閣法第4条第2項違反ということになろう。この場合，裁判所の形式的審査権は広く認められ，反対に，内閣の閣議運営自律権は狭く解されることになる。

従来の有力な見解は，(i)の立場に立っており，内閣総理大臣による閣議の「主宰」態様に対する司法審査を認めないように思われる。しかしながら，(ii)あるいは(iii)の解釈も成り立ちうるのであり，内閣総理大臣による閣議の「主宰」に対する司法審査を内閣の閣議運営自律権によって否定してしまうのは早計ではなかろうか。

④　閣議における法律案の議決

次に，閣議における法律案の議決である。議決の方法や，閣議の形態，決定文書のあり方など，閣議の運営方法は法定化されていない。閣議の運営方法には内閣の閣議運営自律権が及ぶと解されているので，そもそも国会はこれを法定化することはできない。したがって，当然これには一切司法審査は及ばないことになる。

⑤　まとめ

このように，法律案の閣議決定については，内閣総理大臣による閣議の「主宰」態様が司法審査の対象となると解す余地があり，反対に，それ以外の運営方法については，内閣の閣議運営自律権を理由にして，一切司法審査の対象とはならないと解される。すなわち，従来の有力な見解は，閣議の運営については内閣の閣議運営自律権を理由に一切司法審査は及ばないとしてきたのであるが，閣議の「主宰」態様については司法審査が及ぶと解する余地があるのである。

4　小　括

以上，閣議請議及び閣議における法律案議決は司法審査の対象とはならないが，内閣法制局審査及び閣議の主宰は司法審査の対象となりうるのであり，フランス法の知見を活かしながら，それぞれ手続違反となる場合を検討した。

第5節　内閣修正の問題

これまでは原案としての法律案を念頭に検討してきたが，内閣修正についても検討をしておく。国会法第59条は，「内閣が，各議院の会議又は委員会において議題となった議案を修正し，又は撤回するには，その院の承諾を要する。但し，一の議院で議決した後は，修正し，又は撤回することはできない」と定めており，内閣に法律案修正権（以下，修正権と表記）を認めている。

1　内閣修正とは

(1)　内閣修正の定義

内閣修正とは，「内閣が提出した提出した議案について，その内容を内閣自らが修正すること」(100)をいう。

戦前においては，内閣はいつでも提出した議案を修正し又は撤回できるものとされていた（旧議院法第30条）。内閣提出の議案の修正には議院の承諾は不要であり，また議案が先議院にあろうと後議院にあろうといつでも修正できるものとされていた(101)。しかしながら，国会法の制定によりこれらの点は改められたのである。

---

(100)　浅野一郎＝河野久（編）『新・国会事典〔第2版〕』（有斐閣，2008年）138頁。
(101)　浅野一郎＝河野久（編）・前掲注(100)138頁。

⑵　内閣修正の重要性

この内閣修正は，あまり知られていない。確かに，帝国議会の下では10回しか内閣修正は行われていない。しかし，日本国憲法下の国会においては，第1回国会から第118回国会までに，62回もの内閣修正が行われている(102)。

そして近年，法律案修正の活発化が叫ばれるようになった。

例えば，大山礼子は，「最初から議員立法に頼るのではなく，内閣提出法案の修正を活用する方法が現実的である。内閣提出法案の内容を精査し，法律で規定すべき事項が抜けていると国会が判断したときは，行政府の裁量を抑制するための修正を実施すればよいのである。もちろん，内閣自身に法案修正（内閣修正）を求めることも検討されてよい」(103)として，国会審議の活性化のために修正権を活用することを提案している(104)。

したがって，この内閣修正は決して見過ごされてよい制度ではなく，その法的検討を行うことが要請されると言える。

⑶　国会法第59条が対象とする内閣修正

内閣修正は，厳密には，議題となる前と後で二つに分けられる(105)。

①　先議院において議題となる前

この場合は，議院の承諾は必要なく，内閣は修正通知をもって，修正を行

(102)　以下の文献をもとに，筆者が算出したデータである。内閣制度百年史編集委員会『内閣制度百年史下巻』（大蔵省印刷局，1985年）719－723頁，衆議院＝参議院『議会制度百年史　国会議案件名録』（大蔵省印刷局，1990年）55－409頁。なお，後述するように，内閣修正は，先議院において議題となる前と後で二つに分けられるが，その内訳は，前者が25件，後者が38件である。

(103)　大山礼子・前掲注(40)184頁。

(104)　国会議員の修正権についても議論がなされてきている。国会法第57条は，国会議員の修正案提出に人数要件を課しているが，大石眞は，立法機能に対する「事前規制」の緩和の一つとして，この現行法上の規制の撤廃を提案している。大石眞「立法府の機能をめぐる課題と方策」初宿正典＝米沢広一＝松井茂記＝市川正人＝土井真一（編）『国民主権と法の支配　佐藤幸治先生古稀記念論文集〔上巻〕』（成文堂，2008年）308－309頁。この提案は，国会議員による修正案提出を活発化させることによって，国会での審議を活性化させることに狙いがあると言えよう。

(105)　榊正剛「法律案の提出」大森政輔＝鎌田薫（編）『立法学講義〔補遺〕』（商事法務，2011年）175頁。

うことができるとされる。したがって，この場合は，国会法第59条の射程ではない。

② 先議院において議題となった後

この場合は，国会法第59条の射程となり，議院の承諾が必要となり，先議院で議決された後は修正できない。

(4) 検討の対象とする「内閣修正」

前述の①は，フランスにおける首相の「修正文書」に当たるものと捉えることができる。第4章で見たように，フランスにおいても，議題となる前と後とで区別され，議題となる前に提出される「修正文書」はフランス1958年憲法第39条第1項の法律案提出権の行使であって，第44条第1項の修正権の行使ではない。議題となった後に提出される修正案が，第44条第1項のいう修正権の行使にあたる。したがって，「修正文書」には，議院規則，憲法附属法律及び憲法上の修正権に関する規律は及ばないとされている。

いずれにせよ，①は国会法第59条の射程ではないので，ここでは，前述の②を対象として検討するものとし，これ以降「内閣修正」と言った場合は，②を指すものとする。

2　内閣の修正権の認否

次に，内閣の修正権の憲法上の位置づけについて検討する。

まず，内閣の法律案提出権とは異なり，学説上，内閣の修正権については，憲法上肯定されるのか否定されるかについてはほとんど議論されていない[(106)]。内閣の法律案提出権とパラレルに考えるならば，内閣の修正権は憲法上要請される，憲法上許容される，憲法上否定される，という3つの見解が考えられる。憲法上要請されると考えるならば，国会法第59条の規定は確認規定ということになり，憲法上許容されると考えるならば，国会法第

(106) 国会議員の修正権については，わずかに大石眞が法律案提出権と同様に憲法第41条によって当然に認められると述べているのみである。大石眞・前掲注(35)129頁。

59条の規定は創設規定ということになり，憲法上否定されると考えるならば，国会法第59条の規定は憲法違反ということになる。しかしながら，実務上は国会法第59条を合憲として運用してきており，内閣の修正権が憲法上否定されると考えるのは現実的ではない。したがって，要請説あるいは許容説に立って考えていくことになる。

3　内閣修正の内部手続

(1)　制定法による規律の不在と実際の運用

「内閣修正の内部手続」は，制定法上何ら規律されていないが，実際には，内閣修正は，法律案の場合と同じ手続，すなわち，①各省による原案作成，②閣議請議，③内閣法制局本審査，④次官連絡会議，⑤閣議決定によってなされ，「法律案に対する修正」は「法律案」と同様に運用されているようである[(107)]。

この実務上の考え方によると，まず，「内閣修正の内部手続」を法定化することの問題は，実際上は生じていないことになり，「内閣提出法律案提出手続」の法定化の問題に含めて考えていくことになる。その上で，制定法で規律されている②，③，⑤についての「内閣修正の内部手続」に対する司法審査の可否の問題，さらに，司法審査を肯定した場合の②，③，⑤に対する具体的解釈も「内閣提出法律案提出手続」の場合に含めて考えていくことになる。

(2)　運用の妥当性

このように，内閣法制局の審査及び閣議決定を経ることが必要とされてい

---

(107)　⑤の閣議決定がなされることについては文献（榊・前掲注(105)175頁）で確認できたが，それ以外の①～④の手続が行われていることを示す文献は見当たらない。しかし，筆者が，内閣修正がなされて国会で成立した国立学校設置法の一部を改正する法律（昭和59年4月22日法律第13号）の資料について文部科学省及び内閣法制局に情報公開請求を行ったところ，当該内閣修正について①～③の事実は確認できた。④については，閣議請議書によると，日付記載欄はあるものの，具体的な日付は記載されていないので，省略されたように思われる。しかし，これは慣行に当たる部分であるので，制定法の規律（②，③，⑤）を検討する本章では問題としない。

る実際の運用は妥当であろうか。

① 閣議決定について

まず，閣議決定については，国会法第59条が，「内閣が修正」とあるので，修正する権限を有するのは内閣である。内閣の職権の行使は，閣議によるものとされる（内閣法第4条第1項）ので，内閣修正は閣議決定されなければならないと解するのが妥当である。

② 内閣法制局審査について

次に，内閣法制局の審査はどうであろうか。設置法第3条第1号は，内閣法制局が「閣議に附される法律案，政令案及び条約案を審査し，これに意見を附し，及び所要の修正を加えて，内閣に上申すること」を定めている。内閣修正は閣議に附されるわけであるから，一見して内閣法制局は審査しなければならないようにも思われるが，内閣修正は法律案そのものではない。国会法は，法律案を含意する「議案」と，第59条が特別に規律する「議案〔の〕修正」とを明確に区別している以上，設置法第3条第1号の「法律案」に「内閣修正」を読み込むことはできないのではないのであろうか。このように解することは，フランス1958年憲法が，法律案提出権と修正権とを明確に区別し，それぞれ別に規律していることからも妥当ではなかろうか。だとすれば，「内閣修正」については，必ずしも内閣法制局の審査を経る必要はない。この場合は，内閣法制局審査に対する司法審査の問題は生じない。ただし，内閣が任意に「内閣修正」について内閣法制局審査を行わせることまでをも否定することはできないであろう。

しかし，このように解すると，一つの問題が生じる。すなわち，フランスにおいて内閣修正による手続的濫用が問題となったように，内閣が内閣法制局による審査を回避してまったく新しい問題を追加する修正を行う恐れがあるのである。したがって，この内閣修正に対する別の規律が必要となる。

(3) 内閣修正の受理原則

① 日本法における内閣修正の受理原則の不在

国会法第59条は，内閣修正には議院による承諾が必要であること，また，先議院で議決された場合には修正・撤回できないことを定めている。しかし，議院による承諾がいかなる手続で受理されるかは，すなわち，いかなる内容の内閣修正であれば受理されるのかは，国会法でも議院規則でもまったく規定されていない(108)。内閣修正がどのようなものであっても，議院による承諾さえあれば認められるのか。また，先議院で議決された場合にはいかなる場合にも修正は不可能なのか。これについては，フランス法の議論を参考にしたい。

②　フランス法における内閣修正案の受理原則

フランスにおいては，現在，修正案の受理原則が憲法典，憲法附属法律及び議院規則によって規律されている。かつ，憲法院は，修正案が議院に受理されて法律が可決されたときに，その修正権の行使が「憲法準則」に違反していないかを積極的に統制している。

現在の憲法院の解決策は，第一読会での「関連性準則」及び第二読会以降の「漏斗準則」である。すなわち，第一読会では，審議中のテキストの目的との関連性が必要であり，第二読会以降は，すでに両議院によって同一の文言で可決されたテキストへの修正及び完全に新しい条項を追加することは原則として禁止されるのである。

③　先議院による議決後の内閣修正の禁止

まず，「漏斗準則」は，ナヴェットと呼ばれる「両院間回付」(109)の制度が

---

(108)　この点，国会議員の修正動議を規律している国会法57条及び議院規則（衆議院規則第47条・第143条，参議院規則第46条・第125条）も，修正案の提出についての手続上の要件を定めてはいるが，修正案の内容については何ら制約を課していない。また，衆議院の先例は「議案を併合し，又はその内容若しくは題名を変更するのは修正の範囲内とする」とし，「議案の修正範囲は，広範であって，字句の修正はもちろん，議案を併合し，又はその内容を変更し，拡張し若しくは縮小し又は題名を変更するのは，すべてこれを修正の範囲内とする」としている。『衆議院先例集（平成15年度版）』通番283（344頁）。なお，『参議院先例録（平成10年度版）』には同様の先例は記載されていない。しかしながら，この衆議院の先例も修正案の内容の変更がどこまで許されるか明確な基準を示してはいない。

(109)　詳しくは，以下を参照。Pierre Avril, Jean Gicquel et Jean-Éric Gicquel, *Droit parlementaire*, 5e éd., Montchrestien, 2014, pp. 250－251.

あるフランスにおいての特有の準則で，両議院の議決を保護するものである。ただし，この「漏斗準則」は，「直接の関係性」，「憲法の尊重」，「調整の確保」，「実質的誤りの訂正」の場合に例外的に修正を認めている。

「漏斗準則」が両議院の議決を保護するものであるとすれば，国会法第49条但書も，先議院の議決を保護するものと解される。しかしながら，「漏斗準則」でもそうであるように，国会法第49条但書も，ある程度修正を認める余地はあると解されるのではないか。少なくとも，「憲法の尊重」，「実質的誤りの訂正」の場合には修正を認めてもよいであろう。この準則に違反して受理された場合には，司法審査が可能であるとするならば，立法手続違反とされるべきである。

④　先議院における内閣修正の受理原則

次に，先議院においてどのような修正であれば受理されるのか。

この点，いかなる修正であれ議院が承諾すれば認められるという解釈は，前述の手続の濫用を招く恐れがあり，妥当ではない。

フランスの「関連性準則」を採用した場合，内閣修正によって内閣提出法律案から逸脱した条項を加えることを防ぐことができる。したがって，「審議中のテキストの目的との関連性」がないと先議院が判断した場合は，承諾してはならないと思われるし，また，司法審査が可能であれば，そのような内閣修正に基づく条項は立法手続違反とされるべきであろう。

４　小　括

このように，内閣修正について，法律案に含めて考える場合には，「内閣提出法律案提出手続」の場合と同様に考えることができる。反対に，法律案とは異なるものと考える場合には，内閣修正に内閣法制局審査は求められず，そもそも内閣法制局審査については司法審査の問題とならないと考えることもできる。ただし，その場合，内閣修正には一定の制約が課せられ，国会が内閣修正を受理することができる要件が認められなければならず，その要件を満たさない場合には手続違反とされるべきである。

おわりに

1　まとめ

本章は，法定化された「内閣提出法律案提出手続」は国会が内閣に課した手続準則であることから，「内閣提出法律案提出手続と司法審査」の問題は，国会，内閣及び裁判所の三者間構造で分析しなければならないと指摘した。その上で，国会が課した手続準則に内閣が違反した場合に裁判所がこれを裁定するという思考枠組みを提示し，法定化された「内閣提出法律案提出手続」に対する司法審査を肯定しうる余地があることを示した。

2　憲法訴訟における攻撃防御方法としての「内閣提出法律案提出手続」違反

本章は，「内閣提出法律案提出手続」に司法審査が及ぶかどうか，また，いかなる場合に「内閣提出法律案提出手続」違反となるかを検討してきた。しかしながら，憲法訴訟としてどのように「内閣提出法律案提出手続」違反を主張していくのか，その訴訟法的側面からの検討をしなければならない。

そもそも，警察法改正無効事件では，警察法という法律の特殊性により，客観訴訟としての住民訴訟において「議事手続」違反が争われたが，「内閣提出法律案提出手続」違反も，このように客観訴訟の提起が可能となるような法律が対象となる場合には，攻撃方法として用いることができるように思われる。

反対に，主観訴訟においてどのような訴訟形態が考えられるであろうか。主観訴訟においては，「内閣提出法律案提出手続」違反を攻撃方法として用いることが考えられる。例えば，取消訴訟において，行政処分の内容・手続自体は適法であるが，行政処分の根拠法律自体に「内閣提出法律案提出手続」違反があった場合には，その違反を主張して，行政処分の違法性を主張する方法である。

また，刑事訴訟においても，「内閣提出法律案提出手続」違反を防御方法として用いることが考えられる。すなわち，自己に適用される刑罰規定が，その内容が適正であっても，その「内閣提出法律案提出手続」に違反がある場合には，その法律を違憲無効と主張する方法である。

これらは試論であるが，「内閣提出法律案提出手続」違反をどのように憲法訴訟上攻撃防御方法として用いることができるかどうかについて，今後詳細かつ体系的に検討することが必要である。

終　章

――立法手続と権力分立――

1　結　論

本書は，権力分立の一断面としての立法手続に着目し，まず，フランスにおける法律案提出手続に対する裁判的統制の一般的枠組みを検討した上で，個々の政府提出法律案提出手続（内閣修正案提出手続を含む）に対する裁判的統制を検討した（第1章，第2章，第3章，第4章）。その上で，日本における議院の運営自律権と内閣の閣議運営自律権を分析し，「内閣提出法律案提出手続と司法審査」の問題が従来の議論では解決できない問題を孕んでいることを指摘した上で，フランス法の検討から得られた知見を活かし，日本における「内閣提出法律案提出手続」に対する司法審査の可能性を検討し，また，従来蓄積の少ない個々の内閣提出法律案提出手続についての解釈論を試みた（第5章，第6章）。

(1)　フランス法の検討から導かれた命題

まず，フランス法の検討から導かれた命題を要約すると，以下のごとくである。

①　法律案提出手続に対する裁判的統制の枠組みについて（第1章）

(i)　憲法院は，創設当初から立法手続を統制したわけでなく，次第に立法手続統制がなされるようになったのであり，その統制の際の照会規範は憲法典，憲法附属法律，場合によっては議院規則である。

(ii)　立法手続のうち法律案提出手続に対する統制が多くの割合を占めており，フランスにおいて法律案提出手続に対する裁判的統制は重要なものとなっている。

(iii)　2009年4月15日憲法附属法律によって，今後，政府提出法律案については提出の際に憲法附属法律の定める要件に適合しているかどうかは，一次的には議院によって，二次的には憲法院によって統制されるが，憲法院による政府提出法律案の憲法附属法律適合性の審査は，内閣に有利に働く。

② コンセイユ・デタへの諮問手続について（第2章）

(i) 政府提出法律案は，コンセイユ・デタへの諮問が1958年憲法第39条第2項によって義務付けられているが，政府には閣議での審議決定において，原案ともコンセイユ・デタ案とも異なる修正を行う余地がある程度認められる。これは，命令制定において政府は原案ともコンセイユ・デタ案とも異なる修正を行う場合には，その修正がいかなるものであっても，新たにコンセイユ・デタへの疑問が義務付けられるのと対照的である。

(ii) それでも，コンセイユ・デタは政府提出法律案の**すべての**問題についての政府への意見付与者であるので，その修正によって新しい別の問題が創出される場合には，コンセイユ・デタへの新たな諮問が義務付けられる。

(iii) このような憲法院の手続統制は，閣議決定における修正が新しい別の問題を創出しているかどうかの実体判断である。したがって，憲法院は，立法手続の統制の一環として，コンセイユ・デタへの諮問手続を厳格に統制している。

③ 閣議での審議決定について（第3章）

(i) 政府提出法律案の閣議での審議決定に際して，閣議の運営について憲法上要請されるのは，1958年憲法第9条が定める大統領による閣議の主宰のみである。

(ii) 憲法第39条第1項の定める首相の法律案提出権は，首相による法律案提出デクレへの署名のみを要請するのであって，憲法第39条第2項の閣議での審議決定への首相の出席は要請しない。

(iii) 閣議で審議決定された事項は，決定一覧表によって証明される。

(iv) 憲法院は，このように解釈することによって，閣議運営に関する政府内部規則や慣行のいかなるものも憲法準則としておらず，執行府の閣議運営自律権を尊重している。このような統制は，議院規則が原則として憲法準則とはならないことから見ても，妥当である。

④　内閣修正案提出手続について（第4章）

(i)　憲法第44条第1項が認める内閣修正案の提出には，憲法第39条第2項の政府提出法律案提出手続の規律は及ばず，コンセイユ・デタへの諮問及び閣議での審議決定は要請されない。

(ii)　しかしながら，修正案の提出に対しては独自の憲法上の手続規律がある。すなわち，まず，第一読会においては，修正案は審議中のテキストの目的の関連性を有していなければならないとする「関連性準則」が課せられる。そして，第二読会以降においては，追加条項を導入する修正案及び両議院によってすでに同一の文言で可決されたテキストへの修正案は原則として禁止されるという「漏斗準則」が課せられるのである。

(iii)　このような憲法準則は，内閣修正案の利用による憲法第39条第2項の手続的濫用を防止し，内閣修正案を厳格に統制することができる。その一方で，特に「漏斗準則」は，国会の議決を保護することに資する。

(2)　日本法の検討から導かれた命題

次に，日本法の検討から導かれた命題についても，これを纏めると，以下のようになる。

①　議院の運営自律権と内閣の閣議運営自律権について（第5章）

(i)「議事手続と司法審査」の問題は，裁判所が法律の形式的審査権を有しているという前提の例外として議論されたが，次第に「議事手続と司法審査」の議論が「立法手続と司法審査」の問題へと収斂してしまった。

(ii)　裁判所が法律の形式的審査権を有しているという前提からすれば，「議事手続」に対する司法審査を一切排除するのは妥当ではなく，明白な憲法違反の場合に司法審査は及ぶと解するのが妥当である。

(iii)「議員提出法律案提出手続」に対する司法審査については，国民が当事者になることは想定されず，国会議員のみが訴えの利益を有し，国会議員の法律案提出権を侵害することが明白な場合に司法審査が及ぶと解するのが妥当である。

(iv) 「閣議」に対する司法審査については，内閣提出法律案の閣議決定は立法手続を構成するので，国民の権利・義務に関わるような場合もあることから，明白な内閣法違反の場合に司法審査が及ぶと解するのが妥当である。

② 「内閣提出法律案提出手続と司法審査」について（第6章）

(i) 「内閣提出法律案提出手続」を法律で定めることは，国会が内閣にルールを課すことであり，従来の議院自律権からでは説明できず，また，内閣の閣議運営自律権によっても説明できない事項もある。

(ii) 「内閣提出法律案提出手続」は国会が法律によって内閣に課すルールである以上，内閣がこれに違反したら，手続違反かどうかを裁定する必要がある。フランスにおける憲法院は，国会と内閣の裁定者として機能しており，この視点に立てば，日本における裁判所も，内閣が法定化された「内閣提出法律案提出手続」に違反したら，これを裁定する必要があり，「内閣提出法律案提出手続」について裁判所によって統制されうる可能性がある。

(iii) 内閣提出法律案は，内閣法制局の審査を経て閣議決定されるが，内閣は閣議において内閣法制局の審査を経た法律案に対して一定程度の修正を行うことは可能である。ただし，その修正が新しい問題を創出する場合には，改めて内閣法制局の審査を経なければならない。いかなる修正も可能であれば，内閣法制局設置法第3条第1号の手続の意義が失われてしまうので，このように解することが妥当である。

したがって，命題(ii)〔＝「内閣提出法律案提出手続」について司法審査が及ぶ可能性がある〕を前提とすれば，閣議決定での修正が新しい問題を創出しているにもかかわらず，内閣法制局の新たな審査を経ていない場合は，その成立した法律は立法手続違反とされるべきである。

(iv) 内閣提出法律案は，閣議で決定されるが，その閣議決定において要求されるのは，内閣総理大臣による主宰のみである。この内閣総理大臣による主宰については，内閣の閣議運営自律権を理由に司法審査は及ばないと解することもできるが，司法審査は及ぶと解することもできる。

司法審査が及ぶと解するとしても，一方で内閣に有利に解釈し，「主宰」態様を広く認め，手続違反となる場合を限定的に解し，他方で，国会に有利に解釈し，手続法違反とする場合を広く認める場合がある。前者の場合，内閣総理大臣の押印がないという極めて例外的な場合にのみ手続違反となる。反対に，後者の場合，持回り閣議が行われたときや，内閣総理大臣が閣議に欠席したときにも，手続違反となる。

(v)　内閣修正には，閣議決定は必要であるが，内閣法制局の審査は義務付けられない。

また，内閣修正を議院が承諾する基準は国会法や議院規則で何ら定められていないが，議院による主観的な基準によるべきではなく，客観的な基準が必要である。フランスの「関連性準則」を採用すれば，「審議中のテキストの目的との関連性」がないと先議院が判断した場合は，議院は内閣修正を承諾してはならないことになる。さらに，フランスの「漏斗準則」を採用すれば，後議院では先議院ですでに可決された条項にさらに修正を加えたり，全く新しい条項を追加したりすることは許されない。このように解することは，内閣修正によって内閣提出法律案とは無関係な条項を内閣法制局の審査を経ずに加えられることを防ぐことができるので，妥当であろう。

したがって，命題(ii)を前提とすれば，このような内閣修正を議院が承諾して，国会で可決された場合には，その法律は立法手続違反とされるべきである。

2　今後の課題

このように，本書は，「議院での審議・議決手続以前の手続」としての「内閣提出法律案提出手続」に対する司法審査の可能性を提示するとともに，その個別の提出手続をめぐる解釈論を展開した。これらの作業を通じて，本書は，従来憲法学において議論されてきた「立法手続と司法審査」を再構成することを試みることができたと思う。

本書が立法手続に着目したのは，立法手続の問題が憲法学におけるより大きな課題である権力分立原理の理解に大きく関わるものであるからである。その意味で，本書は，権力分立を捉えるための一つの視点を提示できたと言えよう。

しかしながら，権力分立の一断面としての立法手続の問題は，さらなる課題を提示する。

① 行政各部での立案手続

まず，行政各部での法律案の立案手続をどのように法的に規律するかという問題である。この手続は現在慣行によって行われているが，この慣行上の手続に対して司法審査は及ぶのか。裁判所は，国民投票法案不受理違憲訴訟において，「議員提出法律案提出手続」に関しては議院自律権を認め，先例という議会の慣行を尊重したが，この法理は，慣行上の制度である行政各部における法律案の立案手続についても妥当するのであろうか。

また，このような行政各部での立案手続を透明・明確化するために，この手続を法制化することが叫ばれるようになった[(1)]が，これを法律によって規律するとすれば，それは国会による「内閣法律案提出手続」の規律になる。本書では，法律による「内閣提出法律案提出手続」の規律は，それが「法律事項」であると解することによって，内閣の法律案提出権の侵害とはならないと解したが，どの密度まで規律が許されるのかはさらなる検討が必要となるであろう。と同時に，この法制化がいかなる法形式によって行わなければならないかどうかも問題となろう。

② 与党審査手続

次に，より重要なのは，内閣提出法律案の与党審査手続に対する法的規律[(2)]の問題である。この与党審査手続も，慣行上の手続であるが，これに対して裁判所による審査は及ぶのか。また，これを法律によって法制化する

(1)　新正幸は，内閣職務規則や各省職務規則等によるある程度の統一的な法制化の必要性を説いている。新正幸『憲法と立法過程』（創文社，1988年）233－234頁。

ことは許されるのか。

この与党審査の問題を検討することは，国会，内閣，裁判所という従来の憲法学の権力分立の構造を脱却して，これらに政党をも含めた権力分立の構造として捉えなおすことになろう。すなわち，与党審査という立法手続の検討を通じて，政党を憲法上どう位置づけるかという課題にも取り組まなければならないのである。

行政各部での立案手続も与党審査手続も，現在においては内閣提出法律案についてのインフォーマルな手続ではあるが，立法手続において重要な手続であることは否定することができない。今後は，このように「法律による規律から隠れた」重要な立法手続に対する手続的規律を検討していくことが必要である。

③　学説から忘れ去られた憲法上の立法手続

また，「内閣提出法律案提出手続」以外にも，未検討の，学説から忘れ去られている「立法手続」がある。それは，「所管大臣による署名・内閣総理大臣による連署」と「天皇による公布」[(3)]である。これらの立法手続についても，その司法審査の可否を検討する必要があろう。すなわち，裁判所が法律の形式的審査権を有しているという忘れ去られた大前提の議論も再検討する必要があるのである。

しかし，ここではこうした「立法手続」の問題から提示される権力分立論上の課題を指摘するにとどめ，ひとまず筆を擱くこととしたい。

---

(2)　大石眞も「与党審査……の充実によって，実は，委員会での審査そのものが『形骸化』したとさえ伝えられる今日の事態への法学的な適切な対応も，忘れることのできない課題というべきであろう」として，同様の趣旨を述べているように思われる。大石眞『議院自律権の構造』（成文堂，1988年）350頁。

(3)　公布に関する貴重な研究として，以下の文献がある。大石眞「公布再考」国学院法学17巻3号（1979年）1－43頁，同「形式的公布制度の展開──フランス公布法制の沿革と意義」法律時報55巻1号（1983年）174－177頁。

資　　料

1　フランス第五共和制憲法（抄）（最終改正，2008 年 7 月 23 日）

第 5 条〔大統領の任務〕 大統領は，憲法の遵守を監視する。大統領は，その裁定により，公権力の適正な運営と国家の継続性を確保する。
② 大統領は，国家の独立，領土の一体性及び条約の尊重の保障者である。
第 9 条〔閣議の主宰〕 大統領は，閣議を主宰する。
第 13 条〔オルドナンス及びデクレの署名〕 大統領は閣議で審議決定されたオルドナンス及びデクレに署名する。
② 大統領は，国の文官及び武官を任命する。
③～⑤ （略）
第 19 条〔大統領の行為の副署〕 第 8 条（第 1 項），第 11 条，第 12 条，第 16 条，第 18 条，第 54 条，第 56 条及び第 61 条に定める行為以外の大統領の行為は，首相によって，また，場合により，責任を負う大臣によって副署される。
第 20 条〔内閣の任務〕 内閣は，国の政治を決定し指揮する。
② 内閣は，行政機構と軍隊を自由に使うことができる。
③ 内閣は，第 49 条及び第 50 条の定める要件と手続にしたがい，国会に対し責任を負う。
第 21 条〔首相の権限〕 首相は，内閣の活動を指揮する。首相は国防について責任を負う。首相は法律の執行を保障する。第 13 条の留保の下で，首相は命令制定権を行使し，文官及び武官を任命する
② 首相は，その権限のいくつかを大臣に委任しうる。
③ 首相は，場合によっては，大統領を代理して第 15 条に定める会議及び委員会を主宰する。
④ 首相は，例外的に，明示の委任によりかつ特定の議題につき，大統領を代理して閣議を主宰する。
第 22 条〔首相の行為の副署〕 首相の行為は，必要な場合，その執行責任を負う大臣により副署される。
第 37 条〔命令事項〕 法律の所管に属すること以外の事項は，命令の性質を有する。
② かかる事項について定める法律形式の法令は，コンセイユ・デタの意見を聴いた後に定められるデクレにより改正することができる。こうした法令で本憲法発効後に制定されたものは，前項により命令の性格を有すると憲法院が宣言した場合にのみ，デクレにより改正することができる。
第 38 条〔オルドナンスへの授権〕 内閣は，そのプログラムを実施するために，通常は法律の所管に属する措置を，期間を限定して，オルドナンスにより定めることの授権を国会に求めることができる。
② オルドナンスは，コンセイユ・デタの意見を聴いた後に，閣議で定める。オルドナンスは，公布と同時に発効するが，承認のための法律案が授権法律が定めた期日までに提出されない場合には効力を失う。
③ 本条第 1 項の規定する期間経過後は，オルドナンスの改正は，法律の所管に属する事項に関しては，法律によってのみ行うことができる。
第 39 条〔法律案の提出〕 法律案提出権は，首相と国会議員に競合して属する。

② 政府提出法律案は，コンセイユ・デタの意見を聴いた後に，閣議で審議決定し，両議院のいずれかの理事部に提出する。予算法律案及び社会保障財政法律案は，先に国民議会に付議される。地域共同体の組織を主たる対象とする政府提出法律案は，先に元老院に付議されるが，第 44 条第 1 項の適用は排除されない。

③ 政府提出法律案は，憲法附属法律が定める要件にしたがって，国民議会又は元老院に提出する。

④ 先に付議された議院の議事協議会が，憲法附属法律が定める諸準則が遵守されていないと認めたときは，政府提出法律案は議事日程に記載することはできない。議事協議会と内閣との間で意見が一致しないときは，当該議院の議長又は首相は，憲法院に付託することができ，憲法院は 8 日以内に裁定する。

⑤ 法律の定める要件にしたがって，議院の議長は，その議院の議員が提出した法律案につき，委員会での審査の前に，当該議員が反対する場合を除いて，コンセイユ・デタに意見を求めることができる。

第 40 条〔議員提出法律案の予算に関わる不受理〕 国会議員が提出する法律案及び修正案は，その可決が歳入の減少又は歳出の創設若しくは増大の結果を生じさせるときは，受理されない。

第 41 条〔議員提出法律案の所管の争い〕 議員提出の法律案若しくは修正案が，法律の領域に属さず，又は，第 38 条によって付与された委任に反することが立法手続の過程で明らかになったときは，内閣又は提出された議院の議長は，不受理をもって対抗することができる。

② 内閣と当該議院の議長との間で意見が一致しないときは，いずれかの請求に基づいて憲法院が 8 日以内に裁定する。

第 42 条〔審議の対象〕 政府提出法律案及び議員提出法律案の討議は，本会議では，第 43 条の適用により付託された委員会が採択した案について，又は，それがなければ，当該議院が付議された案について，行われる。

② ただし，政府提出の憲法改正法律案，予算法律案，社会保障財政法律案の本会議での討議は，最初に付議された議院の第一読会では，政府が提出した案について，その他の読会では，もう一方の議院により送付された案について，行われる。

③ 最初に付議された議院での，政府提出法律案又は議員提出法律案についての，本会議の第一読会での討議は，その提出から 6 週間の期間の満了後でなければ行うことはできない。次に付議された議院での，政府提出法律案又は議員提出法律案についての，本会議の第一読会での討議は，その送付を受けてから 4 週間の期間の満了後でなければ行うことはできない。

④ 前項は，第 45 条が定める手続が開始されているときには，適用しない。前項は，政府提出の予算法律案，社会保障財政法律案及び非常事態に関する法律案にも，適用しない。

第 43 条〔委員会への付託〕 政府提出法律案及び議員提出法律案は，審査のために，各議院に 8 つに限定して設置された常設委員会の 1 つに付託される。

② 政府提出法律案及び議員提出法律案は，内閣又はそれを付議された議院の要求に基づき，審査のために特別に指定された委員会に付託される。

第 44 条〔法律案の修正，一括投票〕 国会議員と内閣は修正権をもつ。修正権は，憲法附属法律が定める枠組みにおいて，議院規則が定める手続にしたがって本会議又は委員会で行使される。

② 討論開始後は，内閣は事前に委員会に付託されなかったすべての修正案の審議に反対することができる。

③ 内閣が求める場合には，法律案を付議された議院は，内閣が提案若しくは承認した修正案のみを取り入れて，討議中の法律案の全部又は一部につき唯一回の投票により議決する。

第45条〔両議院の不一致と両院協議会の開催〕 政府提出法律案又は議員提出法律案はすべて，同一のテキストの可決を目指して国会の両議院で順次審議される。第40条及び第41条の適用は別として，修正案はすべて，たとえ間接的であれ，提出又は送付されたテキストとの関連性を有しているときに，第一読会で受理されることができる。

② 両議院の意見の不一致の結果，政府提出又は議員提出の法律案が，各議院の2度の読会の後に，又は，内閣が，両議院の議事協議会が同時に反対することなく，急速討議手続にかけることを決定したときは各議院の1度のみの読会の後に，可決されえなかった場合には，首相は，又は，議員提出法律案については両議院の議事協議会は共同して，討議中の諸規定に関する成案を提出する任務を負った両院協議会の開催を決定する権能を有する。

③ 内閣は，両院協議会が作成した成案を両議院に付議して承認を求めることができる。

④ 両院協議会が共通の成案の採択に至らなかった場合，又は，その成案が前項の定める要件で採択されなかった場合には，内閣及び元老院によるもう1度の読会の後に，国民議会に対し終局的な決定を行うよう求めることができる。この場合，国民議会は，両院協議会が作成した成案を採択するか，又は，自己が最後に表決した案に，場合によっては元老院が可決した諸修正のいくつかにより変更を加えたものを採択することができる。

第46条〔憲法附属法律〕 本憲法が憲法附属法律の性格を付与する法律は，以下の要件にしたがって可決及び修正される。

② 政府提出又は議員提出の法律案は，第一読会では，第42条第3項の定める期間の満了後でなければ，両議院での討議及び表決に付すことはできない。ただし，急速討議手続が第45条の定める要件の下で行われているときは，政府提出又は議員提出の法律案は，その提出から15日の期間の満了後でなければ，最初に付議された議院での討議に付すことはできない。

③ 第45条の手続は適用される。ただし，両議院の一致を欠く場合には，成案は，国民議会の最終の読会において，その構成員の絶対多数によってしか採択されない。

④ 元老院に関する憲法附属法律は，両議院によって，同一の文言で表決されなければならない。

⑤ 憲法附属法律は，憲法院によって憲法適合性について宣言がなされた後でなければ審署されない。

第47条〔予算法律〕 国会は，憲法附属法律が定める要件の下で予算法律案を表決する。

② 予算法律案の提出後40日の期間内に，国民議会が第一読会で議決しない場合には，内閣は元老院に付託し，元老院は15日の期間内に裁定しなければならない。その後の手続は，第45条の定める要件にしたがって進行する。

③ 国会が70日の期間内に議決しない場合には，予算法律案の諸規定をオルドナンスに

よって施行することができる。

④　会計年度の歳入及び歳出を定める予算法律が，当該会計年度の開始前に審署するのに適した時期に提出されなかった場合には，内閣は国会に対し租税を徴収する許可を緊急に求め，表決された役務に関係する費用をデクレにより支出する。

⑤　本条に規定する期間は，国会が開会中でないときは中断される。

第 47－1 条〔社会保障財政法律〕 国会は，憲法附属法律が定める要件の下で社会保障財政法律案を表決する。

②　社会保障財政法律案の提出後 20 日の期間内に，国民議会が第一読会で議決しない場合には，内閣は元老院に付託し，元老院は 15 日の期間内に裁定しなければならない。その後の手続は，第 45 条の定める要件にしたがって進行する。

③　国会が 50 日の期間内に議決しない場合には，社会保障財政法律案の諸規定をオルドナンスによって施行することができる。

④　本条に規定する期間は，国会が開会中でない場合，及び，各議院につき，第 28 条第 2 項にしたがって各議院で開会しないと決定した週の間は，中断される。

第 48 条〔議事日程〕 議事日程は，各議院により決められるが，第 28 条の最後の三項の適用は排除されない。

②　本会議の 4 週間のうち 2 週間が，内閣が議事日程の記載を要求するテキストの審議及び討議のために，優先的にかつ内閣の定めた順序にしたがって留保される。

③　予算法律案，社会保障財政法律案，次項の規定の留保の下で少なくとも 6 週間前には他方の議院によって送付された成案，危機状態に関する法律案及び第 35 条で定める承認の要求の審議も，内閣の求めにより，優先的に議事日程に記載される。

④　本会議の 4 週間のうち 1 週間が，内閣の活動の統制及び公行政の評価のために，優先的にかつ各議院の定めた順序にしたがって留保される。

⑤　本会議の 1 ヶ月のうち 1 日が，各議院の野党会派の主導及び少数会派の主導によって各議院が決定する議事日程のために留保される。

⑥　第 29 条が定める臨時会中も含め，週に少なくとも一度の会議が，国会議員の質問及び内閣の答弁のために，優先的に留保される。

第 49 条〔信任投票〕 首相は，閣議で審議決定した後，その政策プログラムにつき，あるいは，場合によっては一般政策表明につき，国民議会に対し内閣の責任をかける。

②　国民議会は，不信任決議案の表決により内閣の責任を追及する。かかる不信任決議案は，国民議会の構成員の少なくとも 10 分の 1 の署名がなければ，受理されない。表決は，不信任決議案提出から 48 時間後でなければ行うことができない。不信任決議案に賛成票のみが計算され，議院構成員の過半数によってしかそれを可決することができない。次項に定める場合を除き，一人の議員は，同一通常会期中 3 つを超える不信任決議案の署名者となることはできない。

③　首相は，閣議で審議決定した後，一つの政府提出の予算法律案及び社会保障財政法律案の議決につき，国民議会に対し内閣の責任をかけることができる。この場合，当該政府提出法律案は，その後 24 時間の間に提出された不信任決議案が前項に定める要件で議決された場合を除き，可決されたものと見なされる。さらに首相は，会期ごとに別の一つの政府提出法律案又は議員提出法律案についてこの手続を用いることができる。

④　首相は，元老院に対し，一般政策表明に対する承認を求めることができる。

第50条〔不信任による内閣の辞職〕　国民議会が不信任決議案を可決し，又は，内閣の政策プログラム若しくは一般政策表明を承認しなかった場合には，首相は大統領に内閣の辞表を提出しなければならない。

第61条〔法律の合憲性審査に関する権限〕　憲法附属法律は審署の前に，第11条で言及する議員提出法律案は国民投票に付される前に，議院規則はその施行の前に，憲法院に付託されなければならず，憲法院はそれらの合憲性について裁定する。

② 同じ目的で，法律は，その審署前に，大統領，首相，国民議会議長，元老院議長，又は，60名の国民議会議員若しくは60名の元老院議員により，憲法院に付託することができる。

③ 前二項に定める場合には，憲法院は，1か月の期間内に裁定しなければならない。ただし，緊急の場合には，内閣の請求によって，この期間は8日に短縮される。

④ これらの場合，憲法院への付託は審署の期間の進行を停止する。

第61－1条〔違憲の抗弁による法律の合憲性審査〕　裁判所で係争中の事件の審理に際して，憲法で保障される権利及び自由が法律によって侵害されていることが主張されたときは，憲法院は，所定の期間内に見解を表明するコンセイユ・デタ又は破毀院からの移送によって，この問題について付託を受けることができる。

② 本条の適用に関する要件は，憲法附属法律が定める。

第62条〔憲法院判決の効力〕　第61条に基づいて違憲と宣言された規定は，審署されることも施行されることもできない。

② 第61－1条に基づいて違憲と判断された規定は，憲法院判決の公表以後，又は，この判決の定める期日以降，廃止される。憲法院は，当該規定により生じた効力を再検討するための要件と範囲を決定する。

③ 憲法院判決はいかなる不服申立てにもなじまない。憲法院判決は，公権力並びにすべての行政及び司法機関を拘束する。

第89条〔憲法改正〕　憲法改正の発議権は，首相の提案に基づき大統領に，及び，国会議員に，競合して属する。

② 憲法改正の政府提案又は議員提案は，第42条第3項に定める期間の条件にしたがって審議され，両議院により同一の文言で議決されなければならない。憲法改正は，国民投票により承認された後に確定する。

③ ただし，憲法改正の政府提案は，大統領がそれを両院合同会議として招集される国会に提案することに決めた場合には，国民投票には付されない。憲法改正の政府提案は，表明された票の5分の3の多数を得なければ承認されない。憲法改正議会の理事部は，国民議会の理事部とする。

④～⑤（略）

2　行政裁判法典（抄）（最終改正，2016年1月29日）

L第112－1条〔法令案に関する諮問〕　コンセイユ・デタは，法律及びオルドナンスの制定に参加する。コンセイユ・デタは，政府が作成する草案について，首相により付託される。

② コンセイユ・デタは，議院の一方の理事部に提出され，委員会で審査されておらず，当該議院の議長によって付託された議員提出法律案について意見を答申する。
③ コンセイユ・デタは，デクレ案について，及びコンセイユ・デタの関与が憲法，法律もしくは命令の諸規定により予定されている，または政府により付託される，その他のすべての法文案について，意見を答申する。
④ 法文案が付託されたら，コンセイユ・デタは意見を答申し，必要と判断する修正を提案する。
⑤ 他に，コンセイユ・デタは，要請された草案を準備し起草する。
L 第112－2条〔法律問題に関する諮問〕 コンセイユ・デタは，首相又は大臣から，行政事項において生じた問題について，諮問を受けることができる。

3　憲法第34－1条，第39条及び第44条の適用に関する2009年4月15日憲法附属法律第403号（最終改正，2010年6月28日）

第1章　憲法第34－1条に基づいて行われる決議に関する諸規定

第1条～第6条　（略）

第2章　憲法第39条に基づいて行われる政府提出法律案の提出に関する諸規定

第7条〔理由書〕 政府提出法律案には，理由書を添えるものとする。
第8条〔影響評価〕 政府提出法律案は，影響評価の対象となる。この影響評価を考慮した文書は，政府提出法律案をコンセイユ・デタに付託するときから，政府提出法律案に添付する。当該文書は，関係する政府提出法律案と同時に，最初に付議される議院の理事部に提出する。
② 当該文書は，政府提出法律案が追及する目的を定義し，新しい法準則の確立以外の可能な選択肢を調査し，新たな立法に訴えることの理由を説明する。
③ 当該文書は，以下の事項を明確に記載する。
④ 政府提出法律案と現行の又は起草途中のEU法との関連性及び政府提出法律案の国内法秩序への影響。
⑤ 政府提出法律案が対象とする分野における国内領土への法の適用状態。
⑥ 導入される諸規定の以前の適用方法，廃止されるべき法令の条文及び提案される経過措置。
⑦ 憲法第73条及び第74条が規定する地方公共団体，ニューカレドニア及び南極大陸のフランスの管轄領に導入される規定の適用要件。この適用要件において，場合によっては，推奨される適合措置を取ることや，これらの地方公共団体のいくつかには規定を適用しないことが認められる。
⑧ 行政機関及び関係する個人や法人の各カテゴリーに対して導入される規定が，経済的，財政的，社会的及び環境的にどのような帰結をもつかの評価，並びに，予想される財政上の費用及び効果の評価。この場合，採用すべき算出方法を示すものとする。
⑨ 公務員に対して導入される諸規定の帰結の評価。
⑩ コンセイユ・デタへの付託の前に行われた各種の諮問。必要に応じて，経済社会環境

評議会の意見に内閣によって付与された諸帰結。

⑪　必要とされる適用法文の一覧。

第9条〔議事協議会の権限〕　政府提出法律案がその理事部に提出された議院の議事協議会は，提出後10日間，本章が定める諸準則が違反されたかどうかを確認することができる。

②　国会が閉会中のときは，この期間は次の会期開始の10日前まで中断される。

第10条〔憲法院による裁定〕　憲法院に関する憲法附属法規を定める1958年11月7日オルドナンス第1067号第2編第3章の後に，以下のように定める第3章の2を挿入する。

「第3章の2　政府提出法律案の提出手続の審査について

第26－1条　憲法院は，憲法第39条第4項に基づいて付託されると，直ちに首相並びに国民議会議長及び元老院議長にその付託の事実を通知する。

②　憲法院の判決は，理由を付し，国民議会議長及び元老院議長並びに首相に通告する。憲法院の判決は，官報で公表する。」

第11条〔例外〕　第8条は，政府提出の憲法改正法律案，予算法律案，社会保障財政法律案，憲法第34条第21項が定める計画法律案及び非常事態を延期する法律案には適用されない。

②　内閣が，憲法第38条を適用して，措置をオルドナンスで定めることの承認を国会に要求する政府提出法律案の規定は，コンセイユ・デタに付託するときから，第2項から第7項まで及び第10項が定める文書が添付される。当該文書は，関係する諸規定を含む政府提出法律案と同時に，最初に付議される議院の理事部に提出する。

③　〔2009年4月9日憲法院判決第579号によって違憲とされた規定〕

④　第8条は，憲法第53条に基づいて提出される政府提出法律案には適用しない。ただし，当該政府提出法律案には，条約又は国際協定によって追及される目的を明確にし，その経済的，財政的，社会的及び環境的帰結を評価し，そのフランス法秩序への影響を分析し，かつ，交渉の過程，署名及び批准，並びに場合によってはフランスによって表明された解釈留保又は宣言を掲載する文書を添付するものとする。

第12条　（略）

第3章　憲法第44条に基づいて行われる修正権に関する諸規定

第13条〔修正案の提出〕　修正案は，書面で提出し，要約した理由を付する。

②　国会議員による修正案は，本会議における法文の審議開始後は，受理することはできない。議院規則は，当該修正案がもはや受理されなくなる期日が定められる手続を規定することができる。当該期間は，再修正案には適用されない。

③　当該期間満了後は，内閣又はその内容を付託された委員会が提出する修正案だけが受理される。当該期間は，議院規則が定める手続の下で，国会議員のために改めて公示することができる。

④　〔2009年4月9日憲法院判決第579号によって違憲とされた規定〕

第14条　〔2009年4月9日憲法院判決第579号によって違憲とされた規定〕

第15条〔修正案の事前評価〕　議院規則は，起草者の要求に基づき国会議員の修正案又は内容を付託された委員会の修正案が，本会議での審議前に議院に通知される事前評価の対象となりうる手続を規定することができる。

第16条〔単純審査手続〕　議院規則が成案の単純審査手続を定め，かつ，当該手続の利用が内閣，内容を付託された委員会の委員長及び会派の長の反対の対象とならないときは，議院規則は，内容を付託された委員会が採択した成案のみを本会議で審議することを定めることができる。

第17条〔短縮審査手続〕　議院規則が本会議での成案の審査のために一定の期間を設ける手続を定めるときは，議院規則は，国会議員が提出する修正案が審議なく表決に付されうる手続を規定することができる。

② 修正案が国会議員の修正案の提出期限の利益喪失後に内閣又は委員会によって提出されるときに，議院規則が成案の審査のために一定の期間を設ける手続を定める場合には，議院規則は，会派の長の要求に基づき国会議員に審議の補完的期限を認めることを定めなければならない。

第18条〔短縮審査手続〕　議院規則が本会議での成案の審査のために一定の期間を設ける手続を定めるときは，議院規則は，あらゆる議会会派の表明権，特に野党会派及び少数派会派の表明権を保障するものとする。

第19条〔短縮審査手続〕　議院規則が成案の審査のために一定の期間を設ける手続を定めるときは，議院規則は，当該成案の最後の条項の表決の後に，限られた期間で，かつ，上記の一定の期間の外で，発言権を一身専属的な表決の釈明のための要求に充てるすべての国会議員に，発言権が付与される手続を規定することができる。

第4章　経過規定

第20条〔経過規定〕　第2章及び第15条〔2009年4月9日憲法院判決第579号から生じる規定〕は2009年9月1日以降に提出される政府提出法律案に適用される。

② 本法律は，国家法律として執行される。

4　国民議会規則（抄）（最終改正，2014年11月28日）

第2編　立法手続

第1部　通常立法手続

第1章　政府提出案及び議員提出案の提出

第81条〔法律案の提出及び受理〕　政府提出法律案，元老院によって送付された議員提出法律案及び国民議会議員によって提出された議員提出法律案は，議長府に登録される。

② 国民議会議員によって提出された議員提出法律案の提出は，その受理準則にしたがって行われ，その受理可能性は，第1部第3章で定める要件の下で事前に判断される。

③ 法律案の提出は，官報での公表の対象となる。

第82条　（略）

第83条〔テキストの印刷及び配布〕　提出されたすべてのテキストは，印刷され，配布され，及び，特別委員会が設置される場合を除き，国民議会の所管の常任委員会の審査に付される。

② 先議院として国民議会に付された政府提出法律案について作成された影響評価を考慮する文書は，政府提出法律案と同時に印刷され，配布される。その文書は，文書化され得るあらゆる分析を得るために，電子媒体の方式で利用できる。

第84条〔法律案等の撤回〕 政府提出法律案は，国会による確定的な可決のときまで，いつでも内閣によって撤回され得る。

② 議員提出案の起草者又は第一署名者は，第一読会での可決前は，いつでもそれを撤回することができる。その撤回が公の審議の間に行われ，別の国民議会議員がその議員提出案を再び提出するとき，審議は継続する。

③ 国民議会によって否決された議員提出案は，一年間は再び提出することはできない。

第85条〔法律案等の付託〕 国民議会議長は，国民議会理事部に提出されたすべての政府提出案又は議員提出案について，所管の常任委員会又はそのために指名された特別委員会に付託する。

② 常任委員会が無権限を宣言するとき，又は，2つ以上の常任委員会間で権限の紛争があるとき，議長は，内閣又は議員提出案の起草者及び関係する常任委員会の委員長が意見聴取される討議の後に，優先的に特別委員会の設置を国民議会に提案する。この提案が拒否されたとき，議長は国民議会に権限問題を付託する。

第2章　委員会での立法審議

第86条〔委員会審議〕 報告者の指名並びに報告者の報告書及び委員会によって採択されたテキストの提出，印刷並びに利用は，国民議会が憲法に適合して政府提出案及び議員提出案の審議を実行する状態にある期間においてなされなければならない。

② 政府提出法律案又は議員提出法律案の提出とその審査の間の期間が少なくとも6週間あるときは，内容を付託された委員会の報告者は，委員会での政府提出法律案又は議員提出法律案の審査の前の週の間に，審議の進捗を考慮する文書を委員が利用できるようにする。

③ 報告書は，委員会が最初に付託されたテキストの採択，拒否又は修正を結論付ける。報告書は，あり得る修正を考慮する比較対照表を含む。報告書の附属書として，委員会に付託された修正案が挿入されなければならない。

④ 委員会によって採択されたテキスト全体は，報告書とは別に公表される。(第2文及び第3文略)

⑤ 国民議会議員はすべて，委員会の構成員であろうとなかろうと，委員会で修正案を提出することができる。内閣，委員会の委員長及び報告者，場合によっては，意見を求めて付託された委員会の委員長及び報告者以外の修正案は，委員長の反対の決定のある場合を除き，テキストの審査の開始の遅くとも平日3日前の17時前までに，その起草者によって委員会事務局に提出されなければならない。国民議会議員の修正案の受理可能性は，第1部第3章の定める要件の下で判断される。

⑥ 委員会の構成員の他に，場合に応じて議員提出案又は修正案の起草者，及び，場合によっては，意見を求めて付託された委員会の報告者は，委員会の審議に参加することができる。内閣の参加は当然に認められる。

⑦ 第一読会で，政府提出法律案又は議員提出法律案について作成される報告書は，その要求により，附属書に，野党会派及び少数会派のそれぞれの書面での補考並びに第145

－7 条第 2 項を適用して指名される国民議会議員の書面での補考を含む。後者の補考は，必要に応じて，政府提出法律案に附属する影響評価を対象とする。

⑧　（略）

⑨　国民議会理事部に提出された政府提出法律案について作成される報告書は，附属書に，政府提出法律案に附属する影響評価を考慮する文書について得られた補考を提示する文書を含む。

⑩　政府提出法律案又は議員提出法律案について作成される報告書は，附属書に，当該政府提出法律案又は議員提出法律案の審査の際に廃止又は修正される可能性のあるテキストのリストを含む。

⑪　委員会に付託されたテキストの審議はその理事部によって行われ得る。

⑫　第 91 条及び第 122 条で定める動議は，委員会で審査されない。

第 87 条　（略）

第 88 条　（略）

第 3 章　予算的受理

第 89 条〔議員提出法律案の予算的不受理〕　国民議会議員によって提出される議員提出法律案は，国民議会理事部又はそのために国民議会理事部によって委任されるその何名かの構成員に送付される。その採択が憲法第 40 条の定める結果をもたらすことが思料されるときは，その登録は拒否される。

②　委員会で提出される修正案は，その採択が憲法第 40 条の定める結果をもたらすときには，受理されない。不受理は，委員会の委員長及び，疑いのある場合には，委員会理事部によって判断される。委員長は，場合によっては，予算・一般経済・財政統制委員会の委員長若しくは統括報告者，又は，そのために任命された委員会理事部の構成員に諮問することができる。

③　国民議会理事部に提出される修正案の受理は，議長によって判断される。その採択が憲法第 40 条の定める結果をもたらすことが思料されるときは，その登録〔受理〕は拒否される。疑いのある場合には，議長は，予算・一般経済・財政統制委員会の委員長若しくは統括報告者，又は，そのために任命された委員会理事部の構成員に諮問した後に，決定する。答申がないときは，議長は国民議会理事部に付託することができる。

④　憲法第 40 条の諸規定は，内閣又はすべての国民議会議員によって，議員提出法律案，修正案，及び，付託されたテキストに委員会が行った修正に対して，いつでも申し立てることができる。不受理は，予算・一般経済・財政統制委員会の委員長若しくは統括報告者，又は，そのために任命された委員会理事部の構成員によって判断される。

⑤　予算法律又は社会保障財政法律に関する憲法附属法律の諸規定は，同じ要件の下で，申し立てることができる。

⑥　議員提出法律案又は修正案の不受理の場合，その起草者である国民議会議員は，その不受理についての書面での説明を求めることができる。

第 4 章　第一読会での政府提出法律案及び議員提出法律案の審議

第 90 条〔第一読会での審議の対象〕　憲法第 42 条第 2 項で定める政府提出法律案についての第 2 編第 2 部で定める留保の下で，政府提出法律案及び議員提出法律案の審議は，所管の委員会によって採択されたテキストを対象とする。ただし，委員会によって採択されたテキストがない場合，その審議は，国民議会に付託されたテキストを対象とする。

第 91 条〔審議までの期間〕 第一読会での政府提出法律案又は議員提出法律案での審議は，その提出から 6 週間の期間又はその送付から 4 週間の期間の満了前は，これを行うことができない。この期間は，緊急事態に関する政府提出案には適用されず，又は，急速審理手続がかけられたときは適用されない。

②～⑪　（略）

第 92 条〔廃止〕

第 93 条〔議員提出法律案の所管に基づく不受理〕 憲法第 41 条第 1 項に基づく不受理は，議員提出法律案，修正案，又は，委員会が最初に付託されたテキストへの修正案によってもたらされた修正に対して，いつでも内閣又は国民議会議長が申し立てることができる。

② 不受理が内閣によって申し立てられたとき，国民議会議長は，場合によっては憲法・立法・共和国一般行政委員会の委員長又はそのために任命された委員会理事部の構成員への諮問を行った後に，不受理を認めることができる。審議中にもかかわらず，不受理が内閣によって申し立てられたとき，修正案，条項又はテキストの審査は，国民議会議長が同じ要件の下で裁定するまで，中断又は保留されうる。

③ 不受理が国民議会議長によって申し立てられたとき，国民議会議長は，場合によっては憲法・立法・共和国一般行政委員会の委員長又はそのために任命された委員会理事部の構成員への諮問を行った後に，内閣に諮問する。修正案，条項又はテキストの審査は，内閣が意見表明するまで，中断又は保留されうる。

④ 内閣と国民議会議長との間で不一致があるときは，審議は中断され，議長は憲法院に付託する。

第 94 条〔廃止〕

第 95 条〔条項の表決等〕 条項の審議は，順次それぞれの条項を対象とする。

② 委員会及び国民議会議員の，審議中のテキストの条項，又は，内閣若しくは委員会によって修正案の方法によって提案された新たな条項についての発言は，第 54 条第 5 項の諸規定の留保の下で，2 分を超えることができない。

③ 各条項について，修正案は，順次審議され，第 100 条の下で定める諸要件の下で表決に付される。続いて，各条項は，個別に表決に付される。

④ その目的が審議の日程を修正することにある条項若しくは修正案の留保又は優先は，常に要求され得る。

⑤ 前項の定める留保又は優先は，法上当然に，内閣又は内容を付託された委員会の要求によってなされる。他の場合には，議長が決定する。

⑥ 最後の条項又は修正案の方法によって提案された最後の追加条項についての表決の後，議事協議会が，別の日に，第 65－1 条が定める諸要件の下で投票によって表決を行うと決めた場合を除き，政府提出法律案又は議員提出法律案の全体についての表決を行う。

⑦ 政府提出法律案又は議員提出法律案の唯一の条項についての表決の前に，追加条項が提出されないときは，この表決は，全体についての表決と見なす。この表決が行われた後は，いかなる追加条項も受理されない。

第 96 条（略）

第97条（略）

第98条〔修正案〕 内閣，内容を付託された委員会，意見を求めて付託された委員会及び国民議会議員は，国民議会理事部に提出されたテキスト及び委員会によって採択されたテキストへの修正案を提出する権限を有する。

② 修正案とは，書面で作成され，起草者の少なくとも1名によって署名され，かつ，国民議会理事部に提出又は委員会に提出されたものをいう。

③ 修正案は，簡単に理由が記してなければならない。修正案は，議長府によって，内容を付託された委員会に通知され，印刷され，配布される。ただし，修正案の印刷及び配布の欠如は，公の会議での審議を妨げることはできない。

④ 修正案は，唯一の条項しか対象とすることはできない。対案は，修正案の形式で，条項ごとに審議中のテキストに提出される。再修正案は，修正案の意味を否定することができない。再修正案は，修正されることはできない。本項のいう修正案，対案及び再修正案の受理は，国民議会議長によって判断される。

⑤ 憲法第40条及び第41条の適用を妨げることなく，あらゆる修正案は，提出又は送付されたテキストとの，間接的であれ，関連性を有しているときには，第一読会で受理される。この関連性の存在は，国民議会議長によって判断される。

第98－1条〔修正案についての事前評価〕 修正案は，以下の場合，事前評価の対象となる。

② 一 内容を付託された委員会の委員長又は報告者の要求により，委員会の修正案が問題となるとき

③ 二 修正案の起草者の要求により，かつ，内容を付託された委員会の委員長の同意を伴って，国民議会議員によって提出された修正案が問題となるとき

④ 修正案についての事前評価の実現，印刷又は配布の欠如は，公の会議での審議を妨げることはできない。

第99条〔修正案の提出期限〕 国民議会議員の修正案は，議事協議会の反対の決定がある場合を除き，遅くとも，そのテキストの審議開始日の平日3日前の17時までに提出されなければならない。

② 第1項の定める提出期限の満了後は，内閣又は内容を付託された委員会によって提出された修正案だけが受理されうる。内閣又は内容を付託された委員会がこの権限を行使するときは，この期限は，修正することを提案された条項を対象とする，あるいは，提出された修正案が追加条項を対象とするときその提出された修正案と競合する，国民議会議員による修正案にはもはや申し立てることはできない。

③ 本項で定める期限は，再修正案には適用されない。

第100条〔修正案の審議・表決〕 修正案は，修正案が附属するテキストの審議後に審議され，当該テキストについての表決の前に，かつ一般的には，主要質問の前に，表決に付される。

② 議長は，国民議会理事部に提出された修正案しか審議させない。

③ 国民議会は，会議で主張されていない修正案を審議の対象としない。国民議会は，憲法第44条第2項を適用して要求するときは，委員会に付されなかった修正案をもはや審議の対象としない。この要求は，修正案が審議で呼ばれるときに提示される。

④ 修正案が競合しているときは，修正案は，以下の順序で審議される。まず，削除の修

正案，次に，提案されるテキストから最も離れている修正案から，すなわち，修正案が反対している，挿入している，又は，付け加えているかの順序によって，他の修正案を審議する。

⑤　内閣又は内容を付託された委員会によって提出された修正案は，同じ目的を有する国民議会議員の修正案よりも優先して審議される。その場合，発言はすべての修正案起草者に付与され，それらの修正案の全体についての唯一の表決が行われる。

⑥　それぞれが相いれない複数の修正案が競合しているとき，議長は，その表決の前に，起草者がそれぞれの修正案についての平等に順次行われる発言をそれぞれ有している共通審議に，それらの修正案を付すことができる。

⑦　第95条第2項で定める修正案の場合を除いて，それぞれの修正案について，起草者の一人の他に，内閣，内容を付託された委員会の委員長又は報告者，意見を求めて付託された委員会の委員長又は報告者，及び，反対意見の発言者のみが意見聴取されうる。第54条第5項の諸規定の留保の下に，内閣の修正案以外の修正案についての発言は，2分を超えることができない。

第101条〔テキストの第二審議〕　政府提出法律案又は議員提出法律案の全体についての表決の弁明の始まる前に，国民議会は，内閣又は国民議会議員の要求に基づいて，テキストの全部又は一部の第二審議を行うことを決定することができる。

②　第二審議は，内閣又は内容を付託された委員会の要求に基づいて，又は，委員会がそれを受諾したとき，法上当然に行われる。

③　第二審議の対象となるテキストは，委員会に付託され，委員会は，書面又は口頭により，新たな報告書を提出しなければならない。

④　第二審議で提出された修正案の国民議会による否決は，第一審議における国民議会による決定を追認したものとみなす。

第102条　（略）

第5章　単純審査手続

第103条～第107条　（略）

第6章　国民議会と元老院との関係

第108条〔第二読会以降の審議〕　国民議会による政府提出法律案及び議員提出法律案の第二読会及びそれ以降の読会の間は，その審議は，以下の留保の下，第2編第4章又は第5章の諸規定に適合して行われる。

②　（略）

③　条項の審議は，国会の両議院が同一の文言に達することができていない条項に限定される。

④　したがって，同一の文言で両議院により可決された条項は，その可決された条項を直接又は両立しない条項によって再検討する修正案の対象とすることはできない。

⑤　憲法の尊重を確保し，審議中のテキストとの調整を行い又は実質的な誤りを訂正する場合は，上記で定める準則を適用しない。

第109条～第115条　（略）

第7章　大統領によって要求される新たな法律の審議
第116条　（略）

第2部　憲法改正，予算法律及び社会保障財政法律に適用される立法手続

第8章　第2部の準則によって規律される政府提出案に関する共通規定
第117条～第117条の3　（略）

第9章　憲法改正の審議
第118条　（略）

第10章　予算法律の審議
第119条　（略）
第120条　（略）
第121条〔予算的不受理〕　予算法律に関する憲法附属法律の諸規定に反する修正案は，第2編第1部第3章の定める諸要件の下で不受理を宣言される。

第11章　社会保障財政法律の審議
第121-1条　（略）
第121-2条〔社会保障財政的不受理〕　社会保障法典第1部第1編第1章の2の諸規定に反する修正案は，第2編第1部第3章の定める諸要件の下で不受理を宣言される。
第121-3条　（略）

5　元老院規則（抄）（最終改正，2015年5月13日）

第4章　政府提出法律案及び議員提出法律案の提出
第24条〔法律案等の提出及び受理〕　政府提出法律案，国民議会によって送付された議員提出法律案及び元老院議員によって提出された議員提出法律案又は決議案は，議長府に登録される。このことは，官報での公告及び最も近い週での公の審議での公表の対象となる。政府提出法律案及び議員提出案は，特別委員会の設置の留保の下で，所管の委員会に付託される。政府提出法律案及び議員提出案は，公表される。その配布は，官報での公告の対象となる。
②　議員提出法律案は，憲法及び憲法附属諸法律によって決定される諸態様に従う。議員提出法律案が元老院議員によって提出されるとき，その採択の結果として，他の歳入によって補われない歳入の減少，又は，歳出の創設若しくは増加を生じさせるときは，受理することができない。
③　（略）
④　元老院理事部又は元老院理事部によって指名されるその数名の構成員は，議員提出法律案又は決議案の受理可能性を判断する。
第24条の2　（略）

第 25 条〔政府提出法律案の撤回〕 内閣によって提出される政府提出法律案は，その確定的な可決の前の手続のすべての段階において内閣によって撤回されることができる。

第 26 条〔議員提出法律案等の撤回〕 議員提出法律案若しくは決議案の起草者又は第一署名者は，審議が開かれたときでさえ，いつでもこれを撤回することができる。別の元老院議員がその議員提出法律案又は決議案を再び提出するとき，審議は継続する。

第 27 条（略）

第 28 条〔再提出禁止期間〕 元老院議員によって提出され，かつ，元老院によって否決された議員提出法律案及び決議案は，3 か月間は再び提出することができない。

② （略）

③ 〔廃止〕

第 4 章の 2　政府提出法律案及び議員提出法律案の審査

第 28 条の 3〔法律案及び修正案の受理可能性〕 議事協議会によって認められる特例を除き，政府提出法律案又は議員提出法律案の元老院による審議の少なくとも二週間前に，内容を付託された委員会は招集され，遅くとも招集の前々日までに，テキストの確定のために提出される修正案を審査し，そのテキストを確定する。この期限は，内閣の修正案及び再修正案には適用されない。この期限は，委員会の委員長の決定に基づき，新たに延長され得る。委員会の委員長は，憲法第 40 条に照らして，修正案の予算的受理可能性を統制する。修正案は，憲法第 40 条に照らしてその受理可能性について書面での意見を答申する予算委員会に通知されうる。不受理を宣言された修正案は，配布されない。委員会は，憲法第 41 条に基づいての不受理を除いて，他の不受理について意見表明する権限を有する。

② 委員会の報告書は，委員会が元老院に提案するテキスト及び会派の意見を提示する。委員会によって採択されたテキストは，個別の公表の対象となる。

③ 委員会は，元老院によるその審議の開始前に，委員会が提案したテキストへの修正案に対してその答申を決定する。内容を付託された委員会は，憲法第 40 条及び第 41 条並びに元老院規則第 45 条の適用を妨げることなく，その修正案の受理可能性について意見表明する権限を有する。

第 28 条の 4〔例外規定〕 本章は，政府提出の憲法改正法律案，予算法律案及び社会保障財政法律案には適用されない。

第 5 章　元老院の議事日程への記載，直接審議

第 29 条～第 31 条（略）

第 5 章の 2　公の審議での発言時間

第 31 条の 2〔発言時間〕 元老院規則の特別の諸規定の留保の下で，かつ，議事協議会によって組織された討議における発言の場合を除いて，審議での元老院議員の発言時間は，2 分 30 秒を超えることができない。

第 6 章　審議の運営

第 32 条～第 41 条（略）

第7章　政府提出法律案及び議員提出法律案の審議

第42条〔法律案及び修正案の審議・表決〕 内閣の名で元老院理事部に提出された政府提出法律案，国民議会によって送付された政府提出法律案及び議員提出法律案，並びに，元老院議員によって提出された議員提出法律案又は決議案は，以下の諸要件の下で，公の会議で審議される。

② 政府提出法律案及び国民議会によって送付されかつ内閣によって同意された議員提出法律案は，内閣によって開かれ，所管の委員会の報告書の提出によって続けられる審議の対象となる。元老院に提出された議員提出案の第一読会については，その審議は，10分の制限の下で起草者によって開かれ，場合によって，委員会の報告書の提出によって続けられる。

③ 報告書が公表されたとき，報告者は，報告書を読み上げることなく，それを補完し，それを評釈するにとどめる。議事協議会の反対の決定がある場合を除き，その報告の期間は，10分を超えることができない。条項の討議の際に，報告者が委員会の最初の報告書の実質的な修正を行うとき，報告者は，委員会が行う修正案及び再修正案の審査の後に，委員会審議の最終状態を元老院に通知しなければならない。

④ (略)

⑤ 一般審議の終了後，元老院は条項毎の審議に移る。

⑥ 政府提出案又は議員提出案の条項毎の審議は，委員会によって採択されたテキストを対象とする。委員会がいかなるテキストも提示しない，又は，委員会が事前問題，不受理の抗弁又は委員会での付託動議を提起し，元老院がそれを拒否するとき，審議は，提出又は移送された政府提出案又は議員提出案のテキストを，元老院からの送付後に国民議会によって拒否された場合には，元老院によってすでに可決されたテキストを対象とする。政府提出の憲法改正法律案，予算法律案及び社会保障財政法律案の場合も同様である。元老院が両院協議会の結論を付託されたとき，審議は，両院協議会によって起草されたテキストを対象とする。

⑦ 審議は，順次，各条項及び各条項に附属する修正案を対象とする。ただし，憲法第44条を適用して，内閣が要求するときは，元老院は，審議中のテキストの全部又は一部についての唯一の表決により意見表明し，内閣によって提案又は同意された修正案しか取り上げない。その結果，発言は，各修正案について，賛成発言者，委員会及び内閣にしか認められない。

⑧ (略)

⑨ (略)

⑩ 〔廃止〕

⑪ 〔廃止〕

⑪の2 〔廃止〕

⑫ 他方，両院協議会によって起草されたテキストの元老院による審査の際は，内閣の同意のある場合を除いて，いかなる修正案も受理されない。元老院が国民議会の前に意見表明することを求められるとき，元老院は，まず，修正案について意見表明し，次いで，唯一の表決により，テキストの全体について意見表明する。反対の場合には，内閣の同意を得た修正案しか取り上げず，テキストの全体について唯一の表決を行う。

⑬ すべての条項の表決の後に，全体の表決が行われる。

⑭　政府提出案又は議員提出案の唯一の条項についての表決の前に，追加条項が提出されないときは，この表決を全体についての表決と見なす。いかなる追加条項も，この表決が行われた後は，受理することができない。

⑮　（略）

⑯　（略）

第43条〔法律案等の表決〕　政府提出案又は議員提出案の全体についての表決の前に，元老院は，その構成員の要求に基づいて，調整のためにテキストを委員会に付託することを決定することができる。この要求に基づいて開かれた討議において，それぞれ発言時間は2分30秒を超えることはできない要求者又はその代表者及び反対意見発言者，並びに，内容を付託された委員会の委員長又は報告者，及び内閣のみが発言権を有する。いかなる表決の説明も認められない。

②　調整のための付託は，委員会が要求したときは，法上当然に行われる。

③〜⑦　（略）

第44条　（略）

第45条〔法律案及び修正案の不受理〕　予算委員会は，憲法第40条に照らして，修正案の予算的受理可能性を統制する。不受理を宣言された修正案は，配布されない。

②　予算法律に関する憲法附属法律の諸規定の一つに違反する修正案に対しても，統制は同じ規律の下で行われる。

③　社会問題委員会は，社会保障法典LO第111－3条に照らして，提出された修正案の受理可能性を審査する。

④　すべての元老院議員又は内閣は，審議中に，憲法第40条，予算法律に関する憲法附属法律の諸規定の一つ及び社会保障法典LO第111－3条に基づいて不受理の抗弁を提起することができる。不受理が予算委員会又は社会問題委員会によって認められるときは，不受理は法上当然にかつ討議なく認められる。

⑤　委員会が修正案の不受理に関する結論をすぐに知らせることができないときは，審議中の条項は留保される。委員会が疑わしいと認めるときは，委員会の代表者は，内閣及び2分30秒間の発言権を有する修正案の起草者の説明を聞くことを要求することができる。委員会の代表者が疑いが残ると認めるときは，修正案及び修正案が対象とする条項は，委員会に留保及び付託される。本項が定める場合において，委員会が審議終了前に受理可能性に関する結論を通知しなければ，不受理は暗黙のうちに認められることになる。

⑥　第28条の3の第1項で定める場合において，内容を付託された委員会の委員長は，憲法第40条及び社会保障法典LO第111－3条に照らして，修正案及び再修正案の受理可能性について意見表明する。

⑦　憲法第41条第1項に基づく不受理は，公の会議での審議の開始前に，議員提出法律案又は修正案に対して，内閣又は元老院議長が申し立てることができる。不受理が内閣又は元老院議長によって公の会議で申し立てられたとき，不受理が法律案に申し立てられた場合には，会議は，必要があれば，元老院議長又は場合に応じて内閣が裁定するまで，中断される。不受理が修正案に申し立てられた場合には，修正案の審議，及び，場合によっては，修正案が対象とする条項の審議は，元老院議長又は場合に応じて内閣が裁定するまで保留される。

⑧　前項で定めるすべての場合には，討議する必要はない。元老院議長は，憲法・立法・普通選挙・議院規則・一般行政委員会の委員長又はそのために任命された委員会理事部の構成員に諮問することができる。不受理が元老院議長又は場合に応じて内閣によって確認されたとき，不受理は法上当然に認められる。元老院議長と内閣との間に不一致があるときは，憲法院は，いずれかの求めによって付託され，また，その審議は憲法院の決定の通知があるまで中断され，その決定は遅延なく議長によって元老院に通知される。

第46条〜第47条の2-2　(略)

第7章の2　委員会での審査手続

第47条の3　元老院議長，内容を付託された委員会の委員長，会派の長又は内閣の求めにより，議事協議会は，元老院議員及び内閣の修正権が，第28条の3第1項及び第2項で定める諸要件の下，もっぱら委員会のみで行使されることを決定することができる。

②　委員会での審査手続は，内閣，内容を付託された委員会の委員長又は会派の長の反対のあるときは，決定されることはできない。

③　内容を付託された委員会の委員長の提案に基づき，議事協議会は，修正案の審査に宛てられる会合の日及び修正案の提出のための制限期間を決定する。

④　元老院議員及び内閣は，すぐに前項で定める会合の日及び制限期間を通知される。

⑤　内閣は，修正案の署名者が委員会の構成員ではないときに修正案の署名者と同様に，会合の全てに参加することができる。この会合は公開される。

⑥　本会議での討議の準則は，第107条の反対の諸規定の場合を除き，委員会においても適用される。

⑦　会合の最後に，委員会は，テキストの全体について意見表明する。

⑧　委員会の報告書は，採択されなかった修正案のテキストを取り上げ，委員会での討議を考慮する。委員会によって採択されたテキストは，個別の公表の対象となる。

⑨　この手続の間，元老院規則第44条で定めるいかなる動議も，不受理の抗弁を除いて，提出されることはできない。

⑩　内閣，内容を付託された委員会の委員長又は会派の長は，報告書の公刊の遅くとも3日以内に，通常手続への回帰を要求することができる。この場合，議事協議会又は元老院は，委員会によって採択されたテキストの本会議での審査日及び本会議での修正案の提出期限を定める。

⑪　本会議の際，内閣，10分間の発言権を有する委員会の報告者，表決の説明のために7分間の発言権を有する会派ごとの代表者，及び3分間の発言権を有するいかなる会派の名簿にも記載されていない1名の元老院議員のみが，発言をすることができる。議長は，委員会によって採択されたテキストの全体を表決に付す。

第7章の3　国際協定又は租税協定に関するテキストの短縮審査手続

第47条の10　(略)

第8章　修正案

第48条〔修正案〕　内閣及び元老院議員は，元老院の審議に付された又は討議のない表決手続の対象となっているテキストへの修正案及び再修正案を提出する権限を有する。

② 修正案又は再修正案とは，書面で作成され，起草者の１名によって署名され，かつ，元老院理事部に提出されたものをいう。元老院議員は，個人の資格又は政党の構成員の資格で，同一の条項を対象とする複数の修正案又は再修正案に署名又は副署することはできない。修正案又は再修正案は，簡単に理由が記してなければならない。修正案又は再修正案は，議長府によって，所管する委員会に通知され，公表される。ただし，修正案又は再修正案の印刷及び配布の欠如は，公の会議での審議を妨げることはできない。

③ 修正案は，対象とするテキストに実効的に組み込まれる場合に，又は，第一読会においては，審議中のテキストに間接的であれ関連性を有している場合に，受理することができる。

④ 再修正案に関する特別な規定を除き，再修正案は，修正案と同じ受理・審議準則に従う。さらに，再修正案は，対象とする修正案の意味を否定する効果を有しない場合にしか受理されない。

⑤ 第二読会からは，条項又は予算の審議は，両議院がなお同一の文言又は額で可決していないものに限定される。

⑥ したがって，第二読会又はそれ以降の読会の間は，同一の文言若しくは額で両議院によって可決された条項又は予算を，直接又は両立しない条項によって再検討するいかなる修正案も追加条項も認められない。同様に，審議中のテキストとの直接の関係性のない修正又は追加はすべて受理することができない。

⑦ 憲法の尊重を確保し，審議中の他のテキストとの調整を行い又は実質的な誤りを訂正する場合は，上記の準則を適用しない。

⑧ 内容を付託された委員会は，本条の定める場合において，修正案及び再修正案の受理可能性について意見表明する権限を有する。

⑨ 内容を付託された委員会，すべての元老院議員又は内閣は，公の会議での審議のすべての段階において，１つ又は複数の修正案に対して，本条に基づく不受理の抗弁を提起することができる。不受理は，内容を付託された委員会によって認められたとき，法上当然に，かつ，討議なく，認められる。

⑩ 本条及び第 45 条が定めるものとは別の場合は，修正案又は再修正案の受理可能性の問題は，その審議前に，元老院の決定に付される。それぞれ２分 30 秒の発言時間を有する不受理の要求者，反対意見発言者及び委員会，並びに，内閣のみが，発言することができる。いかなる表決の弁明も認められない。

第 49 条〔修正案の審議〕 修正案は，修正の対象とするテキストの審議の後に審議され，そのテキストの表決前に表決に付される。

② 修正案は，以下の順序によって表決に付される。まず，削除の修正案，次に，提案されるテキストから最も離れている修正案から，すなわち，修正案が反対している，挿入している，又は，付け加えているかの順序によって，他の修正案を審議する。ただし，元老院が第 44 条第６項及び第８項で定める諸要件の下で優先又は留保を採択したとき，表決に付する順序はそれに応じて修正される。修正案が競合するとき，かつ，議事協議会の反対の決定又は内容を付託された委員会の提案に基づいて元老院の決定がある場合を除き，修正案は，削除の修正案及び条項の統括的作成の修正案を除いて，共通審議の対象となる。

③ （略）

④　議長は，元老院理事部に提出された修正案及び再修正案しか，本会議での審議に付さない。

⑤　元老院は，修正案が委員会審議の際に主張されていないときは，いかなる修正案も審議決定の対象としない。討議の開始後は，内閣は，事前に委員会に付されなかったすべての修正案の審査に反対することができる。

⑥　各修正案について，表決の説明の留保の下で，署名者の一人，内閣及び委員会の委員長又は報告者のみが意見聴取される。修正案の署名者は，その理由を説明するために，2分30秒の発言時間を有している。報告者は，委員会の意見を説明するために，修正案について2分30秒の発言時間を有している。表決の説明は，2分30秒を超えない期間について認められる。

⑥の2　審議開始後に起草者によって撤回された修正案は，その署名者ではない1名の元老院議員によってすぐに再び提出されることができる。その審議は，撤回された修正案の審議が到達した時点から再開される。

⑦　委員会が，一定の修正案が，採択されたら，結果として元老院によって議論されたテキスト全体を根本的に修正してしまうと判断するときは，委員会は，それらの修正案が新たな審議のために委員会に付託されることを決定することができる。その場合，その付託は法上当然に行われる。委員会は，内閣の同意なく，同じ審議の間にその結論を提示することができる。

第50条〔議事協議会による修正案提出期限の決定〕　議事協議会は，所管委員会の要求に基づいて，修正案の提出についての制限期間を定めることを決定できる。議事協議会の決定は，議事日程に記載される。この制限期間は，内容を付託された委員会の修正案，内閣の修正案及び再修正案には適用されない。内容を付託された委員会の報告書が，公の会議での審議の開始の前日に公表されていないときは，一般審議の開始は延期される。

〈文献一覧〉

[外国語文献]

Amiel (Hubert), « Les lois organiques », *RDP*, 1984, pp. 405 – 450.

Arné (Serge), *Le Président du Conseil des ministres sous la IVe République*, LGDJ, 1962.

Avril (Pierre), « Les décrets réglementaires du président de la République non délibérés en Conseil des Ministres », *AJDA*, 1976, pp. 116 – 121.

— « Droit parlementaire et droit constitutionnel sous la Ve République », *RDP*, 1984, pp. 573 – 586.

Avril (Pierre) et Gicquel (Jean), Chr., *Pouvoirs*, n° 32, 1985, pp. 165 – 191.

— Chr., *Pouvoirs*, n° 57, 1991, pp. 171 – 203.

— « Droit d'amendement : la fin des « limites inhérentes » », *LPA*, 13 juillet 2001, n° 139, pp. 5 – 7.

— « Le triomphe de « l'entonnoir » », *LPA*, 15 février 2006, n° 33, pp. 6 – 9.

— *Droit parlementaire*, 4e éd., Montchrestien, 2010.

Avril (Pierre), Gicquel (Jean) et Gicquel (Jean-Éric), *Droit parlementaire*, 5e éd., Montchrestien, 2014.

Bacot (Guillaume), « La signature des ordonnances », *RA*, n° 233, 1986, pp. 453 – 454.

Baghestani (Laurence), « À propos de la loi organique n° 2009 – 403 du avril 2009 relative à l'application des articles 34 – 1, 39 et 44 de la Constitution », *LPA*, 26 juin 2009, n° 127, pp. 6 – 9.

Barthélemy (Joseph), « La présidence du Conseil », *Revue d'histoire politique et constitutionnelle*, n° 1, 1937, pp. 86 – 151.

Baufumé (Bruno), *Le droit d'amendement et la Constitution de la Ve République*, LGDJ, 1993.

Benoit-Rohmer (Florence), note, *AJDA*, 1990, pp. 471 – 478.

Binczak (Pascal), « Le Conseil constitutionnel et le droit d'amendement : entre « errements » et malentendus », *RFDC*, n° 47, 2001, pp. 479 – 528.

Boulouis (Jean), note, *AJDA*, 1984, pp. 682 – 684.

Bouvier (Laure-Alice), « Vers la fin du secret des avis du Conseil d'État sur les projets de loi ? », *AJDA*, 2015, pp. 558 – 562.

Braibant (Guy) et Stirn (Bernard), *Le droit administratif français*, 7e éd., DALLOZ, 2005.

Brouillet (Alain), *Le droit d'amendement dans la Constitution de la Ve République*, PUF, 1973.

— « Article 39, Alinéa 1 », in François Luchaire et Gérard Conac (dir.), *La*

constitution de la république française, Economica, 1979, pp. 521 – 526.
— « Article 39, Alinéa 1 », in François Luchaire et Gérard Conac (dir.), *La constitution de la république française*, 2e éd., Economica, 1987, pp. 801 – 805.
Camby (Jean-Pierre), « Le droit d'amendement : un droit jurisprudentiel ? : À propos de la decision du Conseil consitutionnel du 19 juin 2001 », *RDP*, 2001, pp. 967 – 981.
Camby (Jean-Pierre) et Servent (Pierre), *Le travail parlementaire sous la cinquième République*, 4e éd., Montchrestien, 2004.
Car (Jean-Christophe), *Les lois organiques de l'article* 46 *de la Constitution du* 4 *octobre* 1958, Economica, 1999.
Carcassonne (Guy), « À propos du droit d'amendement : les errement du Conseil constitutionnel », *Pouvoirs*, n° 41, 1987, pp. 163 – 170.
— *La Constitution*, 9e éd., Points, 2009.
Carpentier (Élise), « Droit constitutionnel institutionnel - Procédure législative », *AIJC*, n° 20, 2004, pp. 664 – 665.
Chantebout (Bernard), *Droit constitutionnel*, 24e éd., Dalloz, 2007.
— *Droit consitutionnel*, 26e éd., Armand Colin, 2009.
Chartiel (Florence), « La loi organique relative aux articles 34 – 1, 39 et 44 de la Constitution devant le conseil constitutionnel : Revalorisation du Parlement ou protection du gouvernement ? », *LPA*, 28 mai 2009, n° 106, pp. 4 – 9.
Chapus (René), *Droit administratif général*, t.1, 15e éd., Montchrestien, 2001.
Cohendet (Marie-Anne), « Article 9 », in François Luchaire, Gérard Conac et Xaxier Prétot (dir.), *La Constitution de la République française*, 3e éd., Economica, 2008, pp. 371 – 387.
Colliard (Claude-Albert), « La pratique de la question de confiance sous la IVe République », *RDP*, 1948, pp. 220 – 237.
Colliard (Jean-Claude), « Articles 49, 50 et 51 », in François Luchaire, Gérard Conac et Xaxier Prétot (dir.), *La Constitution de la République française*, 3e éd., Economica, 2008, pp. 1224 – 1272.
Combarnous (Michel), « Article 39 alinéa 2 », in François Luchaire et Gérard Conac (dir.), *La Constitution de la république française*, 2e éd., Economica, 1987, pp. 806 – 814.
Combrade (Bertrand-Léo), « L'influence des études d'impact sur la rédaction des avis du Conseil d'État en matière de projets de loi », in Bertrand Mathieu et Michel Verpeaux (dir.), *L'examen de la constitutionnalité de la loi par le Conseil d'État*, Dalloz, 2011, pp. 107 – 118.
— « À qui profite l'étude d'impact ? Les effets de la constitutionnalisation d'une obligation d'étude d'impact des projets de loi sur les rapports entre

Gouvernement et Parlement », *LPA*, 24 janvier 2012, n° 17, pp. 6－12.
—— « Cinq ans plus tard : Première (et dernière ?) application de l'article 39, alinéa 4 de la Constitution », *LPA*, 27 août 2014, n° 171, pp. 6－11.

Comité national chargé de la publication des travaux préparatoires des institutions de la Ve République, *Documents pour servir à l'histoire de l'élaboration de la Constitution du octobre* 1958, t.3, La documentation française, 1991.

Conseil constitutionnel, *Contrôle de constitutionnalité et délimitation des compétences : table analytique des décisions de* 1959－1980, Imprimerie nationale, 1981.

Conseil d'État, *EDCE*, n° 38, 1987.
—— *EDCE*, n° 43, 1992.
—— *EDCE*, n° 49, 1998.

Debbasch (Chales), Bourdon (Jacques), Pontie (Jean-Marie) et Ricci (Jean-Claude), *Droit constitutionnel et institutions politiques*, 4e éd., Economica, 2001.

de Gaulle (Charles), *Memoire de Guerre*, t.3, Plon, 1959.

Delvolé (Philippe), note, *D.*, 1980, *IR*, pp. 123－124.

de Saint Marc (Renaud Denoix), « Le fonctionnement du Conseil des ministres et du gouvernement », in Pierre Avril et Michel Verpeaux (dir.), *Les regles et principes non ecrits en droit public*, Panthéon-Assas, 2000, pp. 221－234.

Di Manno (Thierry), *Le Conseil constitutionnel et les moyens et conclusions soulevés d'office*, Economica-PUAM, 1994.

Domingo (Laurent), *Les actes internes du Parlement : Étude sur l'autonomie parlementaire* (*France, Espagne, Italie*), LGDJ, 2008.
—— « La révision et le droit d'amendement », *LPA*, 19 décembre 2008, n° 254, pp. 74－76.

Dorinet (Bénédicte), *Le Conseil des Ministres en France*, ANRT, 2005.

Drago (Guillaume), *L'exécution des décisions du Conseil constitutionnel*, Economica, 1991.
—— « Fonction consulative du Conseil d'État et fonction de Gouvernement : de la consultation à la codécision », *AJDA* 2003, pp. 948－953.
—— « Fonctions du Conseil constitutionnel et du Conseil d'État dans la confection de la loi », in Roland Drago (dir.), *La confection de la loi*, PUF, 2005, pp. 63－77.
—— « La confection de la loi sous la Ve République : Pouvoir législatif ou fonction partagée ? », *Droits*, n° 43, 2006, pp. 61－71.
—— *Contentieux constitutionnel français*, 3e éd., PUF, 2011.

Duguit (Léon), *Traité de droit constitutionnel*, t.4, 2e éd.,Ancienne librairie fontemoing & Cie, 1924.

Duguit (Léon), Monnier (Henrry) et Bonnard (Roger), *Les Consitututions et les principales lois politiques de la France depuis* 1789, 7e éd. par Georges Berlia, LGDJ, 1952.

Duverger (Maurice), *Le système politique français*, PUF, 1996.

Esmein (Adhémar), *Élements de droit constitutionnel français et comparé*, Sirey, 1914, Éditions Panthéon-Assas, préface de Dominique Chagnollaud, 2001.

Favoreau (Louis), « Le droit constitutionnel jurisprudentiel (mars 1983 - mars 1986) », *RDP*, 1986, pp. 395－495.

Favoreu (Louis), Gaïa (Patrick), Ghevontian (Richard), Mestre (Jean-Louis), Pfersmann (Otto), Roux (André) et Scoffoni (Guy), *Droit constitutionnel*, 12e éd., Dalloz, 2009.

Fonbaustier (Laurent), « Le rôle preventif du Conseil d'État : Les origines de l'article 39 alinéa 2 de la constitution de 1958 », in Dominique Chagnollaud (dir.), *Aux origines du contrôle de constitutionnalité XVIIIe-XXe siècle*, Panthéon-Assas, 2003, pp. 143－155.

Formery (Simon-Louis), *La Constitution commentée : Article par article*, 12e éd., HACHETTE, 2008.

Fournier (Jacques), *Le travail gouvernemental*, Presses de la Fondation nationale des sciences politiques et Dalloz, 1987.

Gaudemet (Yves), « Le Conseil constitutionnel et Le Conseil d'État dans le processus législatif », in Robert Badinter et Marceau Long (dir.), *Conseil constitutionnel et Conseil d'État : colloque des* 21 *et* 22 *janvier* 1988 *au Sénat, Salle Medicis, Palais du Luxembourg*, LGDJ-Montchrestien, 1988, pp. 87－107.

— « La Constitution et la fonction législative du Conseil d'État », in *Jean Foyer, auteur et législateur : leges tulit, jura docuit : écrits en hommages à Jean Foyer*, Paris, PUF, 1997, pp. 61－70.

— « La VIe République ? Quel Conseil d'État ? », *RDP*, 2002, pp. 376－382.

Gaudemet (Yves), Stirn (Bernard), Farra (Thierry Dal) et Rolin (Frédéric), *Les grands avis du Conseil d'État*, 2e éd., Dalloz, 2002.

Gicquel (Jean), « Sauvegarder l'article 49, alinéa 3 ! », *LPA*, 19 decembre 2008, n° 254, pp. 90－92.

Gicquel (Jean) et Hauriou (Andre), *Droit constitutionnel et institutions politiques*, 8e éd., Montchrestien, 1985.

Gicquel (Jean) et Gicquel (Jean-Éric), *Droit constitutionnel et institutions politiques*, 23e éd., Montchrestien, 2009.

Gicquel (Jean-Éric), « La nouvelle rédaction de l'article 45 de la Constitution », *LPA*, 19 décembre 2008, n° 254, pp. 77－80.

Goguel (François), « Les Méthodes du Travail Parlementaire », *RFSP*, octobre-décembre, 1954, pp. 674 – 708.

—— « À propos du Conseil constitutionnel », *Projet*, mars-avril 1987, pp. 85 – 97.

Gohin (Olivier), « Le Conseil d'État et le contrôle de constitutionnalité de la loi », in Dominique Chagnollaud (dir.), *Aux origines du contrôle de constitutionnalité XVIIIe-XXe siècle*, Panthéon-Assas, 2003, pp. 157 – 175.

Gourdou (Jean), « L'avis du Conseil d'État sur une question de droit », in *Mélanges Franck Moderne*, Dalloz, 2005, pp. 189 – 217.

Guettier (Christophe), *Le Conseil Constitutionnel et le droit parlementaire sous la Ve République*, Thèse Paris I, 1986, 2 tomes.

Granger (Marc-Antoine), « La rénovation du droit d'amendement », *RFDC*, n° 75, 2008, pp. 585 – 599.

Hamon (Léo), note, *D.*, 1985, *IR*, pp. 360 – 361.

Hauriou (Maurice), note. *S.*, 1927. III. p. 33.

—— *Précis de droit constitutionnel*, Sirey, 1929.

Hutier (Sophie), « Première décision FNR relative à une étude d'impact : déception ou espérance ? », *RFDC*, n° 101, 2015, pp. 194 – 201.

Jan (Pascal), *Les assemblées parlementaires françaises*, nouvelle éd., La documentation française, 2010.

Kelsen (Hans), « La garantie juridictionnelle de la Constitution (La justice constitutionnelle) », *RDP*, 1928, pp. 197 – 257.

Laferrière (Julien), *Manuel de droit constitutionnel*, 2e éd., Montchrestien, 1947.

Lascombe (Michel), « Le Premier ministre, cles de voute des institutions ? L'article 49 alinéa 3 et les autres... », *RDP*, 1981, pp. 105 – 161.

—— « Les décrets délibérés en Conseil des ministres et le rapport Vedel », *LPA*, 26 avril 1993, n° 50, pp. 7 – 10.

—— *Le droit constitutionnel de la Ve République*, 8e éd., L'Harmattan, 2002.

Latournerie (Dominique), *Le Conseil d'État : « au nom du peuple française... »*, Dalloz, 2005.

Lavroff (Dmitri Georges), *Le droit constitutionnel de la Ve République*, 3e éd., Dalloz, 1999.

Le Pourhiet (Anne-Marie), « Le conflit constitutionnel français sur la signature des ordonnances », in Jacky Hummel (dir.), *Les conflits constitutionnels : Le droit constitutionnel à l'épreuve de l'histoire et du politique*, PUR, 2010, pp. 135 – 146.

Lebreton (J.-P.), « Les particularités de la juridiction constitutionnelle », *RDP*, 1983, pp. 419 – 485.

Leroyer (Séverine), *L'apport du Conseil d'État au droit constitutionnel de la Ve République*, Dalloz, 2011.

Letourneur (Maxime), Bauchet (Jacqueline) et Méric (Jean), *Le Conseil d'État et les tribunaux administratifs*, Armand Colin, 1970.

Long (Marceau), « Le Conseil d'État et la fonction consulative : de la consultation à la décision », *RFDA*, 1992, pp. 787 – 794.

Luchaire (François), « L'abrogation de la loi Falloux devant le juge constitutionnel », *RDP*, 1994, pp. 609 – 626.

— *Le Conseil constitutionnel*, t.1, 2e éd., Economica, 1997.

— *Le Conseil constitutionnel*, t.3, 2e éd., Economica, 1999.

Massot (Jean), *La Présidence de la République en France*, La documentation française, 1977.

— Le *Chef du Gouverenement en France*, La documentation française, 1979.

— *La Présidence de la République en France : Vingt ans d'élection au suffrage universal* 1965 – 1985, La documentation française, 1986.

— *Chef de l'Etat et chef du Gouvernement : Dyarchie et hierarchie*, La documentation française, 1993.

Mathieu (Bertrand) et Verpeaux (Michel), Chr., *LPA*, 13 mars 1996, n° 32, pp. 7 – 10.

— « Corse : le Président de la République avait le droit de ne pas inscrire le projet à l'ordre du jour du Conseil des ministres », *D.*, n° 14, 2001, p. 1107.

Maus (Didier), *Texte et documents sur la pratique institutionnelle de la Ve République*, 2e éd., La Documentation française, 1982.

Montouh (Hugues), « Décision prévisible », *AJDA*, 2003, p. 753.

Odent (Raymond), *Contentieux administratif*, t.1, 3e éd., Cours de droit, 1976.

Oliva (Éric), « La constitutionnalisation du droit d'amendement », in Bertrand Mathieu et Michel Verpeaux (dir.), *La constitutionnalisation des branches du droit*, Economica, 1998, pp. 87 – 104.

Pierre (Eugène), *Traite de droit politique*, 3e éd., Imprimerie Motteroz et Martinet, 1908.

Philip (Loïc), « La jurisprudence finencière. Les saisines du printemps 1978 », *RDP*, 1979, pp. 465 – 506.

Pariente (Alain), « Le Conseil constitutionnel et la théorie de la séparation des pouvoirs », in Alain Pariente (dir.), *La séparation des pouvoirs : Théorie contestée et pratique renouvelée*, Dalloz, 2007, pp. 65 – 76.

Parodi (Alexandre) (dir.), *Le Conseil d'État : Son histoire à travers les documents d'époque*, 1799 – 1974, CNRS, 1974.

Plantey (Alain), « Le rôle du Conseil d'État dans la confection de la loi », in Roland Drago (dir.), *La confection de la loi*, PUF, 2005, pp. 55 – 58.

Plouvin (Joël-Yves), « Le Conseil des ministres, institution seconde », *RA*, n° 179,

1980, pp. 485 – 492.

Quermonne (Jean-Louis), « Les décisions du Conseil constitutionnel, les arrêt et avis du Conseil d'État: enjeu politique », in Robert Badinter et Marceau Long (dir.), *Conseil constitutionnel et Conseil d'État : colloque des* 21 *et* 22 *janvier* 1988 *au Sénat, Salle Medicis, Palais du Luxembourg*, LGDJ-Montchrestien, 1988, pp. 397 – 419.

Renoux (Thierry S.), Chr., *RFDC*, n° 18, 1994, pp. 353 – 364.

Renoux, (Thierry S.) et de Villiers (Michel), *Code constitutionnel*, 2e éd., Litec, 2000.

— *Code constitutionnel*, 3e éd., Litec, 2004.

Rivero (Jean) et Waline (Jean), *Droit adminisitratif*, 20e éd., Dalloz, 2004.

Robert (Jacques), « De la cohabitation », *D.*, n° 24, 1986, pp. 179 – 186.

Roux (Michel), « La fonction consultative du Conseil d'État », *RA*, 1999, n° spécial, pp. 16–22.

Rohmer-Benoit (Florence), note, *D.*, 1986, pp. 97 – 101.

Rousseau (Dominique), *Droit du contentieux constitutionnel*, 10e éd., Montchrestien, 2013.

Sauvé (Jean-Marc), « Le Conseil des ministres », in Patrice Gélard (dir.), *Mélanges en l'honneur de Jean Gicquel : Constitutions et pouvoirs, Montchrestien*, 2008, pp. 497 – 536.

Shoettl (Jean-Éric), note, *LPA*, 2 juillet 2001, n° 130, p. 12.

— Chr., *LPA*, 31 août 2004, n° 174, pp. 3 – 14.

— « L'examen des proposition de loi par le Conseil d'État », in Bertrand Mathieu et Michel Verpeaux (dir.), *L'examen de la constitutionnalité de la loi par le Conseil d'État*, Dalloz, 2011, pp. 89 – 105.

Simonian-Gineste (Hélène), « Nouveau regard sur l'avis consulative », *RDP*, 1999, pp. 1121 – 1158.

Sirinelli (Jean), « La justiciabilité des études d'impact des projets de loi », *RDP*, 2010, pp. 1365 – 1397.

Sommacco (Valérie), *Le droit d'amendement et le juge constitutionnel en France et en Italie*, LGDJ, 2002.

Tallineau (Lucie), « Une annexe budgétaire en quête d'identité », *RDP*, 1987, pp.1029 – 1072.

Terneyre (Philippe), « La procédure législative ordinaire dans la jurisprudence du Conseil constitutionnel », *RDP*, 1985, pp. 691 – 749.

Trémeau (Jérôme), Chr., *RFDC*, n° 25, 1996, pp. 131 – 141.

Tricot (Bernard), « Article 9 », in François Luchaire et Gérard Conac (dir.), *La Constitution de la république française*, 2e éd., Economica, 1987, pp. 387 – 396.

Troper (Michel), « La signature des ordonnances. Fonction d'une controverse », *Pouvoirs*, n° 41, 1987, pp. 75 – 91.
Turpin (Dominique), *Contentieux constitutionnel*, PUF, 1986.
Vedel (Georges), « Excès de pouvoir legislatif et excès de pouvoir administratif », *CCC*, n° 2, 1997, pp. 77 – 91.
Verdeaux (Jacques), *Le Président du Conseil des ministres en France*, Thèse Imprimerie Bière, 1940.
Verpeaux (Michel), Chr., *LPA*, 13 décembre 2005, n° 247, pp. 8 – 15.
Viel (Marie-Thérèse), « Le refus d'ériger le Conseil d'État en coauteur des projets de loi », *AJDA*, 2003, pp. 1625 – 1628.
Vimbert (Christophe), *La jurisprudence française et la « Tradition Républicaine »*, L'Hamattan, 2015.

[日本語文献]

赤坂正浩「立法の概念」公法研究 67 号（2005 年）148 – 159 頁
浅野一郎＝河野久（編）『新・国会事典〔第 2 版〕』（有斐閣，2008 年）
芦部信喜〔高橋和之補訂〕『憲法〔第 5 版〕』（岩波書店，2011 年）
新正幸『憲法と立法過程』（創文社，1988 年）
有倉遼吉「司法権と立法権」憲法判例百選〔第 3 版〕（1974 年）224 – 225 頁
――― 「内閣の運営――多数決と全会一致――」清水睦（編）『議会制民主主義（文献選集日本国憲法第 10 巻）』（三省堂，1977 年）234 – 246 頁
池田晴奈「合憲性の優先問題――憲法 61 条の 1 の適用に関する 2009 年 12 月 10 日の組織法律第 1523 号」日仏法学 26 号（2011 年）132 – 136 頁
井上武史「憲法院とコンセイユ・デタ――フランスの 2 つの憲法解釈機関」法律時報 86 巻 8 号（2014 年）31 – 35 頁
上杉慎吉『帝國憲法逐條講義』（日本評論社，1935 年）
上田健介『首相権限と憲法』（成文堂，2013 年）
鵜飼信成「裁判権と国会の自主性」法律時報 26 巻 8 号（1953 年）23 頁
江藤英樹「フランス憲法院による審署後の法律に対する事後審査の明確化と展望」法律論叢 79 巻 1 号（2006 年）85 – 116 頁
――― 「フランスにおける違憲審査制と法律の条約への適合性審査の可能性」法律論叢 79 号 2・3 号（2007 年）67 – 88 頁
――― 「フランス憲法院における審署後の法律に対する事後審査の現状と課題」法律論叢 79 号 4・5 号（2007 年）109 – 132 頁
蛯原健介「法律による憲法の具体化と合憲性審査（1）～（4・完）」立命館法学 252 号（1997 年）294 – 325 頁，253 号（1997 年）533 – 569 頁，254 号（1997 年）751 – 787 頁，255 号（1998 年）1083 – 1124 頁

――― 「憲法院判例における合憲解釈と政治部門の対応（1）（2・完）」立命館法学259号（1998年）142－189頁，260号（1998年）585－628頁
大石眞「公布再考」国学院法学17巻3号（1979年）1－43頁
――― 「形式的公布法制の展開――フランス公布法制の沿革と意義」法律時報55巻1号（1983年）174－177頁
――― 『議院自律権の構造』（成文堂，1988年）
――― 「議院自律権」芦部信喜（編）『憲法の基本問題』（有斐閣，1988年）94－101頁
――― 「憲法判例の動き」平成7年度重要判例解説（1996年）2－5頁
――― 『議会法』（有斐閣，2001年）
――― 「内閣法制局の国政秩序形成機能」公共政策研究6号（2006年）7－16頁
――― 『憲法秩序への展望』（有斐閣，2008年）
――― 「立法府の機能をめぐる課題と方策」初宿正典＝米沢広一＝松井茂記＝市川正人＝土井真一（編）『国民主権と法の支配　佐藤幸治先生古稀記念論文集〔上巻〕』（成文堂，2008年）307－328頁
――― 『憲法講義Ⅰ〔第3版〕』（有斐閣，2014年）
大林文敏「統治行為」憲法判例百選Ⅱ〔第5版〕（2007年）437頁
大山礼子『国会学入門〔第2版〕』（三省堂，2003年）
――― 「議事手続再考――『ねじれ国会』における審議の実質化をめざして――」駒澤法学27巻3号（2008年）23－54頁
岡村美保子＝古賀豪「フランスの法令制定手続――法令案作成から公布まで――」外国の立法210号（2001年）49－107頁
奥村公輔「ベルギー憲法裁判所」「ベルギーにおけるコンセイユ・デタ立法部による事前統制と憲法裁判所による事後統制」曽我部真裕＝田近肇（編）『憲法裁判所の比較研究』（信山社，2016年）77－110頁，193－215頁
勝山教子「議院規則に対する裁判的統制――フランス憲法院判例を素材として――」同志社法学54巻3号（2002年）183－208頁
金子仁洋「内閣法制局の未解決問題」都市問題96巻5号（2005年）4－8頁
金子宏「統治行為」『日本国憲法体系第6巻』（有斐閣，1965年）1－29頁
木下和朗「議院自律権と司法審査――国民投票法案不受理違憲訴訟」平成8年度重要判例解説（1997年）23－24頁
清宮四郎『憲法Ⅰ〔第3版〕』（有斐閣，1979年）
黒田覚「議院規則・先例の問題点」ジュリスト170号（1959年）27－30頁
小嶋和司「議会の行為と司法審査」行政判例百選〔新版〕（1970年）213－214頁
――― 『憲法学講話』（有斐閣，1982年）
――― 『憲法概説』（信山社，2004年）
小谷宏三「内閣法逐条解説（下）」警察学論集37巻6号（1984年）137－152頁

齊藤芳浩「裁判による条約の審査について（2）──統治行為論の射程──」西南学院大学法学論集 40 巻 2 号（2007 年）65－98 頁
榊正剛「法律案の提出」大森政輔＝鎌田薫（編）『立法学講義〔補遺〕』（商事法務，2011 年）173－180 頁
佐々木惣一『改訂日本国憲法論』（有斐閣，1954 年）
佐々木雅寿「司法権と立法権（警察法改正無効事件）」佐藤幸治＝土井真一（編）『判例講義憲法 II』（悠々社，2010 年）263－265 頁
佐藤功『憲法〔新版〕下』（有斐閣，1984 年）
────『行政組織法〔新版・増補〕』（有斐閣，1985 年）
佐藤岩夫「違憲審査制と内閣法制局」社会科学研究 56 巻 5・6 合併号（2005 年）81－108 頁
佐藤幸治『憲法訴訟と司法権』（日本評論社，1984 年）
────『憲法〔第 3 版〕』（青林書院，1995 年）
────『日本国憲法論』（成文堂，2011 年）
佐藤達夫「閣議の決定の方法と効力」法学教室〔第 1 期〕1 号（1961 年）15－18 頁
宍戸常寿「行政判例研究・衆議院事務局による議員提出法律案の不受理」自治研究 75 巻 2 号 90－106 頁
────「統治行為論について」浦田一郎＝加藤一彦＝阪口正二郎＝只野雅人＝松田浩（編）『立憲平和主義と憲法理論　山内敏弘先生古稀記念論文集』（法律文化社，2010 年）237－253 頁
クリストフ・シャブロ，阿部知洋（訳）「フランスにおける裁判官の専門化」日仏公法セミナー編『公共空間における裁判権──フランスのまなざし──』（有信堂高文社，2007 年）165－196 頁
衆議院＝参議院『議会制度百年史　国会議案件名録』（大蔵省印刷局，1990 年）
白井誠『国会法』（信山社，2013 年）
杉原泰雄「政府と立法──政府による法律案に焦点を合せて」浦田一郎＝只野雅人（編）『議会の役割と憲法原理』（信山社，2008 年）179－193 頁
曽我部真裕「2008 年 7 月の憲法改正」日仏法学 25 号（2009 年）181－198 頁
高橋和之『立憲主義と日本国憲法〔第 3 版〕』（有斐閣，2013 年）
田中二郎「司法権と立法権」憲法判例百選〔初版〕（1963 年）194－196 頁
辻村みよ子「憲法の『法律学化』と憲法院の課題──政治と法・人権をめぐるフランスの理論展開」ジュリスト 1089 号（1996 年）70－75 頁
徳永貴志「フランス第五共和政における修正権と政党システム」一橋法学 7 巻 2 号（2008 年）327－407 頁
────「フランス憲法改正における修正案提出権の現代化」工学院大学共通過程研究論叢 46－2 号（2009 年）63－75 頁
戸波江二『憲法〔新版〕』（ぎょうせい，1998 年）

戸松秀典『憲法訴訟〔第2版〕』（有斐閣，2008年）
内閣制度百年史編集委員会『内閣制度百年史下巻』（大蔵省印刷局，1985年）
内閣法制局百年史編集委員会『内閣法制局百年史』（大蔵省印刷局，1985年）
中島誠『立法学〔新版〕』（法律文化社，2007年）
西川伸一「内閣法制局による法案審査過程――『政策形成過程の機能不全』の一断面として」政経論叢72巻6号（2004年）259－309頁
野坂泰司『憲法基本判例を読み直す』（有斐閣，2011年）
野中俊彦「内閣の法律案提出権」小嶋和司（編）『憲法の争点〔新版〕』（有斐閣，1985年）158－159頁
野中俊彦＝中村睦男＝高橋和之＝高見勝利『憲法II〔第5版〕』（有斐閣，2012年）
橋本公亘『日本国憲法〔改訂版〕』（有斐閣，1988年）
原龍之助「議院の自律性」清宮四郎＝佐藤功（編）『憲法講座第3巻』（有斐閣，1964年）102－103頁
畑尻剛「議事手続に対する司法審査――ドイツ連邦憲法裁判所『移住法』判決を契機として」法学新報112号（2006年）495頁
原田一明「議会先例としての『機関承認』の意味」曽我部真裕＝赤坂幸一（編）『憲法改革の理念と展開　大石眞先生還暦記念〔上巻〕』（信山社，2012年）699－724頁
樋口陽一『現代民主主義の憲法思想』（創文社，1977年）
――――『憲法〔第3版〕』（創文社，2007年）
樋口陽一＝佐藤幸治＝中村睦男＝浦部法穂『憲法III（第41条～第75条）』（青林書院，1998年）
平岡秀夫「政府における内閣法制局の役割」中村睦男＝前田英昭（編）『立法過程の研究』（信山社，1997年）282－303頁
福岡英明『現代フランス議会制の研究』（信山社，2001年）
藤田宙靖『行政組織法』（有斐閣，2005年）
藤田晴子「議院の自律権」『日本国憲法体系第5巻』（有斐閣，1964年）447－448頁
間柴泰治「政治部門の憲法解釈行為の検討」岡田信弘＝笹田栄司＝長谷部恭男（編）『憲法の基底と憲法論　高見勝利先生古稀記念』（信山社，2015年）1135－1154頁
松井茂記「『行政権』と内閣総理大臣の権限および地位――政治プロセスのあり方を考え直す――」多胡圭一（編）『21世紀の法と政治　大阪大学法学部50周年記念論文集』（有斐閣，2002年）1－60頁
ベルトラン・マチュー，植野妙実子＝兼頭ゆみ子（訳）『フランスの事後的違憲審査制』（日本評論社，2015年）
水島朝穂＝石川健治＝蟻川恒正＝長谷部恭男「憲法学の可能性を探る」法律時報69巻6号（1997年）7－63頁

美濃部達吉『逐條憲法精義全』（有斐閣，1927 年）
宮沢俊義『憲法〔初版〕』（有斐閣，1949 年）
――― 『日本国憲法』（日本評論新社，1955 年）
宮沢俊義〔芦部信喜補訂〕『全訂日本国憲法』（日本評論社，1978 年）
宮地基「ドイツ連邦憲法裁判所による議事手続に対する違憲審査」明治学院論叢 705 号（2003 年）159 頁
村西良太「憲法学からみた行政組織法の位置づけ――協働執政理論の一断面――」法政研究 75 巻 2 号（2008 年）335－412 頁
――― 『執政機関としての議会――権力分立論の日独比較研究』（有斐閣，2011 年）
毛利透「立法手続と司法審査」憲法判例百選 II〔第 5 版〕412－413 頁
――― 「統治機構を支える自律と統治機構の自律性」憲法問題 24（2013 年）7－19 頁
――― 『統治構造の憲法論』（岩波書店，2014 年）
森英樹（編）『集団的自衛権行使容認とその先にあるもの』（日本評論社，2015 年）
森田寛二『行政機関と内閣府』（良書普及会，2000 年）
安西文雄＝巻美矢紀＝宍戸常寿『憲法学読本』（有斐閣，2011 年）
山岸敬子『行政権の法解釈と司法統制』（勁草書房，1994 年）
山下健次「大陸法に於ける行政裁判権の独立」立命館法学 25 号（1958 年）43－83 頁
山元一「フランスにおける憲法裁判と民主主義」山下健次＝中村義孝＝北村和生（編）『フランスの人権保障――制度と理論――』（法律文化社，2001 年）69－87 頁
――― 『現代フランス憲法理論』（信山社，2014 年）
山本庸幸「内閣法制局の審査」大森政輔＝鎌田薫（編）『立法学講義〔補遺〕』（商事法務，2011 年）87－101 頁
横尾日出雄「フランスにおける事後的違憲審査制の導入と『合憲性の優先問題』――憲法第 61－1 条ならびに 2009 年 12 月 10 日組織法律に基づく憲法院の違憲審査について」Chukyo lawyer14 号（2013 年）43－72 頁
渡邊賢「政治問題の法理」大石眞＝石川健治（編）『憲法の争点』（有斐閣，2009 年）254－255 頁

〈事項・人名索引〉

あ 行

か 行

さ　行

た　行

な　行

は　行

ま 行

や 行

ら 行

〈判例索引〉

[フランス]

・コンセイユ・デタ判決

C.E., 22 janvier 1926, *Lacoste, Rec.*, p. 74. ……… *62*
C.E., 24 décembre 1926, *Brassaud, Rec.*, p. 1152. ……… *62*
C.E., 13 mai 1949, *Bourgoin, Rec.*, p. 214. ……… *65*
C.E., 23 janvier 1953, *Courajoux, Rec.*, p. 31. ……… *66*
C.E., 12 novembre 1954, *Sieur Jammes, Rec.*, p. 585. ……… *79*
C.E., 25 janvier 1957, *Keinde Serigne, Rec.*, p. 63. ……… *66*
C.E., 2 mai 1958, *Syndicats autonomes des greffiers de l'Etat et secrétaires de parquet, Rec.*, p. 252. ……… *79*
C.E., 10 avril 1959, *Fourre Cormeray, D.*, 1959, p. 210. ……… *103*
C.E., 3 novembre 1961, *Damiani, Rec.*, p. 607. ……… *51, 100*
C.E., 23 mars 1962, *Mast, Rec.*, p. 203. ……… *68*
C.E., 27 avril 1962, *Sicard et autres, Rec.*, p. 280. ……… *102*
C.E., 12 novembre 1965, *Compagnie Marchande de Tunisie, AJDA*, 1966, p. 967. ……… *93*
C.E., 23 mai 1969, *Soc. Distillerie Brabant, Rec.*, p. 264. ……… *68*
C.E., 28 mai 1971, *Association des directeurs d'instituts et de centres universitaires d'études économiques régionales, Rec.*, p. 390. ……… *66*
C.E., 26 avril 1974, *Villatte, Rec.*, p. 253. ……… *66*
C.E., 16 octobre 1974, *Syndicat national de l'éducation physique de l'enseignement public, Rec.*, p. 487. ……… *79*
C.E., 21 janvier 1977, *Peron Magnan et autres, Rec.*, p. 30. ……… *94*
C.E., 25 novembre 1977, *Compagnie des architectes en chef des batiments civils et palais nationaux, Rec.*, p. 463. ……… *107*
C.E. Ass., 9 juin 1978, *SCI du 61－67 Boulevard Arago, Rec.*, p. 237. ……… *66*
C.E., 16 novembre 1979, *Syndicat national de l'éducation physique et de l'enseignement public, D.*, 1980, *IR*, p. 123. ……… *66*
C.E., Ass., 31 octobre 1980, *Fédération nationale des unions de juenes avocat et autres, Rec.*, p. 395. ……… *93*
C.E., 11 octobre 1985, *Syndicat de la recherche agronomique CFDT et autre, Rec.*, p. 278. ……… *79*
C.E., 25 février 1987, *Commune d'Amneville, Rec.*, p. 526. ……… *108*
C.E., 21 juillet 1989, *Association des medecins pour le respect de la vie, Rec.*, p. 163. ……… *66*
C.E. Ass., 10 septembre 1992, *Meyet, Rec.*, p. 643. ……… *103*
C.E., 27 novembre 1992, *Fédération Interco CFDT et autres, Rec.*, p. 426. ……… *79*

C.E. Ass., 2 juillet 1993, *Louvrier, Rec.*, p. 207. .... *66*
C.E., 4 juillet 1997, *Région Rhône-Alpes, RFDA*, 1997, p. 1092. .... *80*
C.E. Ass., 3 juillet 1998, *Syndicat national de l'enseignement CFDT, Rec.*, p. 272. .... *54*
C.E. Ass., 23 octobre 1998, *Union des fédérations CFDT des fonctions publiques et assimilées, Rec.*, p. 360. .... *80*
C.E., 15 mai 2000, *Territoire de Nouvelle-Calédonie c/ Mme Colombani, Rec.*, p. 170. .... *80*
C.E., 15 avril 2005, *Hoffer*, n° 278920, *Rec.*, p. 894. .... *38*

・憲法院判決

C.C., Décision n° 60-11 DC du 20 janvier 1961, *Loi relative aux assurances maladie, invalidité et maternité des exploitants agricoles et des membres non salariés de leur famille, Rec.*, p. 29. .... *14, 21*
C.C., Décision n° 71-44 DC du 16 juillet 1971, *Loi complétant les dispositions des articles 5 et 7 de la loi du 1er juillet 1901 relative au contrat d'association, Rec.*, p. 29. .... *6, 12, 14*
C.C., Décision n° 72-73 L du 29 février 1972, *Nature juridique de certaines dispositions des articles 5 et 16 de l'ordonnance, modifiée, du 17 août 1967 relative à la participation des salariés aux fruits de l'expansion des entreprises, Rec.*, p. 31. .... *51*
C.C., Décision n° 73-76 L du 20 février 1973, *Nature juridique de diverses dispositions relatives à l'urbanisme, Rec.*, p. 29. .... *54, 100*
C.C., Décision n° 73-49 DC du 17 mai 1973, *Résolution tendant à modifier certains articles du règlement du sénat, Rec.*, p. 15. .... *141*
C.C., Décision n° 75-57 DC du 23 juillet 1975, *Loi supprimant la patente et instituant une taxe professionnelle, Rec.*, p. 24. .... *13, 21, 26*
C.C., Décision n° 76-73 DC du 28 décembre 1976, *Loi de finances pour 1977 et, notamment ses articles 16, 27, 28, 29, 37, 87, 61 par. VI, Rec.*, p. 325. .... *21*
C.C., Décision n° 77-82 DC du 20 juillet 1977, *Loi tendant à compléter les dispositions du code des communes relatives à la coopération intercommunale et notamment de ses articles 2, 4, 6 et 7, Rec.*, p. 37. .... *25*
C.C., Décision n° 77-91 DC du 18 janvier 1978, *Loi complémentaire à la loi du 2 août 1960 et relative aux rapports entre l'Etat et l'enseignement agricole privé, Rec.*, p. 19. .... *21*
C.C., Décision n° 78-97 DC du 27 juillet 1978, *Loi portant réforme de la procédure pénale sur la police judiciaire et le jury d'assises, Rec.*, p. 31. .... *17, 144, 146, 226*
C.C., Décision n° 78-100 DC du 29 décembre 1978, *Dernière loi de finances rectificative pour 1978 (prise de participation de l'Etat dans la société A.M.D. - BA ; adaptation de la législation sur la T.V.A. à la sixième directive du Conseil des Communautés européennes), Rec.*, p. 38. .... *166*

C.C., Décision n° 79-10 FNR du 26 avril 1979, *Amendements au projet de loi relatif aux économies d'énergie*, *Rec.*, p. 55. ······ *37*

C.C., Décision n° 79-110 DC du 24 décembre 1979, *Loi de finances pour 1980*, *Rec.*, p. 36. ······ *16,226*

C.C., Décision n° 80-117 DC du 22 juillet 1980, *Loi sur la protection et le contrôle des matières nucléaires*, *Rec.*, p. 42. ······ *18, 132, 148*

C.C., Décision n° 80-122 DC du 22 juillet 1980, *Loi rendant applicable le code de procédure pénale et certaines dispositions législatives dans les territoires d'outre-mer*, *Rec.*, p. 49. ······ *22, 226*

C.C., Décision n° 80-126 DC du 30 décembre 1980, *Loi de finances pour 1981*, *Rec.*, p. 53. ······ *25, 26*

C.C., Décision n° 80-127 DC du 20 janvier 1981, *Loi renforçant la sécurité et protégeant la liberté des personnes*, *Rec.*, p. 15. ······ *18*

C.C., Décision n° 81-129 DC du 31 octobre 1981, *Loi portant dérogation au monopole d'État de la radiodiffusion*, *Rec.*, p. 35. ······ *225*

C.C., Décision n° 81-136 DC du 31 décembre 1981, *Troisième loi de finances rectificative pour 1981*, *Rec.*, p. 48. ······ *18, 148*

C.C., Décision n° 82-142 DC du 27 juillet 1982, *Loi portant réforme de la planification*, *Rec.*, p. 52. ······ *15*

C.C., Décision n° 82-155 DC du 30 décembre 1982, *Loi de finances rectificative pour 1982*, *Rec.*, p. 88. ······ *18*

C.C., Décision n° 84-172 DC du 26 juillet 1984, *Loi relative au contrôle des structures des exploitations agricoles et au statut du fermage*, *Rec.*, p. 58. ······ *18*

C.C., Décision n° 84-179 DC du 12 septembre 1984, *Loi relative à la limite d'âge dans la fonction publique et le secteur public*, *Rec.*, p. 73. ······ *8, 22, 88, 225*

C.C., Décision n° 84-181 DC du 11 octobre 1984, *Loi visant à limiter la concentration et à assurer la transparence financière et le pluralisme des entreprises de presse*, *Rec.*, p. 78. ······ *18*

C.C., Décision n° 85-191 DC du 10 juillet 1985, *Loi portant diverses dispositions d'ordre économique et financier* *Rec.*, p. 46. ······ *149*

C.C., Décision n° 85-198 DC du 13 décembre 1985, *Loi modifiant la loi n° 82-652 du 29 juillet 1982 et portant diverses dispositions relatives à la communication audiovisuell*, *Rec.*, p. 78. ······ *149*

C.C., Décision n° 85-199 DC du 28 décembre 1985, *Loi portant amélioration de la concurrence*, *Rec.*, p. 83. ······ *149*

C.C., Décision n° 86-206 DC du 3 juin 1986, *Résolution modifiant divers articles du Règlement du Sénat*, *Rec.*, p. 43. ······ *142*

C.C., Décision n° 86-207 DC du 26 juin 1986, *Loi autorisant le Gouvernement à*

prendre diverses mesures d'ordre économique et social, Rec., p. 61.……………… *22, 226*
C.C., Décision n° 86－221 DC du 29 décembre 1986, *Loi de finances pour 1987, Rec.*, p. 179.…………………………………………………………………………………… *24, 150*
C.C., Décision n° 86－224 DC du 23 janvier 1987, *Loi transférant à la juridiction judiciaire le contentieux des décisions du Conseil de la concurrence, Rec.*, p. 8.……… *21*
C.C., Décision n° 86－225 DC du 23 janvier 1987, *Loi pourtant diverses mesures d'ordre social, Rec.*, p. 13.………………………………………………………… *24, 151, 225*
C.C., Décision n° 88－251 DC du 12 janvier 1989, *Loi portant diverses dispositions relatives aux collectivités territoriales, Rec.*, p. 10.……………………………………… *153*
C.C., Décision n° 89－264 DC du 9 janvier 1990, *Loi de programmation relative à l'équipement militaire pour les années 1990－1993, Rec.*, p. 9.……………………… *122*
C.C., Décision n° 89－268 DC du 29 décembre 1989, *Loi de finances pour 1990, Rec.*, p. 110.……………………………………………………………………………… *20, 93, 122*
C.C., Décision n° 89－269 DC du 22 janvier 1990, *Loi portant divereses dispositions relatives à la sécurité sociale et à la santé, Rec.*, p. 33.………………………………… *122*
C.C., Décision n° 90－274 DC du 29 mai 1990, *Loi visant à la mise en oeuvre du droit au logement, Rec.*, p. 61.……………………………………………………………………… *151*
C.C., Décision n° 90－285 DC du 28 décembre 1990, *Loi de finances pour 1991, Rec.*, p. 95.………………………………………………………………………………… *75, 80, 166*
C.C., Décision n° 90－287 DC du 16 janvier 1991, *Loi portant dispositions relatives à la santé publique et aux assurances sociales, Rec.*, p. 24.………………………………… *153*
C.C., Décision n° 92－317 DC du 21 janvier 1993, *Loi portant diverses mesures d'ordre social, Rec.*, p. 27.…………………………………………………………………………… *153*
C.C., Décision n° 93－329 DC du 13 janvier 1994, *Loi relative aux conditions de l'aide aux investissements des établissements d'enseignement privés par les collectivités territoriales, Rec.*, p. 9.……………………………………………… *9, 21, 26, 27, 50, 112, 168*
C.C., Décision n° 93－335 DC du 21 janvier 1994, *Loi portant diverses dispositions en matière d'urbanisme et de construction, Rec.*, p. 40.………………………………… *153*
C.C., Décision n° 94－357 DC du 25 janvier 1995, *Loi portant diverses dispositions d'ordre social, Rec.*, p. 179.…………………………………………………………………… *168*
C.C., Decision n° 95－370 DC du 30 décembre 1995, *Loi autorisant le Gouvernement, par application de l'article 38 de la Constitution, à réformer la protection sociale, Rec.*, p. 269.…………………………………………………………………………………… *8, 88*
C.C., Décision n° 96－384 DC du 19 décembre 1996, *Loi de financement de la sécurité sociale pour 1997, Rec.*, p. 141.…………………………………………………………… *25, 26*
C.C., Décision n° 98－402 DC du 25 juin 1998, *Loi portant diverses dispositions d'ordre économique et financier, Rec.*, p. 269.………………………………………… *154*
C.C., Décision n° 98－403 DC du 29 juillet 1998, *Loi d'orientation relative à la lutte*

contre les exclusions, *Rec.*, p. 276. ········ *155*
C.C., Décision n° 99 – 419 DC du 9 novembre 1999, *Loi relative au pacte civil de solidarité*, *Rec.*, p. 116. ········ *225*
C.C., Décision n° *2000* – 430 DC du 29 juin *2000*, *Loi organique tendant à favoriser l'égal accès des femmes et des hommes aux mandats de membre des assemblées de province et du congrès de la Nouvelle-Calédonie, de l'assemblée de la Polynésie française et de l'assemblée territoriale des îles Wallis-et-Futuna*, *Rec.*, p. 95. ····· *20, 156*
C.C., Décision n° *2000* – 433 DC du 27 juillet *2000*, *Loi modifiant la loi n°* 86 – 1067 du 30 septembre 1986 relative à la liberté de communication, *Rec.*, p. 121. ········ *25, 75, 157, 167*
C.C., Décision n° 2001 – 445 DC du 19 juin 2001, *Loi organique relative au statut des magistrats et au Conseil superieur de la magistrature*, *Rec.*, p. 63. ········ *20, 157, 225*
C.C., Décision n° 2001 – 450 DC du 11 juillet 2001, *Loi portant diverses dispositions d'ordre social, éducatif et culturel*, *Rec.*, p. 82. ········ *158*
C.C., Décision n° 2002 – 455 DC du 12 janvier 2002, *Loi de modernisation sociale*, *Rec.*, p. 49. ········ *158*
C.C., Décision n° 2003 – 468 DC du 3 avril 2003, *Loi relative à l'élection des conseillers régionaux et des représentants au Parlement européen ainsi qu'à l'aide publique aux partis politiques*, *Rec.*, p. 325. ········ *8, 22, 47, 87, 169, 225*
C.C., Décision n° 2003 – 478 DC du 30 juillet 2003, *Loi organique relative à l'expérimentation par les collectivités territoriales*, *Rec.*, p. 406. ········ *226*
C.C., Décision n° 2003 – 482 DC du 30 juillet 2003, *Loi organique relative au référendum local*, *Rec.*, p. 414. ········ *226*
C.C., Décision n° 2004 – 500 DC du 29 juillet 2004, *Loi organique relative à l'autonomie financière des collectivités territoriales*, *Rec.*, p. 116. ········ *20, 226*
C.C., Décision n° 2004 – 501 DC du 5 août 2004, *Service public de l'électricité et du gaz et entreprises électriques et gazières*, *Rec.*, p. 134. ········ *225*
C.C., Décision n° 2004 – 503 DC du 12 août 2004, *Loi relative aux libertés et responsabilités locales*, *Rec.*, p. 144. ········ *125, 225*
C.C., Décision n° 2005 – 33 REF du 7 avril 2005, *Décision du 7 avril 2005 sur une requête présentée par Messieurs Philippe de VILLIERS et Guillaume PELTIER*, *Rec.*, p. 61. ········ *38*
C.C., Décision n° 2005 – 512 DC du 21 avril 2005, *Loi d'orientation et de programme pour l'avenir de l'école*, *Rec.*, p. 72. ········ *144*
C.C., Décision n° 2005 – 35 REF du 19 mai 2005, *Décision du 19 mai 2005 sur des requêtes présentées par Monsieur René Georges HOFFER et Monsieur Jacques GABARRO-ARPA*, *Rec.*, p. 90. ········ *38*
C.C., Décision n° 2005 – 532 DC du 19 janvier 2006, *Loi relative à la lutte contre le*

terrorisme et portant dispositions diverses relatives à la sécurité et aux contrôles frontaliers, Rec., p. 31. ………… *24,158,225*

C.C., Décision n° 2006 – 535 DC du 30 mars 2006, *Loi pour l'égalité des chances, Rec.*, p. 50. ………… *169*

C.C., Décision n° 2007 – 546 DC du 25 janvier 2007, *Loi ratifiant l'ordonnance n° 2005 – 1040 du 26 août 2005 relative à l'organisation de certaines professions de santé et à la répression de l'usurpation de titres et de l'exercice illégal de ces professions et modifiant le code de la santé publique, Rec.*, p. 55. ………… *160*

C.C., Décision n° 2007 – 549 DC du 19 février 2007, *Loi portant diverses dispositions d'adaptation au droit communautaire dans le domaine du médicament, Rec.*, p. 73. ………… *160*

C.C., Décision n° 2007 – 552 DC du 1er mars 2007, *Loi portant réforme de la protection juridique des majeurs, Rec.*, p. 90. ………… *160*

C.C., Décision n° 2007 – 553 DC du 3 mars 2007, *Loi relative à la prévention de la délinquance, Rec.*, p. 93. ………… *159*

C.C., Décision n° 2008 – 564 DC du 19 juin 2008, *Loi relative aux organismes génétiquement modifiés, Rec.*, p. 313. ………… *18*

C.C., Décision n° 2009 – 579 DC du 9 avril 2009, *Loi organique relative à l'application des articles 34 – 1, 39 et 44 de la Constitution, Rec.*, p. 84. ………… *17, 37*

C.C., Décision n° 2009 – 581 DC du 25 juin 2009, *Résolution tendant à modifier le règlement de l'Assemblée nationale, Rec.*, p. 120. ………… *32*

C.C., Décision n° 2009 – 582 DC du 25 juin 2009, *Résolution tendant à modifier le règlement du Sénat pour mettre en oeuvre la révision constitutionnelle, conforter le pluralisme sénatorial et rénover les méthodes de travail du Sénat, Rec.*, p. 132. …… *32*

C.C., Décision n° 2009 – 589 DC du 14 octobre 2009, *Loi tendant à favoriser l'accès au crédit des petites et moyennes entreprises et à améliorer le fonctionnement des marchés financiers, Rec.*, p. 173. ………… *161*

C.C., Décision n° 2010 – 603 DC du 11 février 2010, *Loi organisant la concomitance des renouvellements des conseils généraux et des conseils régionaux, Rec.*, p. 58. …… *30*

C.C., Décision n° 2010 – 618 DC du 9 décembre 2010, *Loi de réforme des collectivités territoriales, Rec.*, p. 367. ………… *171*

C.C., Décision n° 2013 – 667 DC du 16 mai 2013, *Loi relative à l'élection des conseillers départementaux, des conseillers municipaux et des conseillers communautaires, et modifiant le calendrier électoral, JO* 18 mai 2013, p. 8258. ………… *39*

C.C., Décision n° 2013 – 669 DC du 17 mai 2013, *Loi ouvrant le mariage aux couples de personnes de même sexe, Rec.*, p. 721. ………… *39*

C.C., Décision n° 2013 – 683 DC du 16 janvier 2014, *Loi garantissant l'avenir et la justice du système de retraites, JO* 21 janvier 2014, p. 1066. ………… *39*

C.C., Décision n° 2013-687 DC du 23 janvier 2014, *Loi de modernisation de l'action publique territoriale et d'affirmation des métropoles, JO* 28 janvier 2014, p. 1622.…… *39*
C.C., Décision n° 2014-12 FNR du 1 juillet 2014, *Présentation du projet de loi relatif à la délimitation des régions, aux élections régionales et départementales et modifiant le calendrier électoral, JO* 3 juillet 2014, p. 11023.…… *33*

［日　本］

東京地判昭和28年10月19日行集4巻10号2540頁（苫米地事件第1審）…… *200*
最三判昭和28年11月17日行集4巻11号2760頁（憲法違背是正請求事件上告審）…… *193*
東京高判昭和29年9月22日行集5巻9号2181頁（苫米地事件控訴審）…… *201, 236*
大阪地判昭和30年2月15日判時47号9頁（警察法改正無効事件第1審）…… *182*
大阪高判昭和30年8月9日民集〔参〕16巻3号472頁（警察法改正無効事件控訴審）…… *182*
東京高判昭和33年2月11日判時139号5頁…… *233*
最大判昭和34年12月16日刑集13巻13号3225頁（砂川事件上告審）…… *184, 203*
最大判昭和35年6月8日民集14巻7号1206頁（苫米地事件上告審）…… *184, 202, 221*
最大判昭和37年3月7日民集16巻3号445頁（警察法改正無効事件上告審）…… *1*
東京地判昭和38年3月28行集14巻3号562頁…… *3, 185*
東京地判昭和40年8月9日下刑集7巻8号1603頁…… *3, 185*
東京地判昭和42年12月12日行集18巻12号1592頁…… *3, 185*
最一判昭和60年11月21日民集39巻7号1512頁…… *194*
東京地判平成7年7月20日判時1543号127頁…… *3, 193*
東京高判平成7年11月22日訟月43巻5号1277頁…… *194*
東京地判平成8年1月19日訟月43巻4号1144頁（国民投票法案不受理権訴訟第1審）…… *187*
東京高判平成9年6月18日判時1618号69頁（国民投票法案不受理違憲訴訟控訴審）…… *2, 188*
最二判平成11年9月17日訟月46巻6号2292頁（国民投票法案不受理違憲訴訟上告審）…… *188*

〈著者紹介〉

奥 村 公 輔（おくむら・こうすけ）

1980年　岐阜県生まれ
2004年　早稲田大学法学部卒業
2006年　京都大学大学院法学研究科修士課程修了
2009年　京都大学大学院法学研究科博士課程修了
京都大学博士（法学）
京都大学大学院法学研究科助教
2010年　駒澤大学法学部専任講師
2014年　駒澤大学法学部准教授（現職）

学術選書
147
憲　法

立法手続と権力分立
La procédure législative et la séparation des pouvoirs

2016(平成28)年 3 月25日　第 1 版第 1 刷発行

著　者　奥　村　公　輔
発行者　今井 貴　渡辺左近
発行所　株式会社 信 山 社
〒113-0033　東京都文京区本郷6-2-9-102
Tel 03-3818-1019　Fax 03-3818-0344
info@shinzansha.co.jp
出版契約2016-6747-0-01010　Printed in Japan

印刷・製本／亜細亜印刷・牧製本
ISBN978-4-7972-6747-1 314.131-b018 憲法